U0928943

本书由国家社科基金项目(11CZX056)
和浙江省社会科学规划项目(11ZJQN036YB)资助出版

# 价值排序与核心价值观

张彦◎著

ZHEJIANG UNIVERSITY PRESS
浙江大学出版社

# 目　录

# 导论：价值排序研究的四个维度[①]

随着市场经济和全球化的深入，资本逻辑、财富逻辑、金钱逻辑、消费逻辑等“物化”逻辑越来越影响人们的社会生活以及个体、共同体的心理结构，对人们的价值评判和价值选择产生了重大的影响。因此，在这样一个时代，我们究竟应该如何进行道德判断和价值选择？我们该如何追问和寻求生活与存在的意义及价值？在一系列重大的社会道德事件发生的时候，我们该以怎样的道德立场，进行怎样的价值评价，开展怎样的道德实践？其实，一味地站在道德高地，单纯地片面地谴责“道德危机”、“道德滑坡”、“信仰失范”并不是最重要的；一味地进行“道德绑架”，愤懑地表达对“道德冷漠”的不满也不重要；更加重要的是我们需要认清和呈现——现在的“我们”处在怎样的“价值情境”中，并且在这样的“价值情境”中慎重地思考自己的“价值排序”和价值定位，从而更好地为“共同的、有尊严的幸福生活”而努力。

价值排序在当代价值哲学研究中是一个新兴的研究领域，其兴起是为了回应人类生活实践中诸多价值冲突和价值选择的现实问题，也是对道德困境和社会发展问题的哲学反思，体现了对西方价值哲学、东方价值哲学和马克思主义价值哲学的承继与发展，更是以自身的研究视角和理论品性体现了对当前核心价值观（或国民价值观、共同价值观、立国价值观等）的解读与关照。因此，价值排序思想的理论与实践研究要注重以下几个维度：一是要关注当代价值排序的各种现实问题，以问题意识和实践精神探求，诸如市场手段与政府调节、效率与公平何者优先、经济发展与环境保护、国家利益与国际责任等问题的价值排序和选择问题；二是要梳理并承继中西方价值哲学中关于价值排序思想的脉络与特点，特别是价值分类、价值等级、价值评判、价值选择等思想，以及马克思经典著作中关于价值思想的研究，以获取当代价值排序研究的历史资源和理论基础；三是要体现价值排序研究视角对于当代社会核心价值观

① 本章部分内容原名为《当代“价值排序”研究的四个维度》发表于《哲学动态》2014 年第 10 期，全文转载于人大复印资料《哲学原理》2015 年第 1 期。

建构和建设的把握方式，如新时代中国特色社会主义核心价值观的凝练原则、践行方式、建设路径等，以彰显价值排序研究的现实逻辑和实践品格；四是要立足于价值排序研究的未来维度，从其研究视野、研究内容和研究方法等方面进行进一步延伸和拓展，为价值排序研究在中国的兴起和进一步发展奠定较好的基础。

## 一、问题导向：价值排序研究的兴起与发展

在哲学史上，本体论、认识论和价值哲学有不同的生发和繁盛时期，其中价值哲学较晚才真正形成，就像文德尔班所认为的，19 世纪哲学发展的重大转变表现为对价值和意义问题的思考重新成为哲学关注的中心问题。这里有很大的原因在于价值哲学的内容是最为庞杂的，涉及本原、存在、认知、需要、价值、意义等诸多问题，深受当世环境和各种文化思潮影响，并且价值哲学讨论的是“世界的存在及其意识对于人的意义如何”（李德顺语），对人类的存在本质和道德实践具有重大意义。于此，就像哈特曼所理解的，价值哲学是一门以“价值”为对象的科学，关注的是意义的问题。“价值科学与其他任何科学都是一样：它有其自身的原理、定义和演绎规则，以及它固有的界限、测度和运算；不过，它所测度的只是价值，而它所要予以运演的，也正是情境中的价值内容。从而，价值科学如同自然科学一样，是一门潜在的、精确的、确定的和有效用的科学；然而，自然科学的精确性和确定性是定量的，而价值科学的精确性和确定性却是定性的。自然科学所致力于的测度对象是时空中的存在；而价值科学的测度对象则是意义。”[①]可以说，价值哲学是哲学进行自我反思和自我革命的产物，也是更新传统哲学的一个重要体现，改变了哲学的基本结构和呈现方式，体现了哲学对于现实的一种“生成性智慧”（孙伟平语）。

在价值哲学研究中，首先要回答的问题是：什么是价值。从词源上看，价值最早表现为“值得珍视的、可珍贵的、有力量的、值得的”等意义，原始含义为“一件事物的有用性”，主要在经济学研究中使用。后经过康德、舍勒等人的哲学拓展和深度解读，价值逐渐成为表征人本身和生活意义的重要范畴，超越了单纯的经济学领域，而成为面对人类全部生活领域的重要概念。对此，就如马克思所认为的：“‘价值’这个普遍的概念是从人们对待满足他们需要的外界物

① ［德］罗伯特 · S. 哈特曼：《价值科学》，载马斯洛主编：《人类价值新论》，胡万福等译，石家庄：河北人民出版社 1988 年版，第 133 页。

的关系中产生的。”[①]这表明,价值的形成源于主体的需要,价值形成的条件是客体具有满足主体需要的属性,价值的实质是在实践的基础上主客体之间需要与满足关系的一种建构。对此,海德格尔也在评价价值论的倡导者洛采等学者时,曾指出:“有关有价值物的存在,价值述语的附加丝毫不能提供什么新的启发。它只是又预先为有价值物设定了纯粹现成在手状态的存在方式。价值是物的现成的规定性。价值的本体论起源最终只在于把物的现实先行设定为基础层次。”[②]此外,关于价值的界定,还有关系说、实体说、属性说、性质说等等,但无论是从什么样的立场来分析、什么样的视角来界定,总离不开人所存在的这个关系世界,离不开人对对象的选择和评判,离不开对主客体关系的规定性的价值审读。

并且,这种评判和审读决定了人对评价对象的基本态度和行为模式,规定了人与对象之间的耦合方式与程度。这个评判过程说到底其实就是一个对价值原则进行选择和排序的过程,是道德主体的心灵状态追求价值目标的意向性过程,这其中“既需要对行为的背景、行为的方式、相关的对象等具体事实获得经验层面的知识,亦涉及自我的领悟、感受、认同等形式的个体体验;对所涉行为的过程、结果、情景等事实的了解,是对其做出道德判断的经验前提之一,但单纯地从经验事实出发,显然还不足以做出道德的判断:作为评价性的断定,道德判断总是渗入了与价值关怀、情意认同等相关的自我体验”[③]。同时,在这个评判和排序的过程中,面临着价值混淆、价值困惑、价值冲突以及由此导致的两难境地,这是人类生活的常态,也是人永远不可能摆脱也无法逃避的生命境遇。正如以赛亚·伯林所认为的,各种价值是不可兼得的。人总是在不同价值中进行选择、排序,做出无法避免的舍弃。人的“目的是相互冲撞的,人不可能拥有一切事物……于是,选择的需要,为着一些终极价值而牺牲另一些终极价值的需要,就成为人类困境的永久特征”[④]。对此,赵汀阳也有类似的论述:“生活所需之诸多道德原则中,只要至少有两个原则无法形成价值排序而是并列重要的,伦理两难就难以避免。伦理两难对道德原则的挑战,在于它说明道德原则难以自洽解释生活。”[⑤]

因此可以说,关于价值排序的思想一直是价值哲学研究领域中的一个重

① 《马克思恩格斯全集》第19卷,北京:人民出版社1963年版,第406页。
② [德]海德格尔:《存在与时间》,陈嘉映、王庆节译,上海:上海三联书店1987年版,第123页。
③ 杨国荣:《伦理与存在——道德哲学研究》,北京:北京大学出版社2011年版,第194页。
④ [英]以赛亚·伯林:《自由论》,胡传胜译,上海:译林出版社2003年版,第49页。
⑤ 赵汀阳:《有轨电车的道德分叉》,《哲学研究》2015年第5期,第96—102页。

要理论问题，也是近些年来日益受到多方重视的一个现实研究论题。从“价值决定论”到“价值多元论”，从“价值选择论”到“价值评价论”，等等，这一研究论题随着经济全球化和文化多元化而变得更加突显、紧迫和复杂。一般说来，每个道德主体都有自我所认定的价值排序表，外显着不同价值原则的优先性，并在现实的道德生活中遵循和体现这些价值序列的地位和作用。同时，价值排序也体现在各种共同体(如国家、社会、政府、企业及各种组织)的价值体系中，在这个价值体系之中，各种价值原则的地位和作用并不相同，也导致了它们在价值等级序列和影响力中的位置不同，并最终体现在不同的道德决定和实践行动中。

在西方价值哲学的研究中，价值排序主要呈现于价值分类说、价值等级说、价值样式说、价值评价说等各种价值学说中，也呈现于不同排序依据分析的哲学诠释中。其中，舍勒的四等级价值样式说、哈特曼的价值类型说和杜威的价值评判说等是其中最主要的代表。他们提出了价值排序研究的基本范畴和基本观点，奠定了价值排序研究的主要框架和发展趋势，并使得关于价值的分类、选择、排序、评判成为当代价值哲学研究的新领域。在东方的价值哲学研究中，价值排序主要呈现于“最高价值准则”或“基本价值”等价值思想中，以最高价值的设定和追求作为价值排序思想的主要体现，其中儒家以“仁”为最高道德原则，道家以“道”为最高道德原则，法家以“礼”为最高道德原则，名家以“辨”为最高道德准则，阴阳家以“术数”为最高道德准则，等等，这些都是其中著名的代表。在马克思主义价值哲学的研究中，主要体现在马克思早期的经典著作中，马克思从历史唯物主义的实践思维出发分析了异化劳动、生产实践、现实的个人等基本概念，对价值的本质及特点进行了有益的探究，确立了建基于历史唯物主义基础上的价值思想。其中，异化劳动是马克思研究价值问题的重要起点。马克思运用价值介入的方式推进了劳动和异化劳动的研究，并在社会生产实践中挖掘价值要素，使价值思想得以丰富和发展；同时，马克思早期价值思想最后旨归于“现实的人”，从多个维度分析了“现实的人”所具有的种种价值和权利的规定性，为当代价值排序思想的发展奠定了重要的理论基础。

价值排序研究的兴起，是对价值哲学研究的理论拓展和视角创新。同时，也是为了更好地回答和应对现实生活中诸多的道德冲突和伦理困境，最终是为了解释与解决价值哲学研究中的理论难题和现实生活中的两难问题。

目前，价值哲学研究中无法回避且难以突破的理论难题主要有以下三个突出的表现形式：首先，经济与道德之间的冲突。当今社会出现了“经济报喜，道德报忧”的突出矛盾,并且由这个不平衡矛盾产生了大量贫富分化扩大、社会不公加剧的问题。其次,价值共同体和价值个体之间的排序冲突现象。共同体不够尊重和重视个体的需求和价值,一些个体不理解、不认同共同体所作出的价值选择,两者之间的价值目标存在不一致甚至严重冲突的地方。其实,无论是个体还是共同体都存在价值排序问题,“但是,个体的价值排序与社会整体的价值排序是有区别的,这种区别关乎国家和社会的道德共识和价值认同的程度。阿罗(K. Arrow)曾在1950年的一篇论文中特别区分了‘口味’——对各种私人状况的价值排序,与‘价值’——对各种社会状况的价值排序。尽管如此,由我们的价值偏好所决定的道德行为,仍是一种‘后果论’的道德行为,因为‘偏好’已经对各种行为排序并且我们选择这一排序当中价值最高的那些行为——它们的‘后果’具有最高价值。另一方面,由我们的意志所决定的道德行为,则是义务论的道德行为。因为自由意志的决断不依赖于任何经验判断或对行为的后果的评价,它来自‘先验’世界。”①最后,就是关于道德教育理念和道德实践行为之间的冲突问题,产生了“教育至善,行为作恶”的知行不一致的背反现象。由于以上三个价值难题的存在,导致在现实生活中,价值排序的问题成为重要的现实两难,困扰着价值主体的选择与行为,也影响到整个社会的发展。关键时刻,利己与利他之间的排序选择,体现了人与他人之间的伦理关系;效率与公平之间不同的排序选择,体现了人与社会之间伦理关系的不同维度;环境保护与经济发展之间,坚持发展第一抑或环境第一的不同排序选择,体现了人与自然伦理关系的不同向度;国家利益与国际责任之间的排序选择,体现了人与世界的伦理关联。所以,价值排序无一不体现了人之存在、人之主体以及人之困境。对此,杜威就这样说过:“道德判断实际上表现一种人与人之间的关系,而人与人之间的关系就是我们所谓的‘社会的’意思。”②

## 二、理论回溯:价值哲学中的价值排序思想

在西方价值哲学的研究发展中,马克斯·舍勒的“价值等级说”、尼古拉·哈特曼的“价值类型说”、约翰·杜威的“价值评判说”和克拉伦斯·艾尔文·刘易斯的“价值评价说”等是价值排序思想的重要来源,他们的研究大大推动

① 转引自汪丁丁:《试述新政治经济学的三个维度》,载于阿马蒂亚·森:《后果评价与实践理性》,北京:东方出版社2006年版,第5页。

② [美]约翰·杜威:《人的问题》,傅统先、邱椿译,上海:上海人民出版社2006年版,第199—200页。

了康德式"最高价值律令"之发展，并使得关于价值的分类、选择、排序、评判成为价值哲学研究的新走向。

马克斯·舍勒(Max Scheler)是现代哲学人类学的奠基人，也是现象学价值伦理学的创立者，他的研究遍及伦理学、宗教哲学、现象学、社会学和哲学人类学等诸多领域。特别是在价值哲学方面，舍勒在哲学上第一次较为详细地阐述了价值等级结构的分类、标准、关系和特征，提出了著名的"四等级价值样式说"，完成了其质料价值伦理学的建构，也为价值排序的研究奠定了最根本的基础。舍勒的研究体现了现代道德序列"最为深刻的转化"就是"价值观的彻底颠覆"，主要表现为生命价值隶属于有用价值、"高贵隶属于有用"，这是"一种现代特有的禁欲主义"：职业工作重于生活技艺，创造效益的能力高于生命的纯表达。① 可以说，舍勒的四等级价值样式说，体现了价值内在的结构、体系和秩序，更为可贵的是，舍勒的价值思想隐含着对当时现实社会对"有用性"、"功利价值"极度重视的严厉批判，对拜金主义的反思以及对处于较高价值序位的"精神价值"、"道德价值"和"神圣价值"的吁求和重视。作为舍勒的后继者，哈特曼在价值研究上有了更大的发展，他对价值问题的研究转向为价值的具体分类领域，更加完整地论述了价值的多重维度，成为价值哲学特别是价值排序思想研究的重要人物。

在价值排序这个论题上，如果说舍勒是"开门者"，那么哈特曼就是"践入者"。② 哈特曼试图把道德的先验主义和内容上的价值多样性统一起来，其可能的基础就是舍勒的"质料价值伦理学"。③ 哈特曼在舍勒价值哲学建构的基础上，进一步分析了价值的类型、系列、层次和内容，将价值排序分类成生命、意识、能动性、折磨、力量、意志自由、远见和目的性功效等八大价值，并将这八种价值归为生命、意识和人格的价值三大要素。同时，与舍勒相比较，哈特曼又在价值论说上有较大的转向，他系统地阐发了价值维度、价值分类和价值等级等思想，是当代西方价值哲学研究的集大成者。

同时，萨特的价值选择理论也是价值排序研究的重要思想来源。萨特从价值选择与道德责任的视角分析价值排序的问题，他认为人生是一个不断自由选择的过程，没有先天固定的权威的价值标准为我们指出方向和准则，一切

---

① [德]舍勒：《资产者与宗教力量》，罗悌伦译，《舍勒选集》下卷，刘小枫编，倪梁康等译，上海：上海三联书店 1999 年版，第 509—528 页。

② 参见董世峰：《价值：哈特曼对道德基础的构建》，北京：光明日报出版社 2006 年版。

③ [德]尼古拉·哈特曼：《存在学的新道路》，庞学铨、沈国琴译，上海：同济大学出版社 2007 年版，译者前言。

都由我们自己去选择和创造，因此“人的自由”是人的最高价值，这决定了人具有超于一切物之上的尊严和高贵。但同时，萨特的价值选择理论也陷入了一个无法摆脱的困境：价值选择的无限可能性与具体价值选择的无可能性。自由选择的绝对化最终导致了选择的贫困化。这个困境说明萨特的价值理论仍停留在抽象的思辨王国，没有具体解释人的自由选择与价值排序行为的关系，它最多也只能给人们笼统地指出选择的可能性方向，却无法告诉人们进行具体选择的操作方式和价值标准，从而使人从绝对自由选择的主人变成了不自由的奴隶。这是萨特价值选择理论的最大遗憾之处。此外，还有杜威的价值评判说、刘易斯的价值评价说等，都为价值排序研究的兴起和发展提供了宝贵的思想资源。

近年来，来自雅克·蒂洛（Jacques Paul Thiroux）、约翰·凯克斯（John Kekes）、罗伯特·奥迪（Robert Audi）、乔尔·J. 考普曼（Joel J. Kupperman）等人的深入研究则更彰显了价值排序在现时代的全面兴起及其重要影响力。约翰·凯克斯在《道德多元主义》一书中直接提出了“价值排序”的概念，他认为“一个有理性的道德主体，必然会在两种或多种价值中进行排序（ranking values）。这种排序显示了普遍人性中各种价值原则固有的相对独立的特殊本质”[①]。在此基础上，约翰·凯克斯还从道德多元主义的角度，区分排序了“最主要价值”（primary values）、“第二价值”（secondary values），并认为这些价值排序的标准是道德主体直接的受益或受损程度的相关性。由卢卡奇、赫勒、费赫尔等人组成的布达佩斯学派提出的“人类需要论”（A Theory of Human Needs）从人之“需要”层次的角度提出，人的需要不是一个给定的常量，是一个历史变量。所以，在多元需要的情境下，面临着何种需要优先满足的问题，这里就存在着价值排序和选择的问题。并且，赫勒认为，从本体论上讲，解决上述矛盾的出路在于形成一种对需要进行选择的民主化程序或系统。[②] 总之，布达佩斯学派的立足点是基于人的需要层次差异，试图通过人类需要结构的改善来达到人的个性的丰满和全面，从而实现个体与类性的相统一。

在中国传统的价值哲学研究中，则呈现出与西方价值哲学不一样的逻辑思路和体现方式。儒、道、佛等中国传统文化在价值排序思想上的主要体现就是对于“最高价值”的追求与论争。儒家崇尚的是“内圣外王”的人格样式和执

① John Kekes, The Morality of Pluralism, Princeton University Press, 1996, p. 57.

② 参见衣俊卿著：《现代性焦虑与文化批判》，哈尔滨：黑龙江大学出版社 2007 年版，第 182—192 页。

着于对社会政治理想及道德品性的追求，并将以“仁”为最高价值原则的“君子人格”的道德要求作为儒家价值追求之先。道家强调以“道”为本和对隐士人格的追求，尽管道家的人格思想透露着某种超越自我、“天人合一”、寻觅自由的理性自觉和主体精神，但其实质上反映的则是面对强大的封建社会的压迫与桎梏而虚无避世，陶醉在消极退缩的自我幻想型隐士人格的追求与慰藉之中。佛家所崇尚的是以“空”为基础以及对施善人格的价值追求。东方价值哲学中的“价值排序”思想不仅体现在各个学派的主要观点中，更重要的是与他们所追求的伦理现实生活的品性相关，是一个伦理—政治—生活相统一的价值整合体。

马克思主义的价值理论也是价值排序思想的重要来源，为当代价值排序研究提供了全新的研究视角和重要的理论基础。价值问题是人类在生产生活实践中无法逃避、必然遭遇的基本问题，是人类在处理人与自我、人与社会、人与自然中必须面对的重要问题。但是，很多的价值理论使这些问题抽象化、神秘化和先验化了，或拘泥于一种神秘的不可深究的自我体验，或阈限于先验自明的独立王国，或深陷于虚无的变幻的个人情感世界，脱离了现实生活本身、离开了现实的人本身、离开了现实的需求。马克思从社会生产实践入手，深刻分析了价值主体和价值客体及价值关系如何在实践中形成与发展；并且，“现实的个人”——成为马克思对价值关注的落脚点，人类社会是价值问题研究的重要载体。可以说，“马克思主义价值理论坚持理论与实践相统一的基本原则，就是坚持从人类的实践生活出发，按照价值的本来面目及其产生情况来理解价值问题，用经验的事实来讨论和论证价值与评价的关系以及价值观念不断变化等一系列的问题。”①

此外，近些年来，在中国国内，许多学者将价值排序作为一个新的思维方式和研究范畴进行关注和研究。贺来在《“主体性”观念的价值内涵与社会发展的“价值排序”》一文中专门指出，价值排序的思维方式是落实当代中国主导性价值观念的正确之路。② 对此，孙正聿也认为，在发展标准的问题上要进行价值排序：“确立发展的标准，并依据发展的标准而确认实践中的价值排序和行为选择，具有不容回避和不可忽视的巨大的实践意义，并构成马克思主义在

---

① 马俊峰：《马克思主义价值理论研究》，北京：北京师范大学出版社2012年版，第21—22页。

② 参见贺来：《“主体性”观念的价值内涵与社会发展的“价值排序”》，《吉林大学社会科学学报》2011年第3期，第43—50页。

当代的重大课题。”①

对于价值排序的依据和理由,不同的学者给出了不同的回应。中国学者王玉樑认为这与价值类型相关。他认为,价值可分为三种类型:人道价值、规范价值和效用价值。他认为必须根据价值的主客体和价值状态的不同,进行排序和分类。“人道价值是价值的本然状态,规范价值是价值的应然状态,效用价值是价值的实然状态。人道价值是规范价值、效用价值产生的根源和基础。人道价值是原生价值,社会规范价值和人的效用价值是次生价值,而物的效用价值则是更次生价值。人道价值、规范价值、效用价值是不能互相通约、归并或取代的。”②其中,人的生命存在、自由、尊严、权利的价值,是以人不损害社会和他人利益为前提的。此外,高兆明认为价值应基于以下这样的排序:“在现代多元民主社会中,应当实行一元法治价值整合,在一元法治精神基础之上,制度认同优先于道德认同,基准道德优先于价值信仰,市俗道德优先于神圣道德。”③李德顺认为,在进行价值排序和评价的时候,要关注以下几个方法论原则:主体原则,强调要把主体的需要和能力放在基础和核心地位;实效原则,要以一定价值关系中现实的或必然的客观结果为评价依据,以实践为最高的标准形式;综合原则,在价值多样性的基础上实行多视向、多层次评价的辩证综合;发展原则,保持评价及其标准对价值生活运动的跟踪和预见功能的原则。④

## 三、当代把握:价值排序与核心价值观建设

价值从本质上来说,是一种对生活世界和人的生活方式的理解、阐释和建构。因此,可以说价值“天生先在”就具有因主体不同而导致的多元性和差异性。而现代性意味着一组价值,包括自由、民主、权利、平等、博爱、幸福等,这些价值按照伯林的说法,彼此之间很难和谐,相互之间经常有冲突。于是,对于不同的现代性价值需要作出排序和选择。不同的国家、不同的民族、不同的个体对价值优先性问题的理解是不一样的,“英美比较注重自由与法治,法国

① 孙正聿:《马克思主义基础理论研究》,北京:北京师范大学出版社2011年版,第7页。

② 王玉樑:《论价值哲学研究的方法论问题》,《哲学研究》2007年第5期,第106—111页。

③ 高兆明:《论多元社会的价值整合》,《江海学刊》2001年第5期,第96—103页。

④ 李德顺:《价值论——一种主体性的研究》,北京:中国人民大学出版社2013年版,第206—208页。

突出民主，东亚注重发展和富强。不同的现代性，隐含了价值优先性的差异。”[①]就如对不同的人群而言，“自由”、“正义”、“效率”这三大价值要素已被人类社会演化史表明是基本的价值。但是，这三项价值的重要性排序(priority)会因为时代发展、文化传统、社会历史和个人境遇而有着重大差异。“就政治诉求而言，自由至上论者鼓吹的价值排序是‘自由—正义—效率’，民主至上论者鼓吹的价值排序是‘正义—自由—效率’，市场至上论者鼓吹‘效率—自由—正义’，而威权主义者则鼓吹‘正义—效率—自由’或与此类似的价值排序。”[②]所以，可以看到，这些启蒙运动所追求的诸多美好价值并非是内在和谐的，而是具有内在的冲突，它们不可能同时在一种理想状态中等价地实现。因此，“不同的启蒙思想，都是对某些价值具有优先性选择，比如自由主义更多地侧重个人的权利，激进的左翼更强调社会和经济平等的优先性，而后现代思潮则更偏重于将个体从各种压制性的整体话语中解放出来。”[③]对于价值优先性的不同回应和运用，体现了价值体系中价值排序的重要现实意义。

当前价值排序的研究具有丰富的内涵指向，它不是指个别的价值，而是内含渗透在全部社会生活的整体价值体系与价值结构之中；它不单是道德个体的排序选择，也是社会共同体的价值选择和价值观确定的关键。“在传统社会，权威主义的价值原则曾为这一时期的社会秩序提供了根据；近代以来，自由、平等、正义等等逐渐成为了主流的价值原则，它们同时也成为社会体制合法性评判的依据：当某种体制被认为合乎这些原则时，其合法性便获得了辩护；而当二者被视为相互冲突时，这种社会的合法性往往会受到质疑。合法性的确认是对社会加以认同的逻辑前提之一，不难看到，在为合法性确认支持的同时，作为道德意识深层内容的价值原则也作用于社会整合的过程。”[④]基于此，我国当前必须大力加强中国特色社会主义核心价值观的倡导和培育。因为，我们看到，如果缺乏一个共同体或者一个坚固的社会团体，就无法建立起一个得到普遍认同的共同道德(价值观)。“因为共同道德的确立面临着这样一个两难困境，一方面它必须具备共同的(普遍的)道德标准，而另一方面，这

---

① 许纪霖：《启蒙如何虽死犹生》，载于秦晓：《当代中国问题：现代化还是现代性》，北京：社会科学文献出版社 2009 年版，第 154 页。

② 汪丁丁：《制度的文化合理性》，载于秦晓：《当代中国问题：现代化还是现代性》，北京：社会科学文献出版社 2009 年版，第 158—159 页。

③ 许纪霖：《当代中国的启蒙与反启蒙》，北京：社会科学文献出版社 2011 年版，第 24 页。

④ 杨国荣：《伦理与存在——道德哲学研究》，北京：北京大学出版社 2011 年版，第 43 页。

个道德标准又深陷于多种冲突的不相容的观点中。”①

于是,我们就需要采用价值排序的方法根据不同的对象及其发展水平,梳理这些价值体系中各个价值原则的趋同和冲突的各个层面。在这个梳理过程中,我们发现,其实每个价值原则在其自我凝练和抽象的过程中屏蔽了现实生活中复杂多样的情况,不同价值原则的独特性、复杂性和变动性也往往容易使人们在道德碰撞和冲突时陷入迷茫甚至做出误判,导致错误选择。因此,我们可以以价值排序的学理依据论证核心价值观之所以为“核心”的可能性和可行性,阐释社会主义核心价值观建设路径的全面性、选择性和实践性,从而拓宽当前社会主义核心价值观的建构视域和建构机制。

当前,我国培育和建设社会主义核心价值观,面临着诸多的现实困境。从社会宏观层面来看,表现为政治认同的式微、文化安全的威胁、道德冲突的加剧和宗教信仰的失范等方面;从共同体中观层面来看,主要表现为经济与道德的逆向剪刀差日趋严重,社会非均衡发展导致公平正义问题凸显,贫富差距扩大导致的社会危机问题频现,社会公众事件处理不当导致政府和市场公信力下降;从道德个体微观层面来看,主要表现为最美现象与最丑现象的鲜明反差困惑着民众的道德判断和价值取向,公共文化和核心价值认同的匮乏,社会对善恶是非这些最基本的问题普遍持有实用主义和相对主义的暧昧态度,导致了道德个体在价值取向上的某种独断主义、虚无主义。因此,必须看到,核心价值观的培育和建设过程面临着一定的盲目性、逆反性和无序性,要化解社会矛盾,维护社会稳定,扎实推进社会主义和谐社会建设,必须正视目前存在的问题和困境,廓清社会主流价值的序位,用社会主义核心价值观引领、统摄、整合多样化的社会思潮,来实现中国特色社会主义核心价值观主导下的社会道德冲突的和解与社会思想文化的和谐。

我们要以价值排序的研究视角大力扩宽中国特色社会主义核心价值观建设路径:第一,克服核心价值观建设的现实困境:在社会主义核心价值观的建设过程中,我们要克服现代传媒传播中的“道德模糊”和“道德妥协”的弊端,以确立和维持全社会的崇高神圣的理想信念体系;要克服传统文化价值观中的“道德糟粕”和“价值扭曲”的现象,树立现代社会的现代价值体系,以确立和维持现代文明的成果和共享;要克服传统文化中具有低俗、庸俗和媚俗现象的部分内容,以确立社会主义核心价值观的战略高度和文化深度;要克服拔高“道

① Gene Outka and John P. Reeder, Prospects for a common morality, Princeton University Press, United Kingdom 1993, Alan Gewirth,“Common morality and the community of rights”, p. 29.

德高地”却不坚守“法律制度”的现象，以脚踏实地、遵法守法的道德态度，确保社会主义核心价值观建设的法制保障确定不移。第二，关注核心价值观建设的道德主体：既突出具有典型意义的道德模范，也关注求真向善的普通百姓；既大力倡导传统意义上的“道德榜样”，也大力宣传具有鲜明时代色彩的“公众偶像”。通过道德辐射、价值传播、伦理影响力、人性共鸣感等多重的方式，使得社会主义核心价值观成为全国人民普遍认同的价值理想、价值信念、价值尺度和价值原则的一个集中反映，并且内化为普遍的价值追求和自觉的价值向往。第三，构建核心价值观建设的实践载体：我们要科学运用多种形式、平台、载体和手段，充分运用理论宣传、新闻宣传、网络宣传、社会宣传和文艺宣传等各种方式，广泛开展当代社会主义核心价值观进机关、进校园、进企业、进乡村、进社区、进课堂等活动，使“富强、民主、文明、和谐，自由、平等、公正、法治，爱国、敬业、诚信、友善”广为流传，使广大群众耳熟能详、内化于心、外化于行。第四，践行核心价值观的建设路径：要把核心价值观融入党的建设、精神文明建设和公民道德建设中，要将当代中国特色社会主义核心价值观渗透到市民公约、乡规民约、职业规范、学生守则等行为准则和各行各业的管理制度中。通过精神文明创建活动的各种载体，深入推进文明省市、文明村镇、文明单位创建，广泛开展各类广场文化、街道文化、企业文化、村落文化、校园文化等群众性文化活动；全面实施公民道德养成计划，加强社会公德、职业道德、家庭美德和个人品德教育，在全社会形成良好的道德风尚，形成人们科学的、自觉的、正确的价值取向、价值尺度和价值原则。

## 四、未来拓展：价值排序的研究走向

倘若作为一个哲学命题，价值排序无疑是一个新兴研究领域，无论国内外，目前的研究成果都比较少，还存在着不少空白之处。因此，价值排序的未来研究是具有很大空间的，主要可以从研究视野、研究内容和研究方法等几个方面进行未来研究的延伸和拓展。

其一，价值排序研究视野的拓展，要注重从单纯的理论梳理和系统建构拓展到社会重大现实问题的眷注和研究。价值哲学作为一门人学，并不是纯粹理论的抽象的思辨，也不是与人的社会生活实践相脱节的道德形而上学，而是一门实践性的、关注现实、关注问题的学问。而且，人和世界的价值关系，从根本上说，是一种目的性要求与功能性活动相统一的实践关系。这种实践关系，是一个创造意义的目的性、对象性、关系性和建构性的活动，这本身就是一个价值关系产生的过程。因此，“人类的实践活动，是把‘自在的世界’变成‘属人的世界'的过程,也就是把'自然界'变成'价值界'的过程。人在自己的实践活动中所实现的人与世界之间的价值关系,使得人的'认识'具有真正的目的性和能动性,人对世界的认识关系是与人对世界的价值关系密不可分的。"①价值排序的研究不是对事物或对象固化本质的认识,也不能凭主体头脑中主观可以建构出来的,而是在人类活生生的实践中生成,并且随着社会生活实践中众多复杂的两难价值选择而发展起来的。可以说,现实问题的叠出和吁求是价值哲学,特别是价值排序研究发展的最主要对象和最根本动力。

同时,价值排序研究的最终出路也在生活实践和现实问题之中。马克思说:"凡是把理论引向神秘主义的神秘东西,都能在人的实践中以及对这个实践的理解中得到合理的解决。"②我们梳理中、西、马价值哲学中的价值排序思想,分析价值排序范畴的演进和转向,研究中国特色社会主义核心价值观的凝练原则和培育导向,最终都是要回归到价值主体的生活实践中。人的实践是价值排序研究的基本对象,现实生活中人的很多具体的价值难题、价值冲突、价值困惑等,都产生于具体的、历史的、生动的生活实践,也只有回归到生活实践,才能真正解决价值问题。并且,价值排序研究的发展所具有的真正的基础意义就在于对重大现实问题的回应、诠释和解决。

其二,价值排序研究内容的拓展,必须从关注主客体关系转向更多研究主体间性关系。我们知道,明确价值排序主体,厘清价值评价标准,分析相应主体的结构、地位等因素在价值活动中的作用,探究不同主体以及同一主体的结构、地位等因素的变化,对具体的价值序位和价值评价具有直接影响。特别是要分析价值主体之间由于动机、利益、需要、偏好以及具体情境的差异所造成的不同的价值排序与选择行为。对此,孙伟平在《价值论研究方法的反思与转型》一文中也专门提到:"应该注意作为主体性方法的展开或补充的主体际方法。任何人作为主体都不是一种孤立的与他者无关的存在,而是一种社会性的关系性存在。在主体与主体的社会交往中,面对同样的价值客体,形成了不同价值主体间的价值关系,即价值具有主体际性。价值的主体际性揭示了交往实践拓展、社会依存度加大、人们之间关系更为复杂的今天,主体之间的相互作用、相互影响、相互依存、相互制约等特性。这要求人们不仅立足主体自身的角度,而且要从主体际的角度对价值现象进行思考和权衡,在主体间通过

---

① 孙正聿:《马克思主义基础理论研究》,北京:北京师范大学出版社 2011 年第 1 版,第 38 页。

② 《马克思恩格斯选集》第 1 卷,北京:人民出版社 1995 年版,第 56 页。

交往、学习、对话与合作，解决面临的各种理论和实践价值问题。”①

对价值进行排序反映了人之主体以选择和评价周围客观事物的准则与看法，并通过人们的行为取向以及对事物的评价、态度反映出来，是人们行为的内部动力。在共同体当中，主体与主体之间的价值排序，会相互影响、相互渗透、相互整合和相互交融，并经过一系列社会化的过程，成为影响整个共同体的价值取向。因此，我们研究价值排序的主体及主体间性，就是要研究价值主体的目的、利益和需要以及主体的欲望、愿望、动机、兴趣、趣味、情绪、情感、信念、信仰、理想等，从而进一步研究主体与主体之间价值排序的内在结构、影响机制和作用机制等。

其三，价值排序研究方法的拓展，必须从抽象历史的、非实证的转向具体历史的、实证的多元研究方法。李德顺在《价值论——一种主体性的研究》一书中言及：“价值联系着人的主体性存在，要用具体的历史的主体分析方法来把握。”②价值是人们在历史演进或时间绵延中选择和创造的。“在一个价值多元的社会中，个人可以自由地选择其中的价值，或按自己的偏好将这些价值进行排列、组合，从而形成多种多样的价值观和生活方式，这是人类生活在价值方面的特征，同时也是人类文明进步的一个重要标志。”③因此，价值排序是具有历史性的，历史性是价值范畴的重要特征。正如卢卡奇所说：“一种真正的历史性不可能只有内容的变化，而处于完全不变的形式和范畴中。正是这种内容的变化必然作用于形式，首先在范畴体系内引起一定功能的改变，甚至在一定程度上造成决定性的变化。”④价值排序的历史性与价值主体进行价值排序的现实条件密切相关。这个现实条件是受制于社会历史规律发展的，同时，价值排序的实现也与人的具体的历史的创造性活动，与价值主体的能动性密切相关。这里的价值行为“包含着主观内在(目的、意识和意志)和客观外在(社会、‘情景’、文化和制度)两方面，它是由价值观念或情感所引起并能作出价值判断和评价的行为。这表明，意志或目的与选择是道德行为最基本的特征。意志或目的使行为具有价值意义(不同于一般意愿性行为)，而选择则表明道德行为所具价值意义的多样性。正是由于道德行为蕴含多种目的并因之具有多种不同价值，甚至陷入多种目的的冲突或价值冲突之中，才使得道德行

---

① 孙伟平：《价值论研究方法的反思与转型》，《马克思主义与现实》2013年第3期，第21页。

② 李德顺：《价值论——一种主体性的研究》，北京：中国人民大学出版社2013年版，第20页。

③ 马德普等：《普遍主义与多元文化——霸权主义与恐怖主义的文化根源及其关系研究》，北京：人民出版社2010年版，第239页。

④ 转引自俞吾金：《传统重估与思想移位》，哈尔滨：黑龙江大学出版社2007年版，第97页。

为具有必然选择性、责任性和可判断或可评价性”①。

此外,就如沈湘平提出的用社会人类学的相关方法,对价值排序及价值观的研究也具有很大的启发意义②。这个启发意义在于:就价值主体来看,可以更多聚焦非中心、非精英的群体;在地域上,关注和解放本土性或地方性的价值知识;在价值行为上,坚持行动者取向的主位观点等;凸显价值文化的主体间性,强调多元文化主体的平等性和交互性等。

同时,我们也可采用实证的、质性的研究方法,加强对于具体道德现场的研究,加强对社会有重大影响事件的伦理分析,加强对于价值主体价值排序影响因子的过程研究。通过调查和访谈、问卷、扎根、田野调查和长期追踪等多种方式,探求价值主体价值排序以及价值观形成过程的基本路径与规律。因为“作为一般的法则和规范,道德原则无疑具有普遍性的品格,但另一方面,道德原则作用的对象(主体及其道德行为),又总是存在并展开于具体的情景或境遇之中,这样,道德原则如何有效作用的问题,便往往表现为普遍的原则如何在具体境遇或情境中合理地引用。表现为行为背景的存在境遇或情景,在某种意义上可以看做是普遍原则作用的条件,而原则作用的有效性和合理性,则离不开境遇分析或情景分析”③。所以,只有通过历史与现实的统一、理论分析和实证研究的有机结合,才能把价值排序的研究方法引向新的路径和新的境界。

## 五、本书的基本思路与研究框架

本书拟在我国社会发展进入新的历史阶段的情况下,基于文化多元化的时代背景和新的挑战,梳理中、西、马价值哲学中关于价值排序的研究思想,重点构建基于“排序”选择的价值优先性理论的研究框架和逻辑思路。从探索多元化情景下中国特色社会主义核心价值观发展道路的高度,就价值排序和核心价值观之间的逻辑联系,展开对社会公正、道德教育等相关范畴的关系研究,深入分析价值排序的依据、原则、进路等,最后就当今中国特色社会主义核心价值观的建设路径做出探讨。根据这一基本思路,本书的研究主要分为基础、建构和实践三大部分,一共分为导论和10章内容。

---

① 万俊人:《现代西方伦理学史(下)》,北京:北京大学出版社1992年版,第293页。

② 参见沈湘平:《价值观研究亟需自觉的人类学视角》,《哲学动态》2016年第11期,第5—11页。

③ 杨国荣:《伦理与存在——道德哲学研究》,北京:北京大学出版社2011年版,第248—249页。

导论：主要阐述了价值排序研究的四个维度。从问题导向、理论渊源、当代把握和未来趋势四个方面阐述了价值排序与核心价值观的研究现状、特点和趋势，为整项研究奠定基础。

第一章到第四章为第一部分，主要为价值排序和核心价值观研究的理论基础部分，从时代背景、西方价值哲学、中国价值哲学、马克思主义价值哲学三个方面的理论渊源等方面展示价值排序研究的意义和作用。

第一章：现代社会呈现出一个文化多元多样、思想交流交锋的时代特征，基于这样的基本事实，对于多元文化的价值认知不能简单地停留在“一”与“多”、“普遍性”与“特殊性”的命题争论中，更应关注文化多元化在当今时代扮演的多重角色以及对此的评价，更应关注多元化与全球化、多元化与相对主义之间的关系。在此基础上，第一章中提出要以多元化的文化逻辑建构中国特色社会主义的文化建设，使“多元”和“共享”等成为文化建设中首要的价值排序和立足基点。这是因为“多元”和“共享”这两个价值原则不仅是中国特色社会主义文化建设的基本价值前提，也是追寻“中国梦”、增强文化自信、实现文化强国的重要组成部分。

第二章：在西方价值哲学的研究中，价值排序是一个新兴的研究论域，它呈现于各种价值分类说、价值等级说、价值样式说、价值评价说等价值学说中，也呈现于不同排序依据分析的哲学诠释中。因此，本书第二章西方价值排序理论的范式演进，主要介绍和分析了舍勒的四等级价值样式说、哈特曼的价值类型说、杜威的价值评判说以及刘易斯的价值评价说。他们提出了价值排序研究的基本范畴和基本观点，奠定了价值排序研究的主要框架和发展趋势，并使得关于价值的分类、选择、排序、评价成为当代价值哲学研究的新领域。系统地梳理和阐述西方价值哲学中的价值排序思想及其相关问题，分析价值排序思想的范式演进过程，有助于我们更好地了解西方价值哲学研究的发展和走向，同时也有助于国内对于价值哲学和核心价值观研究的深入推进。

第三章：与西方价值哲学对于价值排序研究不同的是，中国传统伦理中的价值排序研究呈现出不一样的方式和特点。因此，本书的第三章主要阐述了中国传统伦理中对于价值排序的研究，主要呈现出以最高价值的设定和追求作为价值排序的基本标志，强调政治、宗法、伦理一体的道德追求和人格锤炼，在价值观、认识论和方法论上具有内在统一性等特点。在中国传统的价值排序研究中，儒道佛是最具代表性的三家，其中，儒家以“仁”作为其核心价值原则，期许“仁礼和合”，锤炼“内圣外王”的完美人格，其价值思想概要内蕴于“五常德”之间，彰显于“尚志”、“成仁”的理想抱负之中；并且，作为中国封建时代的正统思想,对于我国传统社会的价值排序原则影响至深久远。道家总体上是以“道”作为价值排序的立足点,追求隐士人格的实现。而中国佛家思想的精华就是在“万物皆空”的价值基点上,包含缘起因果、求智修善、平等慈悲、中道圆融等内容,其中佛家伦理天下情怀以及佛化自然、戒定慧律的自我操守对于我们建设当前的社会主义核心价值观也具有重要的启示意义。

第四章:对价值哲学的研究是马克思主义哲学中的重要内容,也是马克思早期经典著作中的重要论题。第四章主要阐述了马克思早期对价值思想阐述的研究路径。马克思早期对价值问题的关注,主要在于他从唯物主义的实践思维出发分析了异化劳动、生产实践、现实的个人等概念,对价值的本质及特点进行了探究,确立了历史唯物主义基础上的价值思想。其中,异化劳动是马克思研究价值问题的起点,马克思运用价值介入的方式研究了劳动和异化劳动,并在社会生产实践中挖掘价值的基本要素,使价值思想得以丰富,并且马克思早期价值思想最后旨归于“现实的个人”,从多维度分析了现实的个人所具有的种种价值和权利的规定性。可以说,马克思早期“异化劳动—实践—人”的价值思想构建进路,为当代价值思想研究提供了独特的研究视角和丰富的理论基础。

本书的第五章到第七章为第二部分,主要为价值排序和核心价值观的理论建构部分,从当代中国的价值排序失序的主要表现、社会公正问题的内在逻辑和实践进路以及基于价值排序视角的社会主义核心价值观理论建构三个部分展开,意在对当前中国特色社会主义核心价值观凝练、培育和建设提供一个可供选择的分析路径。

第五章:主要阐述了当代中国出现了某种“价值观的迷误与失序”,影响到了人们的价值认同与核心价值观的培育和践行。当代中国出现的价值失序现象有多种呈现方式,具体说来,主要表现在政治认同的式微、文化安全的威胁、道德冲突的加剧、宗教信仰的失范等方面。该章通过对此四个方面的分析,从宏观角度分析了政治、文化、道德和宗教等方面存在的价值失序的现象,并在社会主义核心价值观建构面临现状的分析基础之上,展开对社会公正重建的呼吁和核心价值观理论建构的设想。

第六章:主要阐述了社会主义核心价值观建构中的一个重要问题——社会公正问题。社会的公平正义被认为是社会主义核心价值之重要标识。该章以重建社会公正、培育社会主义核心价值观为背景,强调首先要厘清资本逻辑和道德逻辑这两者之间的关系,梳理社会主义核心价值观体系中公正与平等、公正与自由、公正与法治这三者之间的关系,体现“公正”在社会主义核心价值观体系中的序位和作用。同时，在社会公正重建的实践进路中，要体现对“公平与效率”、“利益与责任”、“市场与政府”等三组范畴的伦理关照和现实解读，从而重构当前中国社会公正价值的理论意义和实践路径，以体现“公正、共享、发展”这一当代社会健康的可持续发展的价值目标和道德秩序。

第七章：为社会主义核心价值观的理论建构部分，主要从价值排序理论的提出和发展展开对社会主义核心价值观建构的分析，着重阐述了核心价值观建构的四个理据以及从价值先验、历史经验和国情体验三个角度阐述了社会主义核心价值观的建构意义。从价值排序的视角为中国特色社会主义核心价值观“何以可能”和“何以建设”这两个基本问题提供了一种学理依据和哲学解释，从而扩展了当代中国社会主义核心价值观在文化多元化时代的“理论基点”和“建设路径”。

本书的第八章到第十章为第三部分，主要为价值排序和核心价值观建设的实践探索部分，从中国特色社会主义核心价值观的建设原则、建设路径的实践探索，价值排序与道德教育模式的创新尝试以及国民价值观建设的国际比较研究，特别是韩国建设国民价值观、美国推广其价值观的可行性经验等三部分，意在对中国社会主义核心价值观的培育、践行和建设做一个有益的探索和启示。

第八章：当今社会给我们呈现了一个文化多元、价值多样、思潮多变的现实世界，这对当代主权国家和执政党引领各种思潮、整合社会文化、建构价值认同的执政任务和治理能力提出了重大的挑战。在这样的情境下，中国提出了建设社会主义核心价值体系的治国方略，并提出了培育和践行社会主义核心价值观的建设目标。由此，第八章建基于核心价值观的建设目标，以“价值排序”的视角，分析社会主义核心价值观的建设前提、建设原则和建设路径，从而为我国社会主义核心价值建设机制的拓展提供新的研究进路。

第九章：道德教育是一个共同体中重要的管理方式和人际协调方式，是伦理学和教育学所共同关心和研究的重要论域，是社会主义核心价值观建设的重要组成部分。历史上有多种关于道德教育的价值论说，如价值澄清论、价值认知论、价值整合学说等，这些价值论说为道德教育提供了独特的研究视角和解释系统，也不可避免地遭遇了各自的理论边界和实践困境，导致现代社会出现了“低效德育”或者“无效德育”的现象。因此，第九章以“价值排序”理论为研究视角，分析了当前道德教育模式的各种价值范式，提出了以尊重道德主体进行价值选择和排序为立足点、强调现实道德教育情境中主体的作用、克服道德相对主义和虚无主义的道德教育模式的创新路径。

第十章:当前,国民价值观的建构与建设在多个国家都广泛兴起,受到高度重视,成为文化软实力建设和国民认同的重中之重,美国强调“美国精神”的重建,新加坡重视“共同价值观”,德国把“立国价值”写入宪法。因此,展开国民价值观的国际比较具有十分重要的意义。第十章选取了韩国、美国作为国际比较研究的主要对象。在东亚国家经济社会发展进入新历史阶段的情境下,立足于中韩两国建设社会核心价值观的全局,从探索多元化与一元化辩证关系的角度,展开对韩国国民价值观建设过程的全面考察,就当今韩国国民核心价值观建设中面临的突出问题进行分析和回应,重点就韩国国民核心价值观建构过程中的有益经验及其对我国建设社会主义核心价值观的启示展开分析和归纳,为我们建设社会主义核心价值观提供可供借鉴的构建方案和建设进路。同时,美国在国内外推广其倡导的价值观过程中,有许多值得分析和研究的基本要素和经验:坚实的硬实力是基本的物质基础,高度的文化自信是重要的心理基础,借用“正义”名片是其道德基础,完备的理论体系是其学理基础,流行文化的传播是其有效载体,特制项目是其重要杀手锏,青年群体是其主要目标对象。同时,美国在推广价值观中存在着的单边主义、双重标准、政策的不稳定性、与事实不符的宣传也会削弱其所宣称价值观的吸引力。这就启示我们中国要推广和传播社会主义核心价值观,就要通过不断回应世界的真实需求以获得尊重和公信力,支持第三方传播渠道以增强国际话语权,讲好中国故事,塑造一个可信任的、负责任的中国国家形象。

探讨全球化和不同文明之间的关系，不是一个新的话题，也不是一个新的现象。这种对于全球化、文明、文化的研究，不仅仅是一种纯知识性的探索，它已经成了人们面临的严峻问题的一门科学。当今世界上，还没有一种思想或意识形态能够明确地、圆满地、有说服力地回答我们所面临的关于不同文明之间该如何相处的问题。全球化的特点之一，就是各种“问题”的全球化。①

——费孝通

# 第一章　文化多元化的当代认知②

多种文化并存发展的现象存在已久，但文化多元论的提出却是全球一体化的结果。然而，全球化时代的一个明显悖论在于，一方面全球化似乎消解了所有差异的、特殊的、地域性的文化认同；但另一方面，这种消解本身恰恰又呈现出更多不同的文化价值生态样式，导致了普遍的认同危机与道德焦虑，酝酿着新的文明冲突的世界风险。的确，我们可以看到全球化在经济、技术和信息层面带来的巨大改变，但透过这些现象背后，也可以看到其背后隐含的特殊的价值立场，那就是在全球化的行进过程中，对多元文化的一种约束、限制以及由此展开的不同程度的单一化进程。那么，在这样的当前世界境遇中，当代中国如何在全球化进程中保持自己文化和价值的持续性、自主性和独特性？我们的价值排序和选择、道德的共识和认同，如何在多元文化（特别是西方文化）的强势影响下进行有效的自我反思、自我定位和自我建构？如何在全球化的世界图景中，在追寻中华民族伟大复兴和中国特色社会主义文化建设的进程中，不断加强文化自信，实现中国的“文化大国强国梦”？这些问题是建基于多元化的文化逻辑和价值认知的前提下，中国建构和建设文化强国、提高文化软实力、提升世界影响力，必须要思考和重视的基本问题。

---

① 费孝通：《文化与文化自觉》，北京：群言出版社 2010 年版，第 446—447 页。

② 本章原名为《论多元化的文化逻辑与价值认知——兼论中国文化大国梦的建构》，载于《武汉科技大学学报(社会科学版)》2014 年第 1 期。

## 一、文化多元化的多重角色

黑格尔告诉我们："就存在作为直接的存在而论，它便被看成一个具有无限多的特性的存在，一个无所不包的世界。这个世界还可进一步认为是一个无限多的偶然事实的聚集体，或者可以认为是无限多的有目的的相互关系的聚集体。"[①]的确，研究"无限多"的多元论是"困难"的，这种困难"既是思想上的，也是人类的和政治的，即，在一个差异性再不能被忽视而且也不能靠'权威方法'达到团结的世界里，学会如何一起生活"[②]。因此，可以说，多元化的文化逻辑在现代社会的影响是多个方面的，它不仅仅呈现了一个思想样态上的差异，更是折射在经济、政治、社会和人类生活中的诸多领域，体现着多重角色和多种作用。这种多重角色是我们认识多元文化的一个基本事实，也是我们对此进行价值认知与价值评价的基本前提。

首先，作为发展"背景"的文化多元化。世界给我们呈现的是一个文化形态多元的世界，不同的文化孕育了不同的民族和不同的社会，"在世"的人类的种种行为和选择都与这个大背景息息相关。例如，斯宾格勒就把人类高级文明历史划分为八大文化形态，即埃及文化、巴比伦文化、印度文化、中国文化、希腊古典文化、阿拉伯文化、墨西哥—玛雅文化和西方文化。对此，汤因比认为文化形态不止8个，而是20多个，包括西方社会、东正教社会、伊朗社会、阿拉伯社会、印度社会、远东社会、古希腊社会、叙利亚社会、古印度社会、古中国社会、米诺斯社会、印度河流域文化、苏末社会、赫梯社会、巴比伦社会、埃及社会、安第斯社会、墨西哥社会、尤卡坦社会、玛雅社会等；此外，还有流产的远西方基督教文明（凯尔特边区）、流产的斯堪的纳维亚文明以及波利尼西亚人的文明、爱斯基摩人的文明、游牧民族的文明、奥斯曼人的文明、斯巴达人的文明等停滞的文明等等。并且，汤因比还认为，多元的文化精神或文化模式构成了人类历史发展的主要内容。同时，当今世界也越来越关注风险及风险社会产生的诸多问题，比如后现代转向、后殖民时代问题、生态政治问题、政治自由主义、性别主义认识论等，这些思潮的出现和发展使得这个时代产生了更多的、特殊的、多元的立场、观点和视角，创造了这个时代发展的多样性、多重性背景。因此，多元文化作为我们的研究背景是极其复杂的，这是因为"多元论的

① ［德］黑格尔：《小逻辑》，贺麟译，北京：商务印书馆1980年版，第135页。

② ［爱尔兰］玛利亚·巴格拉米安等编，张峰译：《多元论：差异性哲学和政治学》，重庆：重庆出版社2010年版，希拉里·普特南，序言。

陈规使得我们看不到多元论的多元性实际上是一种多么复杂的现象：一方面，有种陈规认为并不存在‘真理’之类的东西，即使说一些观点是正确的，而另一些观点是错误的，也不过是一种‘压制的状态’；另一方面，有种陈规认为总是存在一种正确的观点和多种错误的观点，理性要求我们拒斥其他任何的向‘非理性主义’投降的观点”[①]。正是由于这些对于多元论的“陈规”或者“偏见”，使得我们理解多元论作为发展的背景或语境产生了一定的困难，非此即彼的单一化思维以及大而统之的同一化思想是当前理解多元论文化逻辑的重要阻碍之一。

其次，作为发展“要素”的文化多元化。马克思曾说过，“思想、观念、意识的生产最初是直接与人们的物质活动，与人们的物质交往，与现实生活的语言交织在一起的。人们的想象、思维、精神交往在这里还是人们物质行动的直接产物。表现在某一民族的政治、法律、道德、宗教、形而上学等的语言中的精神生产也是这样。”[②]因此，作为精神生产表现形式的文化在与人类的物质生活紧密结合的同时，也折射体现出物质世界的丰富性和多样性，并以这种精神生产的多元性构成着社会发展的组成要素。同时，作为发展“要素”的多元化还体现在对于文化的不同界定以及各个学科的研究视角中。如 A. L. 克鲁伯和克赖德·克拉克洪在《文化——关于概念和定义的评论》中，列举了他们所能查阅到的数百位理论家的各种文化定义，总计竟达到 161 种：第一组“描述的”(descriptive)文化定义有 20 种，第二组“历史的”(historical)文化定义 22 种，第三组“规范的”(normative)定义 25 种，第四组“心理学的”(psychological)定义 38 种，第五组“结构的”(structural)定义 9 种，第六组“遗传学的”(genetic)定义 40 种，第七组“不完整的”(incomplete)定义 7 种。[③] 除了对于文化定义的多样性要素之外，文化研究方面的理论学派也有很多种，比如交往行动理论、新共和主义和共同体主义等等。这些理论的出发点虽然各异，但都具有一个大致相似的目标，那就是针对自由主义在处理多元文化与价值问题上的困境，“试图在不违背自由与人权等基本原则的前提下，帮助人们在后形而上学的、世俗化的多元主义时代，以非强制、非暴力的方式得出某些在一定程度上具有普遍性的、能够超越个体以及不同文化的价值取向的规范性原则，以便为

---

① [爱尔兰]玛利亚·巴格拉米安等编，张峰译：《多元论：差异性哲学和政治学》，重庆：重庆出版社 2010 年版，希拉里·普特南，序言。

② 《马克思恩格斯选集》第 1 卷，北京：人民出版社 1995 年版，第 72 页。

③ A. L. Kroeber, Clyde Kluckhohn, Culture: A Critical Review of Concept and Definitions, New York: Vintage Books, 1952, pp. 81-142.

社会团结和一种有意义的社会生活提供理性的基础。"①由此可见，多元化作为一种发展要素参与到社会发展的进程之中，并在与普遍性、趋同性、一致性相关的辩证互动与耦合关联关系中体现出对社会的整体影响。

再者，作为发展"问题"的文化多元化。多元化不仅作为一种时代语境和发展要素呈现，还导致了发展过程中的诸多问题。这是因为，"文化，必定是非常多元的，这多元主要是指文化的表现手段（媒介）、形式、风格、韵致，以及人的观察、感受、思维的方式等等。"②并且，"伴随每个人成长而形成特殊的心理、社会、生物的和文化的背景会深刻地影响我们每个人的生活意义和认同。这种认同的影响力是由我们周遭的经济、社会和文化环境所决定的。"③事实上，多元论的确以种种不同的，而且经常相互冲突的信仰、价值和思维方式进入我们的生活。面对多元论的事实，不同的主体采取什么样的意见和态度以及如何作出排序，作出决定，采取行动，本身就是一件不确定、具有无限可能性、也具有风险的事情。由此，在发展的过程中产生了种种多元化的"问题"以及与此相关的评价，例如：如何评价发展问题，如何看待环境问题，如何处理经济与生态的关系，如何看待多民族问题，如何看待社会不均衡发展导致贫富差距扩大问题，如何看待数字鸿沟问题、种族歧视问题、宗教差异与管理问题、历史遗留问题、共同价值观问题，等等。可以说，多元论所呈现的世界画面迫使我们承认，可以存在许多不同的、不一致的概念框架和道德框架，有许多不同的具有差异的信仰体系和价值观念，并不存在一个决定何为"真理"的压倒一切的标准，这些多元化的观念导致的"问题"镶嵌在我们社会发展的过程中，无可避免也不可回避。因此，我们"越来越多地意识到不同文化和不同历史时代的信仰、实践和习惯的差异性程度，已经导致对我们的判断，特别是我们伦理判断的普遍性和客观性产生了怀疑"④。所以说，多元化的逻辑所造成的现实发展中的多种问题，以及如何看待和处理这些多元论导致的问题最终也成为了一种"多元"问题。

最后，作为发展"价值"的文化多元化。韦森在《良好法治下的文明社会秩

---

① 王缉思、唐士其：《多元化与同一性并存：三十年世界政治变迁（1979—2009）》，北京：社会科学文献出版社2011年版，第15页。

② 董健：《全球化与文化民族主义》，载于何成洲主编：《跨学科视野下的文化身份认同》，北京：北京大学出版社2011年版，第7页。

③ Alison Assiter, Revisiting Universalism, Palgrave Macmillan Press, 2004, p. 16.

④ ［爱尔兰］玛利亚·巴格拉米安等编，张峰译：《多元论：差异性哲学和政治学》，重庆：重庆出版社2010年版，希拉里·普特南，序言。

序》一文中曾指出："良序民主和法治下的文明社会要求具有以下特点：整合的市场、良好的法治、宪政民主、有限政府、个人自由和权利的保障、多元价值、宽容、非统驭社会、文明、和谐、商业诚信、社会美德。"[①]可见，现代社会的形成本身就是在多元文化和多元价值的建基之上，同时，市场经济和全球化使得处于现代社会中的世界各国和各民族纳入到经济一体化和文化多元化的共同境遇中。这种共同境遇表现为美国学者阿尔君·阿帕杜莱斯所归结的全球化所具有的五个图景的多元化：一是在全球流动的人种图景；二是跨国性的科技图景；三是超越民族与文化差异的媒体图景；四是无国界的货币流动图景；五是全球性的而非国别性的意识形态接受图景。因此，多元化就现代社会图景来说，不仅仅是一种纯粹的背景、组成的要素和呈现的问题，更是一种现代和后现代交织的"价值"体现，它使"我们时代的高度的文化意识，使得所有关于社会对于个人生活的价值问题活跃起来，生气勃勃"[②]。而且，文化多元化在相对性与绝对性辩证统一的基础之上，倡导不同国家、不同地区、不同民族、不同社会制度下的人们在相互交往中保持平等、相互理解、相互尊重和相互宽容。承认多元，才能更好地"对话"；承认差异，才能更好地"求同"。进一步来讲，承认与发展"多元化"，本身就是社会的一种进步和历史价值的一种彰显。另外，我们说，现代性的核心精神是个人权利和个人自由的彰显，现代社会的构建围绕着对个人权利的尊重与保护而展开，其目的是为每一个公民提供实现个人价值的公正平等的机会。这种尊重个人权利的平等前提就是承认多元和差异的价值凸显。因为，为每个公民提供实现个人价值的平等机会，包括思想自由、选择自由以及追求利益的自由。当然，新时代中国构建基于多元论逻辑基础上的公正、平等、自由观点，区别于历史上的传统的个人主义、自由主义观念，而进入到中国特色社会主义核心价值观的体系架构之中。

总之，文化多元化在现代社会呈现出了多重角色，体现了不同维度上的意义指向。当然，它首先是一种文化观，体现着各种文化群体的多样性、平等性和相互影响性；同时，它也是一种历史观，这种历史观隐含了承认多种历史事实和历史经验的存在的延续性和流动性；它也是一种教育观，强调了对非主流和主流的教育价值观的分类、辨别和引导；另外，文化多元化也是一种公共政策观，体现在公共政策导向上倡导平等宽容、禁止歧视，强调社会、经济、宗教、

---

① 韦森：《良好法治下的文明社会秩序》，载于秦晓：《当代中国问题：现代化还是现代性》，北京：社会科学文献出版社 2009 年版，第 83 页。

② ［德］文德尔班：《哲学史教程》下卷，北京：商务印书馆 1993 年版，第 860 页。

政治和文化权利的平等性、公正性等；最终，文化多元化也是一种价值观，它突显了“多元”的判断标准以及社会力量的整体聚合，强调了平等、自由、尊严、全面发展价值的优先性，这种价值观体现在民族主义、种族主义、教育体系、消费模式和生活方式的变迁过程中，是在种族关系、宗教政策、道德实践、文化表达中的一种鲜明的价值立场。

## 二、文化多元化的价值认知

德国学者乌尔里希·贝克曾说过：“人们既可以否定、攻击全球化，也可以为它欢呼，但是人们无论如何评价全球化，涉及的都是这样一种强势理论：以领土来界定的社会领域的时代形象，曾在长达两个世纪的时间里，在各个方面吸引并鼓舞了政治、社会和科学的想象力。如今这种时代形象正在走向解体。伴随全球市场经济的是一种文化与政治的全球化过程，它导致人们熟悉的自我形象和世界图景所依据的领土社会化和文化知识的制度原则瓦解。”[①]确实，诚如本章开头所提到的，文化多元化的发展与全球化的历史进程息息相关，无论对于全球化的概念（或运动）存在着何种方式何种视角的解读和评判，对它与文化多元化之间的关系的探讨都不可回避。因此，对于文化多元化的价值认知，也离不开其与全球化之间内在理路的辨析与厘清。

文化多元化是全球化文化样态的一种呈现。我们说全球化，首先呈现的是扑面而来的经济全球化。“经济全球化所包含的破坏性力量表明，当市场经济走向全球化之时，当人们之间的交往达到一种真正‘世界历史’尺度之时，人类的行为方式也就发生了一种根本性的变化。这种新的行为方式不可避免地要求一种与之相匹配的新的规范方式，而在步入经济全球化的今天，人们却还没有发明出一种与之适应的规范方式。”[②]经济全球化的根本基础不在于全球经济发展的趋同性，而在于各国各地资源禀赋的差异性，才使得经济全球化这一制度设计成为可能。因此，这种地区性的经济禀赋上的多样化、差异化和自由化，也必然导致社会生活乃至文化价值观方面的多样化、差异化和自由化。文化多元化是经济全球化的文化样态呈现，是社会经济形态和市场经济运行方式多元化反映在文化领域的现实映射。此外，经济全球化所带来的资本控制逻辑、拜物教意识、投入产生比思维方式、功利主义伦理评价方式等都无一

① ［德］乌尔里希·贝克，哈贝马斯等：《全球化与政治》，北京：中央编译出版社2000年版，第14页。

② 王南湜：《全球化时代生存逻辑与资本逻辑的博弈》，《哲学研究》2009年第5期，第23页。

例外地体现在了多种不同的文化和价值观念中，直接影响到人们的生活方式和存在方式。

同时，全球化也促生着文化多元化的涅槃生长。文化多元化不会随着全球化、一体化而消失，它的存在是不可避免的，而且具有持续性和长期性。全球化交往带来的具有普遍性、共享性的东西，如技术层面、物质层面、制度层面和行为层面正逐渐呈现一种趋同和共享的特征，但精神层面、心理层面、价值层面却往往很难趋同，比如价值观念、历史意识、思维方式、审美情绪、伦理观念、风俗禁忌等，而这种文化多元化所影响、难以趋同的方面正是各国家、各民族、各地区基本的价值认同的重要组成部分。“一个凝固的、基于共同的民族特征的、亲缘关系的观念显然正在消亡。世界上的边界也许不会消失，但是许许多多异国的因素正在穿越世界……现在人们越来越多地塑造自身，用不同的经历来拼凑他们的身份特征，他们依赖的不仅是自己本民族的，而且包括他们从大千世界获得的知识、体验及对他们有用的信条。”[①]所以，全球化并没有消减或毁灭多元化和差异性，相反，促生着多种价值观念的发展。但是要指出的是，价值观念的差异性并不排斥共同的社会心理基础，也并不排斥共同或是主导的(主流的、核心的)社会价值导向，以及否认共同的基本的社会规范和价值认同。

文化多元化与相对主义密切相关，但两者是有区别的。可以说，多元化的极端就可能滑向相对主义和虚无主义，对于这个嫌疑，多元化很难完全清除。相对主义在逻辑上表明各种文化具有相同的地位，不存在一种文化优于另一种文化的地位差别，主张“风俗君临万物”、“道德入乡随俗”，不同的文化各有自己的是非标准和善恶标准，不能用一种文化的标准去衡量在另一种文化中生活的人的思想和行为；不能站在一种文化之外、别的文化的立场上去评判这一种文化等。对此，美国人类学家弗朗兹·博阿斯就有比较经典的表述。他明确主张，衡量文化没有普遍绝对的评判标准，任何一种文化都有其不可重复、不可替代的特殊性，因而都有其存在的价值；同样，每一种文化都有其自有的价值准则，评价一种文化现象只能以存在其中的文化形态的价值标准来衡量；各种文化形态没有优劣、高低之分。对于此，约瑟夫·瑞泽(Joseph Razor)则这样批判道：“激进的相对主义会陷入价值真实性的虚无主义，会导致不同观点之间的对话不能进行，不能形成基本共识，最终导致整个价值学不

① [美]G. 帕斯卡尔·扎卡里：《我是“全球人”》，北京：新华出版社 2002 年版，第 7 页。

存在。”①

而建立在相对性与绝对性的辩证统一基础上的多元论，则是倡导不同地区、不同民族、不同文化、不同社会制度下的人们在相互交往中保持相互平等、相互理解、相互尊重和相互宽容。全球化条件下，世界文化和价值的差异性和多样化客观存在并日趋明显，这已然成为现代文明的一大特征。因为，各个民族、各个社会都不能摆脱其社会历史、文化传统、风俗习惯、宗教信仰等因素的影响，这是不容置疑的事实。不同的社会、不同的民族有不同的道德准则和道德信念，而且每个社会的道德信念都深受其文化传统的影响。因此，价值多元论认为决定一个行为正确与否的终极价值原则不止一个，不存在一个可以适用于所有情况的实质性的价值原则。价值多元论在逻辑上并非必然导致否认价值原则的客观性和普遍性，比如罗斯（W. D. Ross）的初始义务论可以视为一种价值多元论的道德理论，但却是一种客观主义立场的理论。而相对主义却是否认客观主义，否认存在着普遍有效的终极的道德原则。对此，盖尔斯顿也认为，“价值多元论既不是一元论，亦不会退化为相对主义，客观的善无法绝对地排出顺序，在某种意义上，某些善是基本的，它们对任何值得选择的生活观念都是至关重要的，而且对好生活的观念、公共文化和目的的观念，个体的选择可能迥异，但其多样性本身还是具有一定的合法性的。”②

此外，正如路易斯·P. 波吉曼（Louis P. Pojman）所指出的，相对主义的一个显著特点就是否定道德的普遍性。这里有两层含义：一是否认道德的普遍存在和普遍有效；二是否认道德的普遍正当性，也就是最终否认道德的客观性。“相对主义是一种仅仅陈述在不同的地方和时代人们的风习和道德存在着极大差异的人类学理论。”③可以说，相对主义的主要问题就是将人们之间的约定和共识看成是决定道德上正确与否的唯一根据，而否认这种约定和共识背后的客观基础。这种缺少客观依据的约定主义或相对主义，终究会导致主观主义、怀疑主义、不可知论或诡辩论。对此，罗蒂就曾在《哲学和自然之镜》中把认识论和解释学结合起来，但他的切入点是不可通约性问题，而多元化的不可通约性在伦理道德领域却有可能导致相对主义。所以，罗蒂对这个问题的切入是非常富有创见的；但是，不可通约性问题的产生，其根源恰恰在

① Joseph Razor, The Practice of Value, USA: Oxford University Press, 2005, pp. 17-18.

② William A. Galston, Liberal Pluralism: The Implications of Value Pluralism for Political Theory and Practice, USA: Cambridge University Press, 2002, pp. 5-6.

③ Louis P. Pojman, Ethical Theory: Classical and Contemporary Readings, USA: Wadsworth Publishing Company, 1996, pp. 16.

于范式概念的内涵不同，其实就是范式之间的不可通约性。

总之，对文化多元化的现代价值认知，离不开其与全球化、相对主义之间内在逻辑的梳理，离不开多元化与全球化之间的互生耦合的分析，也离不开多元化与相对主义之间的异同关联的辨析。当然，对于多元化的价值认知还关涉到其与一元论、地方主义、境遇主义、虚无主义等理论的关系。总的来说，对于文化多元化的价值认知，这是进行中国特色社会主义文化建设的基本前提，也是繁荣社会主义先进文化、构建社会主义文化强国的必然要求。

## 三、文化建设的基本前提和价值排序

在“前现代”的社会中，社会普遍强调的是在一元化哲学和宗教基础之上的世界图景，后来在经过韦伯等人的“祛魅”之后，文化和价值的多元性成为了现代社会的一个重要标志。同时，现代社会所重视的个体具有选择、排序和行动的自由精神和能力，也为“多元化”提供了一种理念上的“合法性”基础。我们说，文化和价值的多元化意味着各种文化和思想观念的平等对话、共识分享与普遍承认，这是社会文明发展和包容广度的一个显著指征，而不同文化和价值观之间的融合与互惠，又完善并发展了社会整体结构。因此，在文化多元化的情境下，我们要承认和尊重差异性和多元性。在中国特色社会主义文化建设的过程中，承认多元、尊重差异、平等共享是基本的价值前提，也是优先的价值排序所在。

马克思认为，“不是从观念出发解释实践，而是从物质实践出发解释观念的形成”，其“出发点是从事实际生活的人”，要求从其“现实生活过程”出发，描绘出这一“生活过程在意识形态上的反射和反响的发展”，由此得出的结论是：“道德、宗教、形而上学和其他意识形态，以及与它们相适应的意识形式便不再保留独立性的外观了。它们没有历史，没有发展，而发展着自己的物质生产和物质交往的人们，在改变自己的这个现实的同时也改变着自己的思维和思维的产物。不是意识决定生活，而是生活决定意识。”[①]由此可知，不同社会、不同民族的道德准则和道德信念都深受其文化传统的影响，各个民族、各个社会都不能摆脱其社会历史、文化传统、风俗习惯、宗教信仰等因素的影响，差异与不同“先在”地存在着，成为一种“历史烙印”或“文化基因”。对于这种价值一元论和多元论的论争，伯林的研究可以说是当代对于该论题论述最深刻的重

---

① 《马克思恩格斯选集》第1卷，北京：人民出版社1995年版，第65页。

大成果之一。伯林认为:“人类的目标是多样的,它们并不都是可以公度的,而且它们相互间往往处于永久的敌对状态。假定所有的价值能够用一个尺度来衡量,以致稍加检视便可决定何者为最高,在我看来这违背了我们的人是自由主体的知识,把道德的决定看做是原则上由计算尺就可以完成的事情。说在某种终极、共通而又能够实现的综合中,义务就是利益,个人自由就是纯粹的民主制或威权式国家,这等于是给自欺和蓄意的伪善披上形而上的毛毯。多元主义是更人道的,因为它并未(像体现构建者那样)以某种遥远的、前后矛盾的理想的名义,剥夺人们——作为不可预测地自我转化的人类——的生活所必不可少的那些东西。”①

对此,罗尔斯也反复强调,我们必须充分认识到现代性所具有的不能避免和不可克服的多元性。罗尔斯指出,现代民主社会具有首要意义的“第一个事实”是:“在现代民主社会里发现的合乎理性的完备性宗教学说、哲学学说和道德学说的多样性,不是一种可以很快消失的纯历史状态,它是民主社会公共文化的一个永久特征。在得到自由制度的基本权利和自由之保障的政治条件和社会条件下,如果还没有获得这种多样性的话,也将会产生各种相互冲突、互不和谐——而更多的又是合乎理性的——完备性学说的多样性,并将长期存在。”②一种普遍的社会正义观念不可能建立在任何一种哪怕是再完备不过的宗教学说、哲学学说和道德学说的基础上。也就是说,普遍的社会正义观念不可能只建立在任何一种特殊的文化价值理想的基础上,恰恰相反,必须建基于社会公共理性和多元文化之间的“共同对话与协商”,以达成一种合乎理性的“重叠共识”,从而最终形成一种可共同认可和共同践行的普遍正义观念。在这里,罗尔斯指出,重叠共识的确立、特征和结果与其道德对象、道德立场以及该共同体的稳定性和关联度密切相关。对此,万俊人认为罗尔斯的这一见解包含了三个重要的思想:“其一,文化的差异性构成了普遍化观念和实践的基本限制;其二,达成某种普遍性社会观念的合理方式需要超越文化的差异性,但不是超脱于各差异性的文化传统之外,而是在各差异性文化传统之间寻求某种‘重叠共识’;其三,这种‘重叠共识’只能是某种程度上的,而不可能是完备的。”③因此,就如罗尔斯所言,我们主张愉快地接受“合情理的多元主义”

① [英]以赛亚·伯林:《自由论》,胡传胜译,上海:译林出版社2003年版,第337页。

② [美]罗尔斯:《政治自由主义》,万俊人译,上海:译林出版社2000年版,第37页。

③ 万俊人:《经济全球化与文化多元化》,《中国社会科学》2001年第2期,第38—48页。

(reasonable pluralism)[①]。

此外,自由主义理论通过构造一种中性的政治空间并把“差异”放置在非政治的或私人的领域,表达了个人生活中由于多元论可能引起的潜在冲突。其中,“赖利主张用一种对伯林的替代型解释,他强调伯林的理性主义的自由主义,并用它来表明,伯林的自由理性主义是一种内在一致的学说,是和价值多元论相一致的,这一论点的关键在于,一种被理解为平等自由必须的最低限度的自由主义能否使自由优先于竞争的价值,即使其有不可通约性。”[②]对此,约翰·凯克斯则这样认为:“多元主义的成立依赖于两个基本要素:一是可选的可能性;二是不同的价值原则。其中这个可能性的问题超出我们平常的把握,因为这依赖于政治、经济、历史、教育和遗传学等因素的影响,不同的道德个体有不同的道德态度。”[③]因此,“价值多元主义表征了价值的不可缺项的多样性,而且这些价值的冲突也是不可避免的。按照密尔的理解,多元和冲突是人类的一种自然的确实的欲求情况。”[④]因此,必须承认多元和差异的价值先在性和优先性,只有这样才能坚持全球化进程中的基本文化立场;只有这样,价值观念及其认同问题才有其内生及发展的可能性和现实性。同时,坚持合情理的多元主义是应对全球化和单级化发展的一种哲学立场,也是积极寻找各种文明、各种文化之间借以深层沟通、深度对话的价值路径。

当然,倡导多元与差异的价值优先排序在现实中也遇到了两重困境:其一,全球一体化的强烈攻势、西方文明的覆盖席卷世界、东亚模式和中国道路的波折起伏等,为多元发展模式和差别化道路的选择和坚持带来了诸多障碍;其二,就中国国内而言,民族国家对于内在统一性的要求也对多元共存、差异发展产生了一定的制约与影响。因此,我们说合情理的多元主义,是与全球化辩证互动的积极成果,也是对价值认同进行理性反思和道德批判的必须。一般看来,价值认同的指标和依据不是人的自然属性或者生理属性,而是人的社会属性和文化属性,这些属性是具有可变性与可选择性的。因此,价值认同是一种在一定意义上可以选择、可以排序的行为,即道德主体可以选择特定的价值理念、价值原则和价值行为。所以,多元化的可选择的情境对于一个共同体的价值选择及排序,特别是价值认同将产生重大的影响。因为,“多元文化主

① John Rawls, Political Liberalism, New York: Columbia University Press, 1996, p. 144.

② [爱尔兰]玛利亚·巴格拉米安等编,张峰译:《多元论:差异性哲学和政治学》,重庆:重庆出版社 2010 年版,第 10 页。

③ John Kekes, The Morality of Pluralism, Princeton University Press, 1996, p. 14.

④ Alison Assiter, Revisiting Universalism, Palgrave Macmillan Press, 2004, p. 12.

义——一方面应用于个人和他们的生活方式，一方面应用于民族和政府——所包含不同的价值。文化具有明显的界线特性，突显了其不确定性，而这些特性却被宣称为民族认同的核心。”[①]比如，乡土情结、生活方式、血缘关系、家庭组织模式、风俗禁忌观、文化差异、身份带来的自尊、归属感、历史感等都是其进行价值排序和道德认同的重要根据。

总而言之，在现代化社会的历史变迁中，是否拥有一种具有历史必然性和历史总体趋势的普遍价值以及在这种普遍性、公共性基础的价值之上，如何处理不同国家和不同地区在空间、时间、结构、趋势、发展道路上的特殊性、多样性和不确定性是我们进行中国特色社会主义建设，特别是文化建设和社会主义价值观建设不可回避的问题，这也是多元论带来的多元、差异、平等、共享、自由等价值观念背后要思考的重要现实问题。

## 四、文化多元化的中国语境与当代命运

黑格尔曾指出：“一个有文化的民族竟没有形而上学，就像一座庙其他各方面都装饰得富丽堂皇，却没有至圣的神那样。”[②]黑格尔一语中的地点明了文化特别是文化中的“神”对一个国家的重要性。塞缪尔·亨廷顿和劳伦斯·哈里森在《文化的重要作用——价值观如何影响人类进步》一书中也强调，关于文化在人世间的地位，最明智的说法或许就是丹尼尔·帕特里克·莫伊尼汉的一句话：“保守地说，真理的中心在于，对一个社会的成功起决定作用的是文化，而不是政治。”[③]文化的作用及文化建设的重要性可见一斑。卢卡奇在对资本主义社会物化意识进行批判时就明确表明，资本主义社会的异化已经不是简单的经济和政治问题，而是一种精神和文化问题。对此，邓小平同志也指出，社会主义制度的优越性表现在它的文化、科学技术水平应该比资本主义发展得更快、更先进，这才称得起社会主义，称得起先进的社会制度。胡锦涛同志指出，“人类文明进步的历史充分表明，没有先进文化的积极引领，没有人民精神世界的极大丰富，没有全民族创造精神的充分发挥，一个国家、一个民族不可能屹立于世界先进民族之林”。从世界历史发展新变化看，“当今世界正处在大发展大变革大调整时期，世界多极化、经济全球化深入发展，科学技

---

① [英]C. W. 沃特森著，叶兴艺译：《多元文化主义》，长春：吉林人民出版社 2005 年版，第 23 页。

② [德]黑格尔：《逻辑学》上卷，北京：商务印书馆 1966 年版，第 2 页。

③ [美]塞缪尔·亨廷顿、劳伦斯·哈里森等：《文化的重要作用——价值观如何影响人类进步》，北京：新华出版社 2010 年版，第 8 页。

术日新月异，各种思想文化交流交融交锋更加频繁，文化在综合国力竞争中的地位和作用更加凸显，维护国家文化安全任务更加艰巨，增强国家文化软实力、中华文化国际影响力要求更加紧迫。”①因此，我们在考察文化多元化的多重角色，对此进行新的价值认知的同时，更要关注其在中国的当代命运和实践语境。

文化大国梦的追寻、中国文化建设的进行，就是对文化多元化之下中国道路和中国命运的一种思考。文化大国梦是“中国梦”中的应有之义，是实现中国梦的重要文化保障，也是坚定中国特色社会主义道路的重要支柱。我们在追求文化大国梦的进程中，在大力加强文化自信、推进文化建设的过程中，要正视多元文化的存在与影响，重视多元、自由、平等、共享的价值优先性，也要塑造和建设中国特色的社会主义文化，培育和践行中国特色社会主义核心价值观。

我国要加强文化软实力，建设文化强国，构建文化大国梦，首先离不开全国人民对于中国特色社会主义的文化价值认同。“共同的价值原则，往往成为一个社会共同体中不同成员相互交往的基础，而社会的共识以及由此达到的行为协调，也同样离不开对意义、价值的共同承诺。”②我们说，只有在普遍接受和认同的基础上，才能为实现文化大国梦奠定坚实的基础。“认同”一词来源于“identital”，原意指身份证明、认可之意。近年来，“认同”广泛应用于政治学、社会学、国际关系学等。认同是一个关系概念，总是涉及与他者的关系，而认同的核心就是文化和价值认同。因为认同就是主体对他者的一种高度认可方式，包含着认知、接受、赞同的系列心理过程，而且认同一般是对一个价值系统从认知到内化的习得性过程。一个社会的价值认同是指各个价值主体不断改变自身价值理念以顺应社会主流价值规范的过程，它体现出社会成员对社会主流价值规范的一种自发感知、自觉接受、自愿遵循的态度。当然，价值认同是分层级、分步骤、分阶段的。一个国家的价值认同受到多种内外因素的影响，对中国而言，千年传统文化的沉淀、西方外来文化的冲击、现代性与后现代的糅合、多民族与多宗教的交汇、对合理的社会公共价值信念的呼唤以及对优良民族文化秩序的回归祈愿，这一切都使得当代中国的价值认同受到多元文化的深刻影响。此外，中国传统文化的兼容并包、代际赓续、多元融合、价值整合能力，也处处彰显着中国文化大国的软实力。

---

① 《论文化建设——重要论述摘编》，北京：学习出版社、中央文献出版社 2012 年版，第 11—14 页。

② 杨国荣：《伦理与存在——道德哲学研究》，北京：北京大学出版社 2011 年版，第 42 页。

我国要加强文化软实力，建设文化强国，构建文化大国梦，离不开社会主义意识形态的维护和建设。著名社会学家迈克尔·曼认为，全球化过程涉及“自由主义、社会主义等意识形态的扩散，资本主义生产模式的传播，军事打击范围的扩大以及民族国家在全世界的扩展，而与此过程如影相随的是帝国，先是两个帝国争霸，最后仅存一个帝国”[①]。因此，维护意识形态安全和加强核心价值观教育是文化领域中具有主导性、关键性的内容，决定国家文化软实力的根本性质和主要方向。社会主义核心价值体系是社会主义意识形态的本质体现，是指引社会前进方向的精神旗帜。从历史上看，“意识形态”一词是法国哲学家德·特拉西在1796年首先使用的，其意是指揭示人们偏见和倾向根源的“关于观念的科学”。这表明，意识形态与观念文化密切相关甚至融为一体。意识形态犹如一种思想构架，正是通过意识形态，人们感知、阐释和生活于他们置身其中的现实社会，并形成了一系列的观念文化。马克思通过对于权力诠释学的批判使我们认识到文化意识形态领导权的重要性，使我们认识到文化诠释活动和政治权力之间的内在关系，即每个时期的文化意识形态活动和文化建设都不可避免地是在共同的权力结构下进行的。而且，统治阶级的思想就是每个时期占统治地位的思想。因此，在我国，意识形态建设是社会主义核心价值观建设的应有之义和重要内容，也是处理文化“一”与“多”关系的重要组成部分。意识形态的一致化和现实化过程是政治权力系统在自觉接受社会大众认同的一套普遍有效的价值规范基础上进行政治社会化的过程，是社会政治系统与社会文化系统共同作用发挥重要影响的过程。当然，我们在认同马克思主义主流意识形态和价值观念在当今中国的引领和整合作用的同时，也应赋予其开放性、包容性、拓展性和建设性的时代内涵，尽量消除固态化、扭曲的意识形态表达方式，就像有学者指出，中国的文化和意识形态不能局限于“强国富民”的单一逻辑，而是要“拥抱一整套现代的核心价值，包括自由、民主、人权、公义、多元、王道、环保等，说到底，必须有一个现代的文明范式”。[②]

我国要加强文化软实力，建设文化强国，构建文化大国梦，离不开中国语境和中国文化话语体系的建构，离不开中国力量的整体彰显。中国的社会主义事业已经取得了举世瞩目的伟大成就，中国发展道路已经得到了广泛的承

① Michael Mann, The Sources of Social Power, Volume 4: Globalizations, 1945－2011, Cambridge: Cambridge University Press, 2013, p. 3.

② 秦晓：《当代中国问题：现代化还是现代性》，北京：社会科学文献出版社2009年版，第5页。

认和尊重。这意味着中国道路不仅是中国现代化发展的成功之路，而且具有更为深远的世界历史意义。同时，中国发展的道路和成就对中国哲学社会科学界提出了重大任务和严峻挑战。我们说，希腊文明强调“认知”，希伯来宗教以“救赎”为核心，印度文化以“解脱”为中心，中国文化以“德性”为追求，这四种文化基本形态的每一种类型都存在相应的终极关怀以及自我超越意识。在所谓传统文化的现代转型中，就是要化解现代价值系统和传统文化终极关怀的冲突，为学习和适应现代制度寻找正当性根据。因此，中国道路不仅要突破西方既有现代化理论的解释框架，同时也对既有历史唯物主义的阐释体系提出了新的要求和挑战。因此，在新的五大发展理念指导下，依靠中国本身的文化力量及其转型就显得尤为重要。同时，中国道路的巨大成功使中华民族进入了一个全新的历史时期，在国际社会中正在取得越来越重要的经济、政治地位，但在精神文化领域，却还没有得到相应的地位，这就要求人们借此契机创造出匹配于经济政治地位的精神文化产品，提升中华民族的文化地位和软实力。并且，就中国内部而言，多元文化的纷繁影响，核心价值观践行的任重道远，也迫切要求我国的文化建设必须有新的时代精神和文化力量产生，并且得到广大民众的广泛认同。这种涉及各个文化价值领域的超负荷系统，亟须中国本土化文化话语体系的建构和中国话语力量的加快崛起和有效传播。

建基于多元文化之上的文化建构和价值认知是中国特色社会主义文化建设和社会主义核心价值观建设的重要基点，也是塑造现实的理想主义的中国文化战略的判断基础。对于多元论的文化逻辑的梳理是在人类文化发展的普遍意义上对于文化权利和文化价值的重新界定，有助于拓宽中国特色社会主义文化建设视野，增加中国人民的文化自信；同时，在世界层面上，也有助于我们整合自身传统资源和国际资源，通过文化主权的维护、文化自觉的弘扬、文化自强的夯实，实现中华民族的伟大复兴。因此，以多元化的文化逻辑建构中国特色社会主义的文化建设，体现“多元”和“共享”等成为文化建设中首要的价值排序和立足基点，这是因为“多元”和“共享”这两个价值原则不仅是中国特色社会主义文化建设的基本价值前提，是体现理性的、科学的、可持续的文化发展模式的基本内容，是表达人们主体性的、创造性的、开放性的文化精神的重要诉求，是彰显法治型的、自觉型的、有序型的文化建设路径的基本要求，也是实现中华民族伟大复兴“中国梦”、建设文化强国的重要组成部分。

普通人每时每刻都在从事评价活动，而在这类活动中，无论是评价的出发点、评价的标准或坐标，还是评价的结构，无一不关涉到价值问题。①

——俞吾金

# 第二章　西方价值哲学中的价值排序研究②

在西方哲学史上，本体论、认识论和价值哲学各有不同的生发和繁盛时期，其中价值哲学较晚才真正形成，其根本原因在于价值哲学的内容最为庞杂，涉及本原、存在、认知、意义等诸多问题，深受当世社会的环境、文化和思潮影响，对人类的生命本质和道德实践具有重要意义。

在西方价值哲学的研究中，价值排序是一个较新兴的研究论域，其主要呈现于各种价值类型说、价值等级说、价值样式说、价值评价说等价值学说中，也呈现于不同排序依据分析的哲学诠释中。其中，马克斯·舍勒的"价值等级说"、尼古拉·哈特曼的"价值类型说"、约翰·杜威的"价值评判说"、刘易斯的"价值评价说"等是其中最重要的代表，他们的研究大大推动了康德式"最高价值律令"之发展，并使得关于价值的分类、选择.排序、评判成为价值哲学研究的新走向。目前在国内，对于这些学者的译介和研究，主要集中在舍勒的现象学、哈特曼的伦理学、杜威的实用主义和道德教育上，对于他们关于价值排序思想的研究以及由此生发的种种论争和拓展，却一直缺乏系统的梳理和深入的阐述。因此，系统地梳理和阐述当代西方价值哲学中的价值排序思想及其相关问题，分析价值排序理论的范式演进过程，有助于我们更好地了解西方价值哲学的发展和走向，也将有助于国内对于价值哲学与核心价值观研究的深

① 俞吾金：《价值分析与价值坐标的确立》，载于《被遮蔽的马克思》，北京：人民出版社 2012 年版，第 402 页。

② 本章部分内容原名为《论当代西方价值排序理论的范式演进：从舍勒、哈特曼到杜威》，载于《学术月刊》2013 年第 2 期，《新华文摘》2013 年第 11 期"观点摘编"、人大复印资料《伦理学》2013 年第 5 期全文转载。

入推进和视域延伸。

## 一、西方价值排序研究的兴起与特点

在西方价值哲学的研究中，价值排序呈现于各种价值分类说、价值等级说、价值样式说等，同时也呈现于不同排序依据的哲学诠释中。但作为一个相对独立和系统的研究范畴，价值排序是近年来一个新兴的研究论题，该论题开拓了价值哲学在现时代的研究视域，有力回应了现时代的伦理道德难题。众多学者在各自的研究中逐步凸显了价值排序的研究价值，也由此产生了一系列与价值排序研究密切相关的重要论争。其中，舍勒、哈特曼等人对于价值分类的建构奠定了当代价值排序研究的基本主张；萨特、杜威和刘易斯等人对道德选择、价值评价和排序主体的研究对这一论题进行了新的阐发和批判，进一步厘清了该论题在价值哲学中的地位；而新近的来自雅克·蒂洛、约翰·凯克斯、罗伯特·奥迪、乔尔·J. 考普曼等人的深入研究则更彰显了价值排序在现时代的全面兴起及其重要的研究意义。

关于价值分类、价值排序的思想意蕴最早呈现在康德的最高价值之证明与追求中，在康德看来，最高道德原则既不是亚里士多德所认为的完美的、全善的道德原则，也不是摩西十诫等，而是道德绝对命令。[①] 康德为现代价值论的创立提供了重要的启示，他明确提出人的生存“价值”的重要性、“人格无价”的绝对命令，以及对超越“快适的享受”之“绝对的价值”或“绝对的善”的推崇，[②]体现了人类价值排序思想的愿望与尝试。其后，舍勒具体探讨了价值等级结构的分类、关系和特征，提出了著名的“四等级价值样式说”，认为存在一种先验的价值等级秩序。到了哈特曼，他在舍勒研究建构的基础上，进一步分析了价值的类型、系列、层次和内容，将价值排序分类成生命、意识、能动性、折磨、力量、意志自由、远见和目的性功效等八大价值，并将这八种价值归为生命、意识和人格的价值三大要素。而萨特从价值选择与道德责任的视角分析价值排序问题，他认为人生是一个不断自由选择的过程，没有先天固定的权威的价值标准为我们指出方向和准则，一切都由我们自己去选择和创造，因此“人的自由”是人的最高价值，这决定了人具有超于一切物之上的尊严和高贵。此外，杜威以“行动的自我”为出发点，从对道德行为的理解角度阐释了价值评

① Samuel J. Kerstein, Kant's Search for the Supreme Principle of Morality, Cambridge University Press, 2002, Introduction.

② ［德］康德：《判断力批判》(上卷)，宗白华译，北京：商务印书馆 1987 年版，第 121—151 页。

价与价值排序的关系，他认为道德行为是由各种价值观念所唤起的活动，在这些活动中，人们所关注和倾向的价值可能是不相容的，因此要求人们在行动前对价值进行排序和选择。

到了最近的二十年，关于“价值排序”思想的研究对象、研究方法和研究视角等受到了越来越多学者的关注和讨论，使得价值排序成为一个新兴的前沿研究领域。一般说来，研究者大多从“多元性”（因为排序的基础在于选择的多元可能性）、“体验性”（价值排序的依据很多来自道德生活中的体验和判断）、“偏好性”（排序的结果体现了价值主体对于价值取向的偏好）等角度展开对价值排序的研究。

首先，“价值排序”作为一个研究范畴被直接提出。约翰·凯克斯是美国当代著名哲学家，迄今已出版 30 余部著作，其中多种代表性论著被翻译成五种文字，其内容涉及价值学、应用伦理、自然主义、保守主义和自由主义等多方面。他在《道德多元主义》一书中直接提出了“价值排序”的概念，他认为，“一个有理性的道德主体，必然会在两种或多种价值中进行排序（ranking values）。这种排序显示了普遍人性中各种价值原则固有的相对独立的特殊本质。”[①]在此基础上，约翰·凯克斯从道德多元主义的角度，区分排序了“最主要价值”、“第二价值”，并认为对这些价值进行排序的标准是道德主体直接的受益或受损程度的相关性。在凯克斯看来，多元论不仅包含了人性可能性的确立，也包含了对这种可能性的制约。因为不是所有的可能性都是理性的，并且很多理性的道德也可能是相互冲突的，也不是所有的理性可能性在现实生活中都可以被接受并被付诸实践的。[②] 因此可以说，这个限制、选择甚至妥协的过程就是道德主体进行价值排序的过程。

其次，价值排序在价值分类和价值原则优先性的研究中得到重视。罗伯特·奥迪在《道德价值和人类多样性》一书中从“价值体验”的角度，讨论了价值的多重向度的问题，他将价值排序分为五种：生活享受价值（hedonic value）、审美价值（aesthetic value）、精神价值（spiritual value）、道德价值（moral value）和宗教价值（religious value），并认为享受价值是一种最基础的价值，是一种狭隘的“好”。[③] 在这里，罗伯特·奥迪基于生活“体验”的进阶视角阐释了价值多元、多维的伦理现实，对各类价值原则进行排序和分类研究。索伦·

① John Kekes, The Morality of Pluralism, Princeton University Press, 1996. pp. 57.

② John Kekes, The Morality of Pluralism, Princeton University Press, 1996, pp. 14-18.

③ Robert Audi, Moral Value and Human Diversity, Oxford University Press, 2007, pp. 42-45.

瑞德(Soran Reader)在《需求和道德必要性》一书中阐述了其特别的伦理观,她认为"我们被教育要学会区分哪些有道德含义的需求,去区分和衡量不同类型和程度的各种需要,在各种需求冲突的时候,学会区别、排序以及选择"。①而乔尔·J.考普曼在《伦理与生活品质》一书中则是通过对具体价值原则序位的优先性分析,体现了价值排序的研究内容。他认为以下三种价值原则是最值得人类社会重视的价值,那就是:公平、尊重和同情,并分析了这三个价值的相关性和不同地位,把它们作为当代伦理学的重要基础。同时,他认为,道德秩序包含一系列道德原则和在道德意识中占重要地位的道德共识,一个可以被理性的道德主体所接受的道德秩序,要求具备一系列道德判断、价值原则和判断标准(可用于解释道德案例)。②

另外,关于价值排序的依据和标准也是价值排序研究中的重点问题。首先,价值排序与心理学中的动机理论息息相关,如施瓦兹(Schwartz)和比尔斯基(Bilsky)就认为人类的价值观形成与十种基本动机类型有关。他们认为这十种基本动机类型包括权力、成就、享乐主义、刺激、自我定向、普遍性、福祉、传统观念、遵从、安全等,并根据这十种基本动机来决定价值选择和价值观固化过程中的排序。③ 约翰·弗里德里希·赫尔巴特认为道德判断是由五种理念决定的,这五种理念分别是内在自由理念、完满理念、仁慈理念、正义理念和报应理念,由此成为构成人类进行价值排序的基本依据。同时,他认为社会的最高理想就是实现意志和理性的联合,这样社会成员之间就不会再有冲突。④对于价值排序依据的研究,美国伦理学家雅克·蒂洛是从人道主义角度展开的。雅克·蒂洛是当代西方人道主义伦理学体系的创立者,他在《伦理学与生活》一书中提出了价值排序的两种判定原则:一般方法和具体的境遇方法。⑤其中,一般方法是以逻辑优先性或经验优先性为依据。逻辑优先性就是由逻辑性决定原则之先后次序的方法,或者是逻辑思维促使我们为价值原则排序的方法。经验优先性指的是得自于由观察到感觉的证据所确立的优先性秩

---

① Soran Reader, Needs and Moral Necessity, (Routledge Studies in Ethics and Moral Theory) Routledge Press, 2007, pp.47.

② Joel J. Kupperman, Ethics and Qualities of Life, Oxford University Press, 2007, pp.96-98.

③ Schwartz S H, Bilsky W, Toward a theory of the universal content and structure of values: Extension and cultural replications, Journal of Personality and Social Psychology, 1990, 58. pp.878-891.

④ 参见[美]弗兰克·梯利:《西方哲学史》,上海:光明日报出版社 2014 年版,第 458 页。

⑤ [美]雅克·蒂洛、基斯·克拉斯曼:《伦理学与生活》,程立显等译,北京:世界图书出版社 2008 年版,第 155 页。

序。依照这两个优先性原则,就是在人类价值排序中以生命原则或善的原则为先。生命原则为先的依据是直观经验,善的原则为先的依据是道德先验。另一种方法是特殊方法,依据于具体的境遇或情境,道德主体做出不同的价值排序。

## 二、舍勒"四等级价值样式说"的提出与建构

马克斯·舍勒是现代哲学人类学的奠基人,也是现象学价值伦理学的创立者,他是中外哲学思想史上第一个提出"价值秩序",并对其有着深入研究的价值论哲学家。他的研究遍及伦理学、宗教哲学、现象学、社会学和哲学人类学等诸多领域。特别是在价值哲学方面,舍勒在哲学史上第一次较为详细地阐述了价值等级结构的分类、标准、关系和特征,提出了著名的"四等级价值样式说",完成了其质料伦理学的基本建构,为价值排序的研究奠定了最根本的基础。

舍勒认为,以往的价值论研究缺少对价值相对性的认识,所以也就不可能提出价值级序的理论。他认为,"存在两种秩序:其中的一种秩序按照价值的本质载体方面的规定而在等级上有序地含有价值的高度;而另一种秩序则是一种纯粹质料的秩序,因为它们是在——我们想称作'价值样式'的——价值质性序列的最终统一之间的秩序"。[①] 在这里,他将价值原则分类排序为感觉价值、生命价值、精神价值和神圣价值这四种价值样式,认为在现象学的意义上,情感体验程度与这四个特征鲜明的感受阶段联结在一起,于是产生了价值存在的级序现象。"一个对于整个价值王国来说,特殊的秩序就在于:价值在相互的关系中具有一个'级序',根据这个级序,一个价值要比另一个价值'更高'或者说'更低'。就像对'肯定的'和'否定的'价值之区分一样,它包含在价值本身的本质之中并且并不只对那些为我们所'熟悉的价值'有效。"[②]

在舍勒的"四等级价值样式说"中,第一价值序列是感觉价值,体验程度是适意与不适意,即是以"令人愉快和不令人愉快"作为价值评判和分类标准的基础。第二价值样式是生命价值,体验程度是生命相关的总体感受,"生命价值是一个完全独立的价值样式,并且既不能'被归结到'适意与有用的价值上,

① [德]马克斯·舍勒:《伦理学中的形式主义与质料的价值伦理学》,倪梁康译,北京:商务印书馆2011年版,第165页。

② [德]马克斯·舍勒:《伦理学中的形式主义与质料的价值伦理学》,倪梁康译,北京:商务印书馆2011年版,第146页。

也不能‘被归结到’精神价值上。”“‘生命’是一个真正的本质性，而不是一个仅仅把所有地球上生物体的‘共同标记’聚合在一起的‘经验的属概念’。”[①]精神价值是第三序列的价值样式，其感受主要包括审美感受、价值正当性的判断、真理认识的价值等，“精神价值已经在其被给予方式中自带有一种相对于整个身体领域和环境领域的特有解脱性和独立性，并且具有清楚明见性。”[②]第四，也是最终的价值样式是神圣价值，其体验感受具有不可定义和不可描述性。

在舍勒的“四等级价值样式说”中，不仅存在四个价值的分类问题，还存在地位不同的排序问题。舍勒认为，这四种基本价值样式中存在着一种先验的等级秩序，生命价值的样式高于感觉价值，精神价值的样式高于生命价值，而神圣价值的样式又高于精神价值。“一个价值比另一个价值‘更高’，这是在一个特殊的价值认识行为中被把握到的，这个行为叫做‘偏好’。我们不能说，一个价值的更高状态就像个别价值本身一样‘被感受到’，而后这个更高的价值才或者‘被偏好’，或者‘被偏恶’。毋宁说，一个价值的更高状态本质上只在偏好之中‘被给予’。如果人们否认这一点，那么否认的原因大都是在于，他们错误地把偏好等同于‘选择’，即等同于一个追求行为。”[③]在舍勒看来，价值现象学的等级排序是通过价值偏好而被赋予的，在这其中被偏好的一方要么是等级相对高的价值，要么就是同一等级中的肯定价值。“由于所有价值本质上都处在一个级序中，即处在更高与更低的相互关系中，而这个关系恰恰只有在‘偏好’和‘偏恶’中才能被把握到，所以对价值的‘感受’本身本质必然地奠基在一个‘偏好’和‘偏恶’之上。因此，我们绝不能认为，对一个价值或多个价值的感受是对偏好方式而言‘奠基性的’，就好像偏好作为次生的行为是‘附加’给在感受的原发意向中被把握到的价值一样。”[④]

在舍勒的“四等级价值样式说”中，这四个等级价值样式的高低排序依据基于以下几个标准：持久性、不可分性、独立性、满足性和体验深刻性。“价值越是延续，它们也就越高，与此相同，它们在‘延展性’和可分性方面参与得越

---

① [德]马克斯·舍勒：《伦理学中的形式主义与质料的价值伦理学》，倪梁康译，北京：商务印书馆2011年版，第175页。

② [德]马克斯·舍勒：《伦理学中的形式主义与质料的价值伦理学》，倪梁康译，北京：商务印书馆2011年版，第175页。

③ [德]马克斯·舍勒：《伦理学中的形式主义与质料的价值伦理学》，倪梁康译，北京：商务印书馆2011，第147页。

④ [德]马克斯·舍勒：《伦理学中的形式主义与质料的价值伦理学》，倪梁康译，北京：商务印书馆2011年版，第149—150页。

少，它们也就越高；其次还相同的是，它们通过其他价值‘被奠基得’越少，它们也就越高；再次还相同的是，与对它们之感受相联结的‘满足’越深，它们也就越高；最后还相同的是，对它们的感受在‘感受’与‘偏好’的特定本质载体设定上所具有的相对性越少，它们也就越高。”[①]其中，持久性主要体现了价值的历史性，价值越高的话就越能持久。不可分性体现了价值的共享性，越多的人能共享，越少需要被分开，价值就越高。独立性主要体现在两方面：一是与其他价值相比的相对独立性，越少以别的价值为根据，价值就越高；二是与感觉主体机能的相对独立性，越少与依赖特殊自然机体的感情类型发生关系，价值就越高。最后，价值排序中令人满足的深度体现在价值体验中，价值体验越深刻而强烈，使人得到的满足越大，价值就越高。价值越是永恒、越不具有延展性、被奠基得越少、满足度越深、被感受到的绝对性越强，价值就越高级，反之，价值就越低级。

在舍勒的价值王国里，价值是有等级秩序的，这是价值之间的本质联系，也就是它们之间的级序关系。“价值在其中被给予的意向性感受活动要么总是有一种排定价值级序的行为相伴随，要么是以这种对价值进行排序的行为为基础。”[②]可以说，舍勒关于四等级价值样式说的排序，展示了价值内在的结构等级和秩序体系，内含着对现世社会大肆其道的“功利化”和“世俗化”的反思和批判，努力寻找被现代社会摒弃和消解的具有“超越意义”的价值渊源，强调对处于高位序列的“精神价值”和“神圣价值”的回归与重视，进而重构人的意义世界和精神王国，给作为道德主体的人类以重要启示，如到底应该如何恰当地处理世俗价值与神圣价值、有限价值与无限价值、实用价值与生命价值、精神价值与生命价值之间的关系，如何重构当代人类的文明秩序和价值秩序。而且，“舍勒全面展示了其质料伦理学的主要理论构成，代表了现代伦理学回归事实本身，回归生活世界的理论诉求。这一理论体系的建构离不开现象学方法和哲学人类学的基础。”[③]就这些方面来讲，舍勒的努力极其重要。

但同时，我们也应该看到，舍勒的价值排序等级学说建立在先天的价值秩序之上，脱离了道德主体在经验世界的体验与判断。在舍勒看来，价值的层次

---

① [德]马克斯·舍勒：《伦理学中的形式主义与质料的价值伦理学》，倪梁康译，北京：商务印书馆 2011 年版，第 150 页。

② 黄裕生：《一种“情感伦理学”是否可能？——论马克思·舍勒的“情感伦理学”》，《云南大学学报》2015 年第 5 期，第 3—23 页。

③ 戴兆国：《伦理学：形式的？抑或实质的？——论马克斯·舍勒对康德道德哲学的批判》，《世界哲学》2009 年第 4 期，第 118—127 页。

关系是属于先验范畴的，是按照“事先”的高低秩序已经排列好了的，甚至那些不为人知的价值也具有这种先天的层次性特征。同时，这种层次性又是内在于价值本质之中的，因此它是不变的，并且外在于人类经验。在此，舍勒强调了价值层级的关系属于一种先天的本质，同时又认为这并不表示价值层次的安排在逻辑上可以推演出来，价值的有序等级决不能从其他东西中推出或导出，较高的价值为在前的活动所理解，这种活动有一种直觉置先的显然性，而这种置先性决不能被任何逻辑推演所代替。可以说，“舍勒从感受(情感)的意向性发现了一个具有规范性的先天领域，得以确立社会、人心的价值秩序，以此来克服康德伦理学的形式主义和古典德性在现代失落的双重困境。它的价值秩序作为人心的爱恨秩序，是以把某些价值‘优先’和把某些价值‘后置’来涵括人心所追求的实质的价值，既不会陷入古典伦理学那种因把最值得欲求的价值作为‘理’而把低等价值作为‘欲’而导致的以理灭欲的错误，也不会导致康德要把实质的价值排除在道德立法根据之外的单纯形式主义的弊端。”① 然而，由于舍勒明显的神学背景和浓厚的先验色彩，舍勒的价值哲学特别是其价值等级和价值排序的思想很少引起中国学者的广泛关注。

## 三、哈特曼“价值类型说”的承继与转向

如果说舍勒对于价值等级排序结构的分类、关系和依据做了开创性的“入门”的研究，那么，尼古拉·哈特曼(Nicolai Hartman)则是在舍勒价值学思想的基础上，建立了系统的价值现象学。具体在价值排序这个研究论题上，如果说舍勒是“开门者”，那么哈特曼就是“践入者”。② 哈特曼认为是舍勒让人们重新“涉及内容、涉及伦理存在与非存在这种实质性的东西”③。他认为“一切都应该必须奠基在价值之中”④。哈特曼试图把道德的先验主义和内容上的价值多样性统一起来，主要的基础就是舍勒的“质料价值伦理学”。在哈特曼的《伦理学》一书中，他把伦理学的问题概括为两个基本的方面，其一为：我们应当做什么(what ought we to do)？其二为：生活中什么是有价值的东西

① 邓安庆：《正义伦理与价值秩序：古典实践哲学的思路》，上海：复旦大学出版社 2013 年版，第 8—9 页。

② 参见董世峰：《价值：哈特曼对道德基础的构建》，北京：光明日报出版社 2006 年版。

③ 杨俊英：《伦理形而上学的“老问题”与哈特曼的“新道路”》，《哲学动态》2016 年第 5 期，第 79—84 页。

④ [德]马克斯·舍勒：《伦理学中的形式主义与质料的价值伦理学》，倪梁康译，北京：商务印书馆 2011 年版，第 138 页。

(what is valuable in life)？第一个问题涉及"应当"，第二个问题则指向价值。在哈特曼看来，二者之中，后一问题更为本源。因为"如果我不知道在各种情景中何者为有价值，何种为无价值，我怎能判断究竟应该做什么？"[①]同时，与舍勒相比较而言，哈特曼又在价值论说上有了较大的转向，他系统地阐发了价值维度、价值分类和价值等级等思想，可以说是当代西方价值哲学的一位集大成者。

舍勒的价值哲学思想对哈特曼的研究有着重要的启发意义，并且由哈特曼予以承继和转向，建立了实质价值伦理学系统理论，主要体现在以下几个方面：

首先，在存在学意义上，舍勒认为："存在着真正的和真实的价值质性，它们展示出一个具有特殊关系和联系的特有对象区域，并且作为价值质性就已经可以是更高的和更低的。但是，若果如此，那么在它们之间也就存在着一个秩序——一个等级秩序，它完全独立于一个它在其中显现出来的善业世界的此在，并且完全独立于在历史中这个善业世界的运动和变化，而且对它们的经验来说是'先天的'。"[②]而哈特曼作为批判本体论的重要代表，他区分了两种存在形式，一是存在于时空中的具体的实体的存在，二是有抽象观念的精神存在，包括本质和价值等。他认为，这两种存在都是客观的，而且精神的存在在逻辑上先于实在的存在。同时，哈特曼又把存在分为无机、有机、意识以及超个体的文化即客观精神等这几个阶层，与这些阶层相对应的是一系列的哲学范畴。其中，低阶层的范畴为高阶层的范畴提供质料，高阶层的范畴则包含低阶层范畴的特性。在这里，哈特曼采用现象学的方法使得他所考察的价值体现了丰富性和多样性，从而保证了其研究方法的可靠性和有效性。

其次，在价值分类方面，则集中体现在哈特曼关于"价值类型说"的解释范式上。哈特曼认为存在分为四个基本的层次，包括无机的、有机的、意识的和精神的。这四个层次涵盖了存在的多样性，也体现出了存在层次呈现出的不同等级和序列。在此基础上，哈特曼将所有价值排序分类成生命、意识、能动性、折磨、力量、意志自由、远见和目的性功效等八大价值，并将这八种价值归为生命、意识和人格的价值三大要素。哈特曼论证最基本的价值是生命的价

---

① Nicolai Hartmann, Ethics, volume 1, London: George Allen & Unwun Ltd, 1932, pp. 29-32, 37, 82.

② Max Scheler, Formalism in Ethics and Non-Form in Ethics of Values, Translated by Manfred S. Frings and Roger L. Funk, Northwestern University Press Evanston, 1973, p. 14.

值，生命价值体现在“生命力”、“生命力量”、“生活的程度”等方面，生命价值引导和规范着人们的现实生活，影响和制约着人们对于生命目标的设置、生存方式的选择、生活动力的驱使、生命代价的投入等，也影响着人们对与生命相关的种种问题的理解与行为。如果“没有这个基础，他及他的全部精神都会漂浮于空气之中。它是他全部耗之不竭的力量源泉”①。同时，哈特曼将“意识”价值和“能动性”价值也排序到较高的地位上。他认为，人的意识不仅是一种认知意识，而且也是一种存在意识，它使人超越于动物之上，是主体个人的一种基本价值。对于“能动性”价值，他认为，能动性是人参与价值创造的根本特征，它突出地表现为“人格中的首要因素”、“创造性劳动者”，能动性也是其自身的创造者，能动性与善是同一的，一如费希特所指出的那样。②

再者，在价值排序的依据上，对于舍勒提出的价值排序的标准，哈特曼作出了进一步的具体分析。他认为，对于所有道德价值，超短暂性、不可分割性、依赖性和绝对性都是一样的，这四个特征明显地构成整个价值等级共有的标准。③ 这是与舍勒的价值排序标准的相似之处，但同时，哈特曼认为，在舍勒那里，低级价值依赖于高级价值，而哈特曼则坚持认为高级价值依赖于低级价值，认为舍勒的这种观点是一种“目的论的偏见”。④ 因为，在哈特曼看来，“在价值哲学上，偏爱较高价值胜过较低价值——不管个人的兴趣，或者面对较低价值中更浓厚的兴趣——是善的第二个一般的和积极的方面，它伴随着对作为目的的价值追求，并且在这种追求中超越。”⑤

总的来说，哈特曼在其《伦理学》中从“新存在学”的角度出发，关于价值类型、价值现象、价值标准、价值样式、价值结构和价值秩序等方面的描述，是对舍勒价值等级说的完善与发展，更是西方伦理学史上一次空前将价值类型和价值排序模式化的尝试，也是对伦理学进行一次彻底的价值现象学的奠基。在其之后，伽达默尔、芬德莱、施皮格伯格等人也在各自的研究领域回应了哈特曼关于价值哲学中的诸多观点。

---

① ［德］尼古拉·哈特曼：《存在学的新道路》，庞学铨、沈国琴译，上海：同济大学出版社2007年版，第131页。

② 万俊人：《现代西方伦理学史》（下），北京：北京大学出版社1992年版，第76—80页。

③ Nicolai Hartmann, Ethics Volume2: Moral Phenomenon, The Macmillan Company, 1931, pp. 56-57.

④ Nicolai Hartmann, Ethics Volume2: Moral Phenomenon, The Macmillan Company, 1931, p. 28.

⑤ Nicolai Hartmann, Ethics Volume2: Moral Phenomenon, The Macmillan Company, 1931, p. 186.

## 四、杜威“价值评判说”的发展与辨析

说起约翰·杜威(John Dewey)，一般想到他是实用主义的重要代表及其教育哲学思想的广泛影响力。其实，在价值哲学领域，杜威也做出了自己独特的贡献。杜威从存在出发，深入分析了价值存在、价值界定、价值目的、价值手段、价值评价、价值标准等价值哲学的一系列范畴，并且通过对人与社会关系的分析，充分肯定并突显了“人”的中心价值，创立了自己的价值王国。与舍勒和哈特曼相比，杜威的独特之处在于，他转换了价值哲学中的核心概念与核心问题，将价值判断而不是价值作为价值哲学的核心概念和核心问题，并且抛弃了舍勒的先验主义意蕴，重视“经验”范畴的辨识与分析，引入了实验经验主义的评价判断理论。

首先，杜威强调了真理与价值之间的可沟通性。他认为，哲学上“最广泛的问题，即存在和价值的关系，或者，按照对这个问题的通常提法，实在的和理想的东西之间的关系。许多哲学派别通常坚持一种笼统的关系。或者说，我们所最赞扬的因为被我们称为理想的那些好，乃是完全和彻底地跟实有等同的；或者说，存在的领域和理想的领域相关之间是完全隔绝的。”[①]杜威认为，哲学要消除这些片面性和笼统性，切实沟通实在和价值之间的关系。这是进行价值排序和选择的基本前提。

在价值排序的研究上，杜威提出了自己的研究视角，他通过确立“行动的自我”强调自我评价和价值排序的作用，主张根据具体情境确定和改善价值判断标准，主张根据行动的后果判断价值和价值判断。杜威认为，关于“价值”值得研究的问题是：(1)如何通过一种判断而指导行动，以通过这种行动创造出所期待的结果，即价值的载体；(2)如何通过一种判断而确定兴趣、嗜好、欲望、价值感受的对和错(而不是真和假)。因此，必须对价值采取一种操作性的理解，即：“用作为智慧行动后果的享受来界说价值。”[②]在杜威看来，哲学研究的根本目的是为人类的行为提供智慧，而人类的行为中最大的难题就在于价值选择，因此需要进行价值排序和价值判断。在这里，杜威预设了这样一个前提：所有的道德行为都是可以被经验感知的，都是可以被观察被检验的。因此，价值行为存在着选择和判断，需要对可能冲突的价值作出排序，杜威通过价值判断和价值判断之范畴确立了价值排序在人类道德生活中的作用。同

① ［美］约翰·杜威：《经验与自然》，北京：商务印书馆1960年版，第332页。

② ［美］约翰·杜威：《确定性的寻求》，傅统先译，上海：上海人民出版社2004年版，第261页。

时，杜威也强调了价值排序的实践理性的特征。对此，杜威的观点是："价值问题是实践理性问题而不是理论理性问题，讨论价值问题是为了给具体情境中的价值判断和价值选择提供方法，脱离具体情境制定价值等级表和规定价值秩序对于实践毫无意义。"[①]由此，杜威确立了他的价值秩序的基本框架，强调了"行动的自我"进行价值排序的重要作用，也从经验的角度突显了价值秩序的客观性和可靠性问题。

关于价值排序的评判依据是该论题的重要研究领域，舍勒和哈特曼等人都在这个问题上系统阐述了自己的观点，杜威也不例外。杜威认为价值排序的判断依据主要有三个层次的目标或三个对象："其一是具体情境中的欲望或兴趣，即具体情境中应该的'想望'、应该的'喜欢'和应该的'兴趣'；其二是行动方案；其三是关于价值的最后的决定性的判断。"[②]在这里，杜威特别强调了价值排序依据中"具体情境"的地位。因为按照杜威的理论，知识是人在与环境的交互作用的过程中获得的经验，所有实在的呈现是经验体验的过程。因此，价值判断既不是在一个理论推理的行动中被构思或想象出来的，也不是先验地存在的，而是在人的具体的情境中被经验到的。

面对种种价值情境，人需要利用他的经验进行认识、排序、判断与选择。对此，美国学者莫里斯也曾提出"价值情境"的术语，意在指偏好行为出现于其中的任何情境，这种价值情境内在地体现着一种关系，包含着一种由某一行动者对某一事物或若干事物的偏好的行动。因此，从杜威对价值排序和价值判断过程中"具体情境"的重视，可以看到：一是杜威经验实用主义哲学在价值哲学问题上的投射，他将价值排序的依据从舍勒的先验标准拉回现实的具体情境，强调了道德主体进行价值排序和道德决定的一种内在动机和外在影响的结合。对此，理查德·罗蒂(Richard Rorty)在《康德和杜威间的困境：道德哲学的当前现状》(*Trapped between Kant and Dewey：The Current Situation of Moral Philosophy*)一文中也专门指出："现代道德哲学中，康德和杜威主义者之间存在着一个巨大的困境，主要在于一个对道德动机或者是理性的认识不同"。[③] 二是我们由此也可以体察到，杜威的"具体情境"的依据要求价值排序问题具有伦理学意义上自我解释的基础。而且，价值排序的问题总是与

---

① 冯平：《杜威价值哲学之要义》，《哲学研究》2006 年第 12 期，第 55—62 页。

② Jo Ann Boydston(editor), The Middle Works of John Dewey: 1899—1924, Souther Illinois University Press, 1976, p. 19.

③ Natalie Brender, Larry Krasnoff (Editor), New Essays on the History of Autonomy: A Collection Honoring, J. B. Schneewind, Cambridge University Press, 2004, p. 200.

特定的传统及其文化形式结合在一起的，根据一种伦理本体论把价值排序视为特定的传统和历史自我选择的产物，在具体的道德实践中排除了一般概念原理与实际应用相脱节的可能性，强调价值排序本身的内在性和独立性，并且是从文化冲突和价值评判的角度理解这种内在性和独立性。从这两者的意义上说，杜威的价值哲学具有颠覆性的意义，他颠覆了以追求"绝对价值"、"永恒价值"为倾向的超验主义价值论，颠覆了绝对、超验的"价值等级"的合法性，颠覆了绝对的、先验的价值排序标准。同时，杜威又建构了以"行动的自我"为核心的价值评判和价值排序的实验经验主义价值哲学，对价值排序的研究具有开拓性的方法论上的创新意义。

## 五、刘易斯"价值评价说"的推进与贡献

克拉伦斯·艾尔文·刘易斯(Clarence Irving Lewis)是美国实用主义哲学家、现代西方著名的逻辑学家和经验主义价值哲学家，主要代表作有《知识中的实用主义因素》、《对知识和评价的分析》、《正义的根据与性质》和论文集《价值与命令》等。刘易斯晚年的哲学研究主要集中在伦理学和价值哲学方面，他在坚持实用主义和自然主义价值论的基础上，试图将逻辑实证主义和实用主义结合起来，对他之后的价值理论研究产生了重大影响。

与杜威有类似之处的是，刘易斯在价值问题上，也是坚持经验主义的路向，他将经验世界作为价值哲学的唯一对象，以心理学的研究成果为基础，对价值问题进行了经验化的心理学倾向的研究。并且，一般说来，坚持经验主义路向的价值哲学家最关注的价值问题基本上聚焦于两个：一个是价值的本质，另外一个是评价问题。那么，除了杜威的《评价理论》之外，刘易斯的《对知识和评价的分析》也是其中重要的代表之作。该书集中阐述了评价问题在价值哲学中的重要作用。

首先，刘易斯将知识、行动和评价问题相联系，认为知识就是理解能被行动实现的价值所限定的未来，这三者在本质上是互相关联的。虽然知识和行动有着广泛的含义，但在刘易斯看来，知识的首要意义就在于对行动的认识和指导，而行动是根植于评价当中的，体现在对世界的态度中的。"世界不但包含着已被感觉到的东西和将在经验中事实上被给予的东西，而且还包含着一切能够被给予的东西。对我们的活动的态度，所有那一类经验的可能性都被

设定作为同时在那里存在着的。"[①]在这里，行动被赋予了两重意义：行动一方面产生知识，另一方面是为了实现价值。在设定目标和判断对象的时候，"在衡量和接受时所做的深思熟虑并不是本质所在，可改正性才是本质所在，与某种价值感的关系，才是本质所在。"[②]

其次，刘易斯基于经验主义的立场，认为"评价是经验知识的一种形式"。在《对知识与评价的分析》一书第二篇中，刘易斯着重分析了经验知识，其目的是为了证明"评价是经验知识的一种形式"。他认为，对一个经验知识和评价的分析具有两个维度，一个维度是真假问题，另一个维度是分析的理由或者说是根据（合理的可信赖性）。这里，刘易斯坚持经验证实的原则，认为经验知识的真就是经验知识与客观事实的符合，并且这种（评价的）符合性可以通过经验证实。刘易斯认为："评价代表一类经验知识。因此，评价的正确性是与一种客观的事实相符合，不过它是只能从经验上学得，而不是先天的能够确定的。"[③]在这一点上，可以说，刘易斯走出了一条与舍勒完全不同、但与杜威有类同之处的价值评价之路。

最后，刘易斯的评价建立在对价值理解的类型进行分类的基础上，对价值进行了不同层次的区分，如先验价值、客观价值、直接价值、内在价值和工具价值、固有价值和审美价值等。刘易斯《对知识和评价的分析》一书的第三篇为"评价"，一共有六章，主要聚焦的就是价值分类以及对不同价值的评价问题。在这里，刘易斯将评价分为三种类型：[④]第一类是在直接经验中发现的一个价值特性的表达陈述；第二类是终结性价值判断：在作为被理解的环境下，或在其他的和类似于可理解的环境下，对经验中的价值特性可能发生的预言；第三类关于价值的经验陈述是将价值这个客观性质归于一个存在物或可能的存在物，归于一个现象、一个情景、一个事态。当然，第三种的价值评价是最复杂和多元的。在这里，刘易斯根据不同的情境将价值评价分为不同的类型，同时也在该书中大篇幅地论述和分析了内在价值、客观价值、固有价值等类型与特

---

① 冯平：《现代西方价值哲学经典——经验主义路向》，北京：北京师范大学出版社 2009 年版，第 622 页。

② ［美］C. I. 刘易斯：《对知识和评价的分析》，江传月等译，北京：社会科学文献出版社 2012 年版，第 7 页。

③ ［美］C. I. 刘易斯：《对知识和评价的分析》，江传月等译，北京：社会科学文献出版社 2012 年版，第 4 页。

④ ［美］C. I. 刘易斯：《对知识和评价的分析》，江传月等译，北京：社会科学文献出版社 2012 年版，第 4—5 页。

点，并在此基础上体现了其对价值进行分类、排序和评价的基本思想。

刘易斯基本的哲学立场是经验主义和实用主义，对先验主义和相对主义等进行了尖锐而到位的批判。特别可贵之处在于，刘易斯将知识、行动和评价相结合，就这一点上来讲，基本上与马克思主义价值哲学中的“认识、评价和实践”比较接近。[①] 同时，刘易斯对价值的分类，比如内在价值、固有价值、效用价值等，对我们研究生态哲学和价值哲学都具有重要的启发意义。

从舍勒到哈特曼到杜威再到刘易斯，及至近二十多年来对于价值排序进行研究的一系列学者，尽管对于价值排序思想的研究进路和研究视角有所不同，但基本形成了这样几点共识：(1)在价值体系中，价值存在等级、层次和类型的区分，存在着价值高低的序位问题；(2)价值序位的高低由不同的价值排序依据决定，持不同的依据者也决定了其主体不同的价值立场；(3)价值排序的研究视角和研究方法是当代价值哲学研究可供参考的一个新进路。他们共同追求通过价值排序的视角和进路，来建构一种价值王国全维发展的道德哲学，并且通过对现世价值批判性分析，求解于未来社会的价值重构与建设。早期的舍勒、哈特曼等人的价值等级和价值类型说的创设，为价值排序这一研究做了开创性的奠基，然而还远未具有足够的解释力来诠释现实社会的种种价值冲突和道德困境，也未使得价值排序思想在价值哲学中引起足够的重视。此后，杜威、蒂洛、凯克斯等人对价值排序思想研究的进一步生发为该领域的研究注入了新的活力，也使得价值排序思想的研究具有了更多的“在场”资格和现世意义。

价值排序具有丰富的内涵指向，它不是指个别的价值，而是渗透在全部社会生活中的价值体系与价值结构，是一种道德主体进行道德判断，形成内在价值秩序，解决道德冲突的思维指向。凯克斯就明确指出，“在道德冲突的解决方案中，需要引入‘价值排序’的范畴和方式。因为排序依据是根据价值本质的特点，主要价值优先于次要价值，这样在道德冲突的时候，能够确立所有价值类型的排序方式，建立其价值秩序。”[②]价值排序与道德主客体密切相关，不仅依据于价值类型的特性，也依据于道德主体的价值取向和态度。因此，价值排序必然涉及比较(comparisons)和判断(judgments)等。要切实回答价值判断和价值选择等重大问题，一个基本前提是必须澄清现代社会和现代人所面

① [美]C. I. 刘易斯：《对知识和评价的分析》，江传月等译，北京：社会科学文献出版社 2012 年版，译序，第 9 页。

② John Kekes, The Morality of Pluralism, Princeton University Press, 1996, pp. 44-47.

临的特殊的价值处境，澄清道德主体的价值排序模式，只有价值排序的依据和标准被确定，各类价值原则在“价值坐标”中的序位才能被确定，才能为道德实践提供切实的指导。

中华优秀传统文化积淀着中华民族最深沉的精神追求，包含着中华民族最根本的精神基因，代表着中华民族独特的精神标识，是中华民族生生不息、发展壮大的丰厚滋养。建设优秀传统文化传承体系，加大文物保护和非物质文化遗产保护力度，加强对优秀传统文化思想价值的挖掘，梳理和萃取中华文化中的思想精华，作出通俗易懂的当代表达，赋予新的时代内涵，使之与中国特色社会主义相适应，让优秀传统文化在新的时代条件下不断发扬光大。

——中共中央办公厅《关于培育和践行社会主义核心价值观的意见》

# 第三章　中国价值哲学中的价值排序研究

## 一、中国价值排序研究的总体特点

“天下观”是中国传统伦理文化中的一个重要概念，为中华民族的知识结构、思维方式、价值体系和实践活动提供了一个预设性的分析认知框架，比如权力的神圣性、道德的绝对性、秩序的天然性、宗族的整体性、家国的一体性等，这些特点通过中国传统社会的社会结构建构，对中华民族和中国传统文化观念中的价值排序产生了重大影响。我们说，中国是一个伦理文化大国，文化资源悠久、伦理观念丰富，各民族相互交流、融合发展。这些丰富的文化资源不仅创造了昔日辉煌伟大的东方大国，也是如今的中国走向发展壮大、实现中华民族伟大复兴的巨大思想源泉。

在中西方不同文化特色的比较中，中国近代学者梁漱溟认为，中国文化以“调和持中”为其根本精神，故在解决人与人的问题方面大有成就；西方文化以“向前要求”为其根本精神，故在解决人与自然及物质生活方面大有成就；印度文化以“反身向后”为其根本精神，故在解决人与自身的问题方面大有成就。可以说，不同的文化传统和文化类型呈现出了不同的特征和影响，这种不同也造就了中西方伦理文化中不同的价值排序的思想与实践。特别是一个国家（或社会）的普遍价值（或核心价值）更是在中西方文化传统中存在着较大差别。一般说来在西方，这种普遍价值原则的代表是“正义”，而在中国的传统社会，这种普遍价值原则的代表基本是“仁爱”或“道”或谓之“理”。这些道德原则或基本价值都有普遍性，但正如童世骏所指出的那样：“问题是每一个文化不仅仅是由单个价值所构成的，而是由一系列价值所构成的，而这些价值之间的排序方式很可能是不一样的。不仅横向地比较，排序方式是不一样的。即便就同一个民族来说，在它的不同时期，价值排序方式也可能有不同。改革开放以前中国的价值排序，就与改革开放以后中国的价值排序，也不那么一样。考虑到这样一种因素，中西的价值排序差异是很正常的。”[①]因此，总的来说，中国传统伦理中的价值排序理论主要呈现出以下三个特点：

第一个特点，中国传统伦理中以最高价值的设定和追求作为价值排序的基本标志。在中国传统的价值哲学研究中，呈现出与西方价值哲学不一样的研究方式，中国传统伦理中价值排序研究的逻辑思路和体现方式主要呈现于“最高价值准则”或“最基本价值”等价值思想中。对此，《吕氏春秋·不二》中就有“老聃贵柔，孔子贵仁，墨翟贵廉”的概括记载。张岱年先生也认为中国古代伦理学说，从周秦以降，历经千年，内容庞杂而丰富，其中，“道德的最高原则和道德规范的问题”[②]就是其中的重要问题之一。因此，我们可以把最高价值的设定和追求作为中国伦理文化中价值排序思想的主要表现特征。其中，儒家以“仁”为最高道德原则，道家以“道”为最高道德原则，法家以“礼”为最高道德原则，名家以“辨”为最高道德准则，阴阳家以“术数”为最高道德准则等，这些都是其中著名的代表。换一种表达方式，按照宋洪兵的说法，孔子是“循亲成德”、孟子是“循心成德”、荀子是“循礼成德”、韩非子是“循法成德”等。[③]

举例说明。以“礼”为最高道德准则的法家，以管仲为源起，由韩非子等人发展成熟。管仲把“礼、义、廉、耻”定为国之四维，并将以外在的规范形式表现的“礼”列为四维之首。韩非子等法家把“礼”进一步法律化，试图以国家暴力机器之“法”来取代儒家的伦理道德教化，成为了一种极端化了的伦理主张。以“义”为最高道德准则的墨家，以“兼相爱、交相利”作为“义”的基本原则，眷顾于人类普世性、宗教性的伦理理想，发扬了人际之间乃至国家之间的“兼爱”、“尚贤”、“节用”、“互利”等道德主张，对中国古代的伦理道德思想也产生

---

① 童世骏：《普世理念离不开具体语境中的理解活动》，《社会观察》2011 年第 5 期，第 15—17 页。

② 张岱年：《中国伦理思想研究》，南京：江苏教育出版社 2005 年版，第 9 页。

③ 参见宋洪兵：《论先秦儒家与法家的成德路径——以孔孟荀韩为中心》，《哲学研究》2015 年第 5 期，第 36—45 页。

了深远的影响。以“道”为最高道德准则的道家，其“道法自然”、“虚静无为”、“与世无争”的最高道德信条，呈现出别具一格的伦理向度和道德境界。以“辨”为最高道德准则的名家，以公孙龙、惠施等人为主要代表。名家可以说是被后人误会良多的一家，其学说强调“名”的绝对性与“实”的相对性，特别是公孙龙的“白马非马”论体现了与柏拉图的理念或“共相”相似的概念，使“名”与“实”的问题上升到了形而上的层次，为经验的道德行为与超经验的价值认知之间的悖论提供了“正名实、化天下”的逻辑论证。以“术数”为最高道德准则的阴阳家，试图以“阴阳”和“五行”来解释宇宙的结构和起源，进而与人类的行为活动相联系，以与五行相应的五德论证朝代的更替与循环，以与两极阴阳相应的八卦及其组合推演预测人生的变异、凶吉和未来。

此外，中国先秦诸子百家中还有农家、兵家、杂家、小说家、纵横家等都对伦理道德和最高价值原则问题进行了或多或少的探讨，并提出了一些有价值、有意义的伦理命题与道德思想，展现了中国传统伦理文化中价值排序思想研究的包容性、多样性和丰富性，也为后世研究价值排序问题提供了宝贵的思想资源。

中国传统伦理文化中的价值排序思想的第二个特点在于强调政治宗法伦理一体的道德追求和人格锤炼。在中国的传统社会中，政治宗法伦理一体是为了更好地维系当时的社会统治，从而把政治权力、政治秩序、政治参与等“公共领域”中的事件归结到“私人领域”中的伦理观念中来。就像孙向晨所认为的“‘亲亲本位’体现了中国文化传统的核心价值”，我们对于生命的理解、对于伦理源起的理解、对于家庭的理解、对于国家与天下的理解、对于天人关系的理解都体现这样的“意义系统”。[①] 通俗一点说，中国传统伦理文化在遭遇价值冲突、价值排序等伦理困境时，往往从“顺情应心”、“心安理得”、“自然而然”等这样的方式来处理，血缘、亲情、地缘等方面的考量具有优先性，所以有著名的“亲亲互隐”之说，并且影响甚广。

这样，从家国同构的传统伦理观念出发，就十分便于提升政权的合法性和稳定性。由此，政治宗法和文化伦理的有机契合就成为了中国传统伦理价值排序的一个显著特点。自夏商周以降，我国的宗法伦理思想就开始萌芽发展，一直到两汉时期凝练出了“三纲五常”，最终形成了一套较完备的宗法伦理体系，以约束人的日常行为的方方面面。以家族血缘为基础、氏族宗法为纽带、

① 孙向晨:《双重本体:形塑现代中国价值形态的基础》,《学术月刊》2015 年第 6 期，第 20—34 页。

社会等级秩序为特征的宗法制度是中国传统社会所特有的制度，是一种君主制和家长制结合的综合形式。对此，林安梧就如此解释道：中国人的道德意识是围绕着“血源性纵观轴”而展开的：“‘血缘性的自然连结’与‘人格性的道德连结’相渗透而成为一体之两面，使得那‘血缘的’不再停留在‘自然的血性’中，而提到了‘道德的感通’这一层次，同时也使得‘道德的’不再停留在‘权力的理性的’规约之中，而渗入了‘自然的血性’之中。”[①]在这里，自然的血性与道德的感通相互关联成一个整体，不可分割，形成了中国传统文化独特的价值排序依据所在。

儒家认为国是家的延伸，家国天下，家国同基同构，人们可以通过认知家庭伦理关系来通感社会的政治关系，在带有宗法与血缘特征的礼法中渗透了家国礼制之中的伦常道理。“‘家国同构’是中国传统宗法社会政治结构的重要特征，家是作为国的基础和缩影，而国是家的上层组织形式和放大。”[②]比如君臣关系可以说是父子关系在国家层面意义上的显现。对此，《礼记》有云：“古之欲明明德于天下者，先治其国；欲治其国者，先齐其家；欲齐其家者，先修其身”，家平国自治！国以君尊，家以父贵。古老的《易经》也给中国锚定了贵阳贱阴的总基调，因此君、父、夫始终在中国封建社会中处于主导地位。儒家以父子、夫妇的亲情伦理为基础，结合封建宗法制度为依托，依赖君亲忠孝为纽带，从而实现了国家、社会、家族和个人的统一。由此，在这样的背景下，出现了立男不立女、立嫡不立庶、立长不立幼等家庭宗法伦理一体影响下的价值排序和行为选择。

中国传统伦理文化中的价值排序研究第三个特点在于主要代表儒、道、佛等在价值观、认识论和方法论上具有内在统一性，具有鲜明的“中国特色”。儒家治世、佛家治心、道家治身，中国文化在“三教合一”中实现信仰世界的确立。[③] 儒道佛各家在继承本家基本思想的同时，也从未忘记对其他思想学派的批判和继承，从而来弥补自己的不足以适应时代发展的要求。因此，可以说，中国传统伦理中的价值排序所体现的不仅是各家自身的价值设定和伦理追求，更是融合多家、贯通学理和汇通方法的综合体现。比如，宋明理学开山鼻祖周敦颐以儒学为本，吸纳道家思想而提出了对世界本性的探索以及对太

---

① 林安梧：《儒学与中国传统社会之哲学省察——以“血缘性纵观轴”为核心的理解与诠释》，上海：上海学林出版社 1998 年版。

② 罗本琦、方国根：《儒家荣辱观大众化的基本路径》，《哲学动态》2014 年第 8 期，第 35—41 页。

③ 葛兆光：《什么才是“中国的”文化》，《解放日报》2015 年 9 月 13 日。

极、性命、理气等哲学命题的认识；北宋易学家邵康节有言“先天之学，心法也。故图皆自中起，万化万事生乎心也”(《观物外篇》第二)，他援儒融道，把理学与道家的《易》学精要结合而谋求创新；二程认为“在天为命，在义为理，在人为性，主于身为心，其实一也”(《二程遗书》卷十八)，则表现出理学基于儒家立场在吸取佛教的理论资源而又回应佛教提出的问题中对儒学的新拓展。东晋佛学大家郗超更是认为佛家修行禅定的方法与儒家“慎独”之法有异曲同工之妙。慧远也利用菩萨可以幻化人身普度众生之能，从而与儒家圣人观建立了勾连，认为现实生活中的圣人君子就是佛法神的具体化身等等。

鉴于此，儒道佛三家在确立自身的价值选择和价值排序过程中，它们的价值观是与其方法论、思维方式紧密相联、高度统一的。对此，徐小跃就认为，“人道法天”、“天人合德”、“体用不二”是儒道两家共同运用和遵循的方法论，它所要引出和凸显的是人之为人的“明德”、“天德”之性，而欲实现的价值终点乃是“止于至善”、“与道为一”；而佛教的责任感、敬畏心、感恩情怀、慈悲、忍让、放下等价值观恰恰是建立在其“中道”方法论的基础之上的。儒道佛三家共同具有的价值观与方法论统一的思想也正构成了中国哲学的主要精神和重要特征。[①] 由此，我们可以看到，与西方价值排序思想所不同的是，儒道佛虽不全是源自中国，但“东方特色”非常显著，在伦理文化和价值问题上更是凸显了整体性、模糊性、交互性等特点。

此外，儒家崇尚的是“内圣外王”的人格样式和执着于对社会政治理想及道德品性的追求，并将以“仁”为最高价值原则的“君子人格”的道德要求作为儒家价值追求之先。道家的价值排序中以“道”为本，强调对于隐士人格的追求。并且，尽管道家的人格思想透露着某种超越自我、“天人合一”、寻觅自由的理性自觉和主体精神，但其实质上反映的则是面对强大的封建社会的压迫与桎梏而虚无避世，陶醉在消极退缩的自我幻想型隐士人格的追求与慰藉之中。而佛家所崇尚的是以“空”的价值为基以及施善人格的追求。可以说，儒道佛通过各自的方式确立价值排序的标准和价值观的基本导向，儒家通过人本主义的方式，追寻人性的源头，确立了仁爱之最高价值；道家通过自然主义的方式，探寻宇宙之根，确立了慈、柔为人生价值原则的根本；佛家通过解脱主义的方式，了悟诸法之相，确立慈悲之道。作为中国传统伦理的三大主要组成部分，儒道佛在解决人性基本问题的基础上，各自建立了仁爱之道、慈柔之道

① 徐小跃：《价值观与方法论的统一——中国哲学一以贯之的重要特征》，《河南社会科学》2013年第5期，第39—41页。

和慈悲之道等。因此，东方价值哲学中的“价值排序”思想不仅体现在各个学派的主要观点中，体现在世界观、价值观和方法论相统一的体系建构中，更重要的是与他们所追求的伦理现实生活的品性密切相关，是一个伦理—政治—生活相统一的整合体。

东方价值哲学中的价值排序思想有其独特的内涵和表现形式，特别是中华文明经过长时间的历史积淀形成了自己的价值排序（价值偏好），就如陈来所概括的“举其大者有四：责任先于自由，义务先于权利，社群高于个人，和谐高于冲突”①。总之，中国传统伦理思想中学派众多，内容丰富，是我们民族的“魂”，蕴含着解决当代问题的重要资源和重要启示。如何更好地理解和诠释中国传统伦理思想，分析其价值排序的思想资源，取其精华，为我所用，是我们要深刻思考的问题。儒家思想提倡三纲五常，为中国传统封建制度服务，但是儒家宣扬精神价值的重要性，尊重人的独立人格，提倡“欲而不贪”，要向内心做功；道家鼓吹“绝圣弃智”、“绝巧弃利”，有贬抑文化和教育的价值倾向，但是道家思想抗议等级特权制度，批评社会不公现象，提倡“慈”与“简”之道；佛家否认现实世界，强调生死轮回，消磨人们的现世意志，寄希望于虚无的彼岸世界，但佛家宣扬众生平等，强调“众善奉行，诸恶莫作”，具有全球的类伦理情怀。尤其可贵的是，儒家“贵人”的人道思想与“大丈夫”、“浩然正气”的人格风范，道家“自然忘我”的“自由境界”，墨家“兼爱利人”的侠士风范等等，这些可贵的价值选择和人格魅力在中国几千年的历史长河中必不可缺，还有超越单个思想派别的“大同”、“小康”思想，“民本”的治国理念，“自强不息”的奋斗精神，“协和万邦”的天下胸怀等，这些都是值得我们现在继续学习与继续发扬的。因此，在价值排序思想的研究过程中，我们要厘清中国传统伦理中价值排序思想的历史脉络和重要特点，努力实现中国传统伦理道德的创造性转化和创新性发展，并且结合我国当前社会发展的特点和趋势，大力培育和努力践行中国特色社会主义核心价值观，建立健全不同领域和不同层次的道德规范和价值原则。

## 二、儒家的价值排序及当代影响

在儒家的价值体系中，儒家一直崇尚以“仁”为重的价值排序，认为仁是德性的总和（perfect virtue），崇尚“内圣外王”的人格样式和执着于对社会政治

① 陈来：《中华文明的核心价值——国学流变与传统价值观》，上海：生活·读书·新知三联书店2015年版，第211—214页。

理想及道德品性的最高追求。在“君子人格”的塑造和追求过程中以“仁”为最高价值原则，这成为儒家价值排序和价值追求之先之重。其中，“圣贤气象”、“孔颜乐处”、“君子风范”、“成人之道”、“浩然正气”、“舍生取义”、“志士仁人”、“大丈夫”等均是儒家对君子人格的文化特征的不同表征。但统而观之，儒家价值思想的核心是以“礼”为前提、以血缘人伦关系为核心的求“仁”，单在《论语》中“仁”字就出现109次之多。可以说，“孔子把‘仁’系统化，作为最高的道德原则和母德。”①

在孔子的伦理思想中，“仁”之价值占有极其重要的地位，仁具有“全德之称”。对此，陈来指出：“仁是孔子思想中最重要的伦理原则，是孔子思想中最高的美德，也是孔子的社会理想。”②“仁”的内涵是一个多层次、全方位、完整的道德体系。“孔子列举的德性包括仁、智、孝、悌、忠、信、勇、敬等等，在这些德性中，‘仁’居于首要地位，其本身既是一德，也被视为其他德性的代表，还被视为所有德性整合后的结果或者说‘全德’，乃是人之所以为人的根本规定。”③首先，仁体现在“爱人”中。《论语》中有“樊迟问‘仁’。子曰‘爱人’”。另外还有诸如：“子曰：道千乘之国，敬事而信，节用而爱人，使民以时”，“子曰：弟子入则孝，出则弟，谨而信，泛爱众而亲仁”等关于仁爱的精辟论断。在这里，仁的含义为“爱人”，这是一种对对象的肯定与尊重，意指对外以真诚善意的方式对待世界和他人，对内以修其身和内心，做到不忧不烦、不怨不怒。因此，“爱人”是仁的第一要义。

其次，“仁”体现在克己复礼之中。“颜渊问仁。子曰：‘克己复礼为仁。一日克己复礼，天下归仁焉。为仁由己，而由人乎哉？’”孔子不仅仅提出了克己复礼为仁，更对如何“克己”、“复礼”等提出了具体的实践性要求。从“刚毅木讷近仁”到“巧言令色，鲜矣仁”，再到“孔子曰：‘能行五者于天下，为仁矣’。‘请问之。’曰：‘恭，宽，信，敏，惠。恭则不侮，宽则得众，信则人任焉，敏则有功，惠则足以使人’”，这都是孔子对“克己”修身的基本准则。同时，子曰：“非礼勿视，非礼勿听，非礼勿言，非礼勿动。”这就是以“礼”为天下归仁的重要标志和践履准则。

再者，“仁”之价值体现在忠恕之道中。子曰：“参乎，吾道一以贯之。”曾子曰：“唯。”子出，门人问曰：“何谓也？”曾子曰：“夫子之道，忠恕而已矣。”由此可

① 王泽应：《伦理学》，北京：北京师范大学出版社2012年版，第30页。

② 陈来：《孔子思想的道德力量》，《道德与文明》2016年第1期，第5—7页。

③ 匡钊：《早期儒家的德目划分》，《哲学研究》2014年第7期，第63—70页。

见孔子对“仁”的高度重视。仁的人性根据主要是人皆有的“恻隐之心”，仁的修身意义在于“仁者自爱”、“修己以安人”，仁的重要社会意义在于对“仁者爱人”的扩展，仁的“类伦理”意义在于“己所不欲，勿施与人”、“老吾老以及人之老，幼吾幼以及人之幼”、“责人之心责己，恕己之心恕人”。只有具有这样的气度和德性，才能客观地认识万物，不断增进知识和智慧；同样也只有具备了这样的气度和德性，才有可能具备对事对人所具有的宽容与同情。可以说，两千多年以来，孔孟的忠恕人格观思想已经内化为中华民族的普遍心理状态，成为了维持社会和平与稳定、保持民族凝聚力和向心力的重要支柱。同时，“忠恕人格中所包含的自主平等思想，也给中国近代思想家提供了一个权威而现成的借鉴，他们在倡导民主政治和近代人格时，便很自然地返身向后，从孔孟思想中寻找依据、用语和理论框架，对西方近代思想进行中国化的解释，以利于中国人民对之的理解和接受。它体现了中国文化的博大精深和很强的吸纳能力，成为促进中国思想由古代向近代转变的有效途径。”①

“仁”是儒家价值思想排序之先主要体现在“仁”为五常德之首。这是人性自觉的体现，也是“仁义礼智信”五常德的灵魂与统帅。

仁为义之灵魂。“仁者，人也，亲亲为大。义者，宜也，尊贤为大。亲亲之杀，尊贤之等，礼所生也。”(《礼记·中庸》)这是孔子对仁义礼的基本规范。孟子在此基础上，加之以“智”，构成四德或四端：“仁之实，事亲是也；义之实，从兄是也；智之实，知斯二者弗去是也；礼之实，节文斯二者是也。”(《孟子·离娄上》)在这里，孟子把“仁”与“义”结合起来，将其归结为心的功能，认为萌芽于人心的恻隐、羞恶、辞让、是非等“心之四端”是“仁义”的表现，要求人将内在的道德修养和外在的道德行为统一起来，“居仁由义”，即把仁作为安居的住所，把义作为正确的道路。② 后来，汉儒董仲舒加入“信”，曰：“仁义礼智信五常之道。”(《贤良对策》)这“五常”贯穿于中国传统伦理文化之中，成为中国传统社会价值体系的核心内容。董仲舒也十分重视“仁”与“义”的关系，在《春秋繁露》中就有“以仁安人，以义正我，仁，人也，义，我也。仁之法在爱人，不在我爱；义之法在正我，不在正人”的论述。在这里，可以这样理解，“仁”实际上是偏重在情的方面，“义”则侧重在理的方面。鉴于此，“仁”可以视为“爱人”的道德心理和道德情感，“义”则为“正我”的道德标准和价值准则，是主体的自律体

① 吴乃华：《论孔孟以仁为本的核心价值观》，《山西社会主义学院学报》2010 年第 3 期，第 41—45 页。

② 王磊等：《周秦伦理文化概论》，西安：陕西师范大学出版总社有限公司 2010 年版，第 76 页。

现。这也就是孟子所说的“仁，人心也；义，人路也”(《孟子·告子上》)金玉良言之精要。仁发端于“恻隐之心”，由“恻隐”而生“羞恶”，产生道德感，这就是义。[①] 所以说，仁是义的价值旨归，人的每一个义举都是“为仁”、“践仁”的具体表现。

仁为礼之核心。“在儒家学说中，礼是一个内容丰富的综合概念。它指礼节、礼仪，又指社会行为准则。在荀子看来，礼还有第三种意义，就是调节。”[②]仁为内涵，礼为形式，礼是仁的载体，仁与礼具有内在的相通性，两者协调和谐才是最佳状态。“道德仁义，非礼不成；教训正俗，非礼不备；分争辩讼，非礼不决；君臣、上下、父子、兄弟，非礼不定。”(《礼记·曲礼上》)。也可以说，孔子是在“礼”之中发现了“仁”，所以有“礼云礼云”、“乐云乐云”以及“人而不仁”的追问。仁与礼之间的关系体现在儒家十分重视通过“礼”的约束、节制和调节来向内心做功，以期“随心所欲不逾矩”而修得“我欲仁，斯仁至矣”的道德理想人格。正所谓“道德礼仪，非礼不成”，可见“礼”对于“仁”的重要作用。孔子主张纳仁于礼、仁礼合一，“克己复礼为仁，一日克己复礼，天下归仁焉。为仁由己，而由人乎哉?”(《论语·颜渊》)藉此之故，仁体礼用的关系可见一斑，通过中国古代差序格局社会秩序的建构来体现仁之私德与礼之公共性的内在统一。

仁是智之统帅。《论语》开篇就是“学而第一”，可以发现儒家十分重视知识的习得和智慧的提升。儒家提倡的格物致知绝不是简单的知识获得，更重要的是道德人格的完善和生命价值的提升，是为了实现“仁”的最终目的。“仁者安仁，知者利仁”(《论语·里仁》)就是对仁与智关系的完美诠释。孟子认为智就是明是非之心、晓善恶之别，是个人安身立命的根本。它是一种道德的认知，是对仁、礼、义、信进行充分的认识和深刻的理解，以此来达到“知者不惑”的境界以及“守仁、遵礼、重义、有信”的价值目标。

仁是信之基石。信字“从人从言”，原指人们祭祀时对上天和先祖所说的诚实无欺之语。儒家进一步发展了信的内涵，使其摆脱了宗教的神秘色彩，而成为“进德修业之本”、“立人之道”、“立政之本”，所谓“自古皆有死，民无信不立”。董子更是把“信”与仁、义、礼、智并列为“五常”，附之以“竭遇写情，不饰其过，所以为信也”的评论。所以，一个有信之人必须是表里如一，言行一致。朱熹则认为“仁包五常”，信是仁的外在表现和前提基石。“信”是我们个人、民族乃至国家获得他者认可的重要依据，也是维系社会关系稳固发展的重要

① 汪力：《科学继承中华传统核心价值观》，《人民日报》2013年7月18日第007版。

② 冯友兰：《中国哲学简史》，北京：北京大学出版社1996年版，第128页。

纽带。

同时，仁是处理人之五伦的基本价值原则。“父子有亲、君臣有义、夫妇有别、长幼有序、朋友有信”这是人之五伦，这五伦反映的即是人的五种社会关系，是儒家认为的人有异于禽兽的基本道德准则。孟子认为人伦之至便为圣人。《周易·系辞上》说“立天之道，曰阴与阳；立地之道，曰柔与刚；立人之道，曰仁与义”，在这里，“仁”是基础，有“仁”才有人的价值和人格，才能为孝悌信义奠定基础。所谓“父慈子孝，兄良弟悌，夫义妇听，长惠幼顺，君仁臣忠”，（《礼记·礼运》）表明对于五伦的每一方都有一定的规范要求，双方之间都是相对独立的关系，相对独立的人格应体现在这五伦的关系中。[①]《荀子·解蔽》曰：“圣人者，尽伦者也。”所谓尽伦，就是在家尽父子、夫妇、长幼之三伦，在国尽君臣之伦，在社会上则尽朋友之伦。如此各尽其人群关系各种不同次序等第的职分以相处，而求其合于人道和人义，则可以为圣人！“仁”为“二人”，亦即只有在对应的人际关系中才能实现“仁”。这“二人”的对应关系显而易见就是“五伦”中的夫妇、父子、君臣、兄弟、朋友的“二人”，对应人际交往伦理和价值原则。圣人正是在尽伦的实践中获得“吾欲仁，斯仁至矣”的力量，所以，“仁”为五伦之首。

最后，儒家“仁”之最高价值的排序还体现在“尚志”、“成仁”的道德实践中。儒家十分强调“尚志”，尚志就是强调人具有独立精神、追求崇高的理想人格的实现。如孔子认为“三军可夺帅也，匹夫不可夺志也”（《论语·子罕》），孟子也提出了“大丈夫”的做人标准：“居天下之广居，立天下之正位，行天下之大道。得志，与民由之；不得志，独行其道。富贵不能淫，贫贱不能移，威武不能屈，此之谓大丈夫。”（《孟子·滕文公下》）儒家的“成仁”，是指实现自己的人格价值。在先秦一些知识分子心目中，一个人的人格价值要高于自己的生命价值。人格价值的实现，“并不是仅仅为了开拓自我的精神资源，而首先是为了如何去建立并实践‘安人’、‘立人’、‘达人’以至‘安百姓’、‘博施济众’等等超个人的理想”。[②] 孔子说：“志士仁人，无求生以害仁，有杀身以成仁。”（《论语·卫灵公》）孟子说“夭寿不贰，修身以俟之，所以立命也”（《孟子·尽心上》），所表现的也是孔子的“成仁”思想。但孟子继承发展了孔子关于个人人格价值的思想，孟子认为人人都有自己的人格价值，而且人格价值作为一种内在价值远

---

① 张岱年：《人伦与人格独立》，《北京大学学报（社科版）》1990 年第 4 期。

② 余英时：《朱熹的历史世界：宋代士大夫政治文化的研究》（下），上海：上海三联书店 2004 年版，第 920—923 页。

远高于权势尊位功名利禄的外在价值。孟子说："有天爵者，有人爵者。仁义忠信，乐善不倦，此天爵也；公卿大夫，此人爵也。"(《孟子·告子上》)"天爵"高于"人爵"，内在价值高于外在价值，精神价值高于生命价值，这种思想对后世的影响很大，使得舍生取义、杀身成仁成为很多爱国志士的坚定信念。

言而总之，"仁义是儒家思想的理论基础和价值基础，每一代儒学复兴的标志都是从重申仁义之道开始的。"[①]儒家对仁之价值作优先排序，并以此成为与其他学说之间的重要差异。战国时代，孟子以仁义之道与杨、墨之间划清了界线；唐代，韩退之也是以仁义之道与佛、老划清了界线。儒家以"仁"作为其核心价值原则，期许"仁礼和合"，培养"内圣外王"的完美人格，其价值思想概要内蕴于"五常德"之间，彰显于"尚志"、"成仁"的理想抱负之中。儒家文化作为中国封建时代的正统思想，其对人与社会的重视，对人文精神的彰显，坚持"因材施教"的道德教育体系，弘扬荣辱观的实践典型，对于我国传统社会的价值排序思想影响深远，也对当前中国特色社会主义核心价值观建设具有重要的意义。

## 三、道家的价值排序及当代影响

在道家的价值体系中，一直崇尚以"道"为本为重的价值排序，崇尚"隐士人格"的人格样式和执着于对个人道德品性和修身的要求，这是道家在价值追求上的根本特征和重要体现。可以说，道家之"道"既是生成天地万物的"原始因"，是催发万物与人类发展的"动力因"，也是道家审视和评价自然社会的"价值因"。

老子作为道家的创始人，思想深邃、志趣高邈、境界超远，就连孔子都曾问道于老子。老聃之"道"论与孔子的"仁"论都是深邃、博大而又完备的中国传统经典之作，影响后世颇深。道法自然、自然无为的思想是道家最主要的思想。"道"是老子思想体系中的最高概念。孔子和墨子着重讲人道，而老子所谓的"道"则主要指天道，即包括自然、社会与自我人生在内的宇宙万物的总法则、总秩序。既然宇宙万物都以"道"为本原和准则，而"道"的根本性质是"自然"、"无为"，人就应该效法天地，以无为无欲为基本生活准则。这就是"人法地，地法天，天法道，道法自然"(《老子·二十五章》)的基本意蕴，因此，老子强调"不行而知，不见而明，不为而成"(《老子·四十七章》)。

---

① 彭永捷：《论儒家政治哲学的特质、使命和方法》，《江汉论坛》2014 年第 4 期。

老子确立了“道”为其思想体系的最高范畴，提出了“道”内在于世界万物之中，包含所有事物的本性，提出了“道生一，一生二，二生三，三生万物”（《老子・四十二章》）的世间基本原理。首先，世间万物皆以道为根，由道所生。“道”为“天下母”、“玄牝之门”，以此彰显“道”对世界万物的决定意义。《老子・三十九章》中也讲到：“天得一以清，地得一以宁，神得一以灵，谷得一以盈，万物得一以生，侯王得一以为天下正。”“一”正是“道”，足见“道”不仅有孕育万物的生生之德，亦有定其兴衰之能。其次，“道”还是我们生活实践时所遵循的客观依据，“人法地，地法天，天法道，道法自然”就是告诫人们要坚持自然之道。“道常无为而无不为”（《老子・三十七章》），也就是人做事应该走“无为”之路，即不违背大道之魂。最后，“道”是我们人生修养的最高追求。老子曰：“塞其兑，闭其门……启其兑，济其事……挫其锐，解其纷；和其光，同其尘；是谓玄同。”（《老子・五十六章》）这里所指的“玄同”也就是人与道合一。但是“上士闻道，勤而行之；中士闻道，若存若亡；下士闻道，大笑之，不笑不足以为道”（《老子・四十一章》），因此，只有“勤而行之”的上士才能得到“道”的眷顾。此外，道家不看重君臣关系，认为仁义、慈孝、忠臣等道德规范是大道丧失、社会关系混乱的产物。“大道废，有仁义。智慧出，有大伪。六亲不和，有慈孝。国家昏乱，有忠臣。”[①]

同时，道家对“道”的推崇，体现在人生观实践中贵柔守弱，崇尚无为不争的思想之中。“从儒家的观点看来，他们未免不负责任，但提倡天道自然的哲学家，可以说衷心地感到要入世必先出世，欲治理人类社会，必先超越人类社会，而对自然宇宙有一高深的认识和了解，否则即使有儒家救世的热诚，也是枉然……儒家的知识是阳性的有为的；道家摒弃这种知识，他们主张以阴柔含容的、被动退让的态度去追求自然之道。”[②]所以，《道德经》通篇的玄妙之道的德性要求正是贵柔守弱，崇尚不争。老子的人格追求也是——“致虚极，守静笃”，“道法自然”，以使圣人“处无为之事，行不言之教”，“为而不争”。

与此相对应的社会理想是实现“小国寡民，使有什伯之器而不用”，“甘其食，美其服，安其居，乐其俗。邻国相望，鸡犬之声相闻，民至老死，不相往来。”（《老子・八十章》）。这是老子主张遵从道的规律在处世方面所提出的基本德性要求。这个基本德性要求可以用“不争”二个字来总括。这里所谓的“不

① 王磊等：《周秦伦理文化概论》，西安：陕西师范大学出版总社有限公司 2010 年版，第 139 页。

② 李约瑟：《中国古代科学思想史》，陈立夫等译，南昌：江西人民出版社 1990 年版，第 40—41 页。

争”，包括了不争功名、不争地位、不争利益以及不同敌人争战等诸多方面的内涵。老子特别喜欢以水为例说明“不争”的品德：“上善若水，水善利万物而不争，处众人之所恶，故几于道。”(《老子·八章》)老子认为水的本性几近于道的本真之意，所以才有“上善若水”之高度赞美。水本无言，然而“水善利万物而不争”的品质却彰显了大道，即自然无为、生而不有、为而不恃、虚静守柔等。可以说，老子以水为师，悟道于水。

道家对大道的追求还体现在少私寡欲、涤除玄鉴的人生修养方式中。老子认为要达到圣人境界，进行修养的最基本原则就是“为道”，这显然是相对于儒家之修养理想而言的。老子讲：“为学日益，为道日损，损之又损，以至于无为，无为而无不为”。(《老子·四十八章》)无为并非无所作为，实乃“为无为”，也就是遵循事物的天然本性，顺其自然。世间充满种种诱惑，所谓“五色令人目盲，五音令人耳聋，五味令人口爽，驰骋畋猎令人心发狂，难得之货令人行妨”(《老子·十二章》)，正是欲望使人苦难，故为道者主张少私寡欲。道家素来主张为道修身的功夫，涤除人的物欲观念，以恢复人之清静本性。老子说：“致虚极，守静笃。万物并作，吾以观复。夫物芸芸，各归其根。归根曰静，静曰复命，复命曰常，知常曰明。不知常，妄作凶。”(《老子·十六章》)虚者，少私寡欲；静者，为无为。“致虚”，虚其物欲之心也；“守静”，守其无为之境也。致虚以至于极，守静以至于笃，以观万物之“复”。因此，人生自我修养的过程，实际上就是去除心灵上的污垢，涤除人心之欲的过程。“涤除玄鉴，能无疵乎？”(《老子·十章》)涤除人心之欲，即可使人心恢复到虚静灵明澄澈的状态。

此外，在道家价值思想体系中还体现着其他诸多价值排序思想的光芒。例如，在生命态度的价值排序上，“老子的德性论包含着守护生命和尊重生命两个向度。而且，通过阐释和交往行为相关的公正理论，老子最终是将尊重生命优先于守护生命确定为自己的价值原则。”[①]同时，与儒家相比较，道家的生命观强调“物无贵贱”，而儒家则侧重“重人”思想，即“贵人贱畜”的基本立场。

庄子是道家的另一位宗师，他与老子不同，生活穷苦，身居民间，靠编草鞋为生，后来竟著书十余万言，多用寓言故事的方式来阐发深邃哲理，用宏大叙事的语言揭示人生的真谛。《史记》中对庄子的评价是：“以诋訾孔子之徒，以明老子之术”。庄子的人格追求是养生适性，道德充沛，以求齐物解脱，鲲鹏逍遥。基于此，庄子的成人境界是成为无私的“真人”，忘我的“至人”，不求功绩

---

① 尚建飞：《道家德性论的基本特征》，《哲学研究》2015年第11期，第31—38页。

的"神人",不贪名声的"圣人",即达到所谓的"至人无己,神人无功,圣人无名"[①]。可见,道家以在精神追求中"去我"、"去己"的主体自我修养,去追求圣人、真人、至人、神人的人格理想和自然无为的顺天境界。可以说,"老庄立足朴素之道,遵从道法自然原则,反对一切人为的价值区分、一切以智慧为名的所作所为。"[②]老子认为圣人的最高价值是无为而无不为,及至"复归于婴儿"的无知无欲的修养境界;庄子认为圣人的最高价值追求是逍遥无待,与万物齐一。凡是有待于物,受客观条件限制的,都不是绝对的自由,只有摆脱现实的一切束缚,达到所谓与道融为一体的"逍遥游",才可以算达到理想的人格境界。

总之,道家总体上都是以"道"作为价值追求和排序的立足点,以追求某种超越自我、"天人合一"、寻觅自由的理性自觉和主体精神为旨归,体现了在面对强大的封建社会的压迫与桎梏下虚无避世的无奈之举,也体现了追求"人道"、"政道"不得而陶醉在"天道"行空的自我幻想型隐士人格的追求与慰藉之中。

## 四、佛家的价值排序及当代影响

佛家一直崇尚以"万物皆空"的理念作为重要的价值排序,崇尚"施善人格"的人格样式和执着于对今世修炼、来世果报的追求,这些成为佛家价值理想的重要特点。

佛学思想自东汉从印度传至中国,在中国经过一系列本土化进程之后,成为了中国思想文化主脉中重要的一脉,佛家伦理也成为了中国伦理道德的重要组成部分。佛教有小乘、大乘之区分,其中都丰盈着伦理思想与道德情怀的丰富内容。小乘被认为是原始的佛学,流传于东南亚各国的南传佛教大体以小乘为主,流传于中国的佛教大小乘并列但比较偏向于大乘。小乘佛教的伦理特色主要是通过持戒、修定、修慧的身心出世的苦行,到达求证禅定而得解脱。大乘是在小乘的基础上,通过身入世而心出世的济世救众生的修行,从而到达大慈大悲的境界。

佛家的基本价值体系建立在"万物皆空"的基础上,"空"即本原。佛家认为"浮生皆苦,万相本无",现实世界是痛苦的,人的意识是虚幻的。这种玄妙

---

① 庄子在《天下》篇中说:"不离于真,谓之至人。""不离于精,谓之神人。""以天为宗,以德为本,以道为门,非于变化,谓之圣人。"

② 孙伟平:《老庄道家价值观论纲》,《中国人民大学学报》2012年第3期。

色彩浓厚的理论起点为“空”的创立奠定了基础。“空”受到历代高僧的重视和钟爱，也成为了贯穿佛教义理始终的核心概念。回溯中国古代历史，佛学“空”理论的发展尤以魏晋南北朝和唐朝最为繁盛。魏晋时期以本无宗、心无宗和即色宗的影响最甚。本无宗主张“非有，有即无；非无，无亦无”，认为世界本性是空无所有的；心无宗主张“心无者，无心于万物，万物未尝无。此得在于神静，失在于物虚”，认为“本末等尔，有无均净”才能坚守内心纯正；即色宗主张“夫色之性也，不自有色。色不自有，虽色而空，故曰色即为空，色复异空”，认为色无自性，无恒常，无永固，因而色的本性是空。到了唐代，由于经济的发展、统治阶级的支持和文化的多元并存，佛学发展迎来了又一个高峰。在这一阶段，大乘佛教发展为八个宗派，即天台宗、唯识宗、三论宗、华严宗、净土宗、律宗、密宗和禅宗。[①] 八个宗派中天台宗、唯识宗和禅宗三大派别分对“空”作出了详细的论述。从天台宗注重精神本体的空虚到唯识宗“境由心造”的领悟，直至禅宗把“空”推向了极致，主张“心性为空”。《坛经》有这样一段对“空”的解说：“心量广大，犹如虚空，无有边畔，亦无方圆大小，亦非青黄赤白，亦无上下长短，亦无嗔无喜，无是无非，无善无恶，无有头尾。诸佛刹土，尽同虚空。世人妙性本空，无有一法可得，自性真空，亦复如是。”可见佛家在价值理念上，始终以“空”为本，以万物、万法为末。

与儒家、道家不同，佛家追求彼岸世界的修炼方式。《注维摩诘经》卷九有云：“此岸者，生死也；彼岸者，涅槃也；中流者，结使也。”[②]“中流者，小乘人也；此岸者，凡夫也；彼岸者，菩提也。”[③]可知，“此岸”仍有生死之局限，而“彼岸”指的是涅槃界，已然超脱生死之外。我们每个人来到人世间都不得不面对出生的偶然、死亡的必然以及生命的短暂。这里就必然涉及生命的意义问题，于此，“浮生皆苦”成为了佛家文化的价值判断，超越苦海、向往极乐世界也成为了佛家弟子的永恒追求。从这个角度来说，佛家其实就是“借助心力，超越有限，实现对无限的终极追求的合理性过程”[④]。而人们所向往的这个无限世界，必定是打破了“此在”世界中空间与时间的限制的，是在现实社会中无法实现的。在这种情况下，出现了“彼岸”这一概念，“彼岸”也因此被赋予了具有无限性与超越性的重要特征。

---

① 韦政通：《中国思想史》，上海：上海书店出版社2003年版。

② 僧肇：《注维摩诘经》（卷九），新修大正藏第38册，石家庄河北省佛教协会2005年版。

③ 达摩禅师：《菩提达摩禅师：少室四论》，四川：四川出版社巴蜀书社2006年版，第129页。

④ 麻天祥：《家教的象征与无限》，《中国家教》2009年第9期。

“人人皆有佛性”、“识得本心便能成佛”，即使我们现受生老病死、六道轮回不得解脱之苦，但是只要正确驾驭内心之佛性，就可以超越有限，涅槃而入西方之极乐世界。我们从中不难悟出：佛家的终极皈依并非超脱自然之外的佛，而正是每个有缘人内心中的“佛性”。足见跨越于“此岸”与“彼岸”的通途正是我们自身的本心。同时，佛家也解决了人类之死生的大问题。儒家以一种人道主义的方式解决人与人的问题，道家以自然主义的方式解决人与自然的问题，然而都没有涉及人的死亡问题，没有死亡，人的存在就没有意义。佛教给出了一种解脱主义的思维方式，为人类处理生死问题以及人的意义和价值问题提供了进路。因此，佛教在缘起论和“十二因缘”说的基础上，强调“三世因果”的根本原则，成为支撑佛教伦理的核心价值所在。

佛家具有佛化自然、天人合一的同情心理与慈悲情怀。“菩提心为因，大悲为根本，方便为究竟”（《大日经 · 住心品》）其深意为：凡欲修行之人，必须有清净菩提之心，然后发大悲之心，普做善事，最后才能得佛法之精要。佛家素以慈悲为怀，它犹如大江之水能惠及万物，又如菩提之种生出万物与功德。《大智度论》卷第二十七云：“大慈与一切众生乐，大悲拔一切众生苦；大慈以喜乐因缘与众生，大悲以离苦因缘与众生。”天亲菩萨在《十地经论》中亦言：“慈者，同与喜乐因果故；悲者，同拔忧苦因果故。”换言之，慈就是给予众生以快乐，“如父母唯有一子，情所爱念，见子起慈，起饶益心。如是于一切众生。慈心饶益心，此谓慈。”①悲就是同情怜悯众生受五道中种种身心之苦难，而帮众生离苦得乐。“若佛弟子有二种人，所谓小大两乘。是二种人得四禅时，进修无量心者。小乘之人，为自调心，增长福德，易得涅槃故。大乘之人，欲度众生，必以大悲为本故。”②可以说，慈悲是一切修行之根本，佛家认为慈悲可以广种善法福田，心生普渡众生之责。此心一发，便可生成无上智慧及大彻大悟之念。

此外，由于佛教文化为外来文化，因此在佛教文化与中国传统文化的融合过程中，不得不提“格义”。佛教传入中国渐有本土化之趋，“格义”则加速了本土化的进程。在其渊源的观照下，“格义”对中国传统文化和佛教文化杂和的必要性、作用及意义从哲学、文化和翻译策略等维度得以体现。这充分说明，“格义”方法尽管“于理多违”，但在文化融合史上却具有不可忽视的地位。

总的来说，中国佛学伦理思想的精华就是在“万物皆空”的价值基点上，包

① 阿罗汉优波底沙梁言大光造、婆罗译：《解脱道论》卷八，《大正藏》卷三十二，第 435 页。

② 出自《乾隆大藏经》。

含缘起因果、求智修善、平等慈悲、中道圆融等内容。当然，"中国佛教是通过删改、比附、衍生和补益印度佛教思想的方式完成的，使之创立了适应中国状况，与儒家伦理融通和独具特色的伦理思想。它对中国世俗伦理提供的新因素主要有：伦理价值的理论根据，平等原则，慈悲观念，不杀生戒，所以佛家伦理是一种关于整个人类社会的伦理，带有普遍性、超越性的特征。而且对现代社会言，佛教伦理有助于缓解现代文化的危机；有助于树立对社会的责任与义务的意识。"①

中国文化具有深厚的历史传统和民族特性，与中国特色社会主义核心价值观具有整体关联性和内在契合性。社会主义核心价值观的建设必须根植于源远流长和生生不息的中国传统优秀文化中，才能实现社会转型和全面建成小康社会。同时，我们也要认识到，中国儒道佛等传统文化的社会基础已经发生了重大的变化，必须通过深刻的自我反省和自我更新才能与这个社会的当代发展相适应。当然，中国传统儒道佛文化中的价值排序，特别是礼义廉耻的道德自律、忠恕守信的君子人格、天人合一的人生境界、修齐治平的生活实践以及天下大同的社会理想在今天仍具有重要的现实意义。这个重要意义在于，培育和践行中国特色社会主义核心价值观，要立足和扎根于中国传统的优秀文化，在弘扬中华优秀传统文化的过程中不断汲取精神滋养和取得价值认同，形成一种互动共赢的关系，对传统文化做出批判性吸收和创新性发展，从而使得中国传统价值哲学展现出当今时代的新形态和新魅力。

---

① 黄夏年：《1998年中国大陆佛学会议综述》，《社会科学动态》1999年第7期。

中国价值论的成就不仅在于它使中国学者认同了价值论研究在哲学研究中的重要位置，而且更重要的是，它与马克思主义哲学认识论、历史观研究，甚至马克思主义哲学史的研究共同完成了对改革开放之前与以计划经济为基础的社会模式相适应的思维方式和价值观念的批判，共同进行着对与市场经济为基础的社会模式相适应的一种新的思维方式和价值观念的构建。①

——冯　平

# 第四章　马克思主义价值哲学中的价值排序研究

对价值哲学的研究是马克思主义哲学中的重要内容之一。马克思主义哲学中充满着丰富的价值思想。马克思继承和超越了德国古典哲学中对主体与客体关系的理解，以现实的个人作为社会历史发展直观自身的本质对象，建构了主体—需要—客体之间的价值关系理论。马克思提出，价值绝不是一种类似于自然物质的实体性存在，而是一种非实体性的关系存在。马克思并非脱离历史和现实世界去建构价值王国，而是力求从现实世界内部去发现人与人之间的关联，进而揭示这种关联背后所体现的公正、正义、自由等价值。他认为："实际上价值只不过是人和人之间的关系、社会关系在物上的表现，它的物的表现，——人们同他们的相互生产活动的关系。"②在此，马克思强调了构成价值基础的需要只能是主体的社会性的现实需要，对价值排序的研究具有重要的指导意义。同时，马克思对于价值问题的研究视角、研究进路和研究方法对我们当代研究价值问题也具有重要的启示。限于篇幅，在本章中主要探讨马克思早期对于价值问题的研究。

马克思早期对价值问题的关注，主要表现在他从历史唯物主义的实践思维出发分析了异化劳动、生产实践、现实的个人等概念，对价值的本质及特点

---

① 冯平：《中国价值论研究范式的现状与转型》，《哲学动态》2014 年第 4 期，第 18—22 页。

② 《马克思恩格斯全集》第 26 卷第 3 册，北京：人民出版社 1974 年版，第 159 页。

进行了深入的探究，确立了建立在历史唯物主义基础上的价值思想。在这其中，异化劳动是马克思研究价值问题的起点，马克思运用价值介入的方式具体研究了劳动和异化劳动，并在社会生产实践中挖掘和提炼价值的基本要素，使价值思想得以丰富。马克思早期价值思想研究最后旨归于“现实的个人”，从多方面、多层次、多维度分析了“现实的个人”所具有的种种价值和权利的规定性。马克思早期“异化劳动—实践—人”三位一体的价值思想的构建进路，为当代价值研究提供了独特的研究视角和丰富的理论基础。

## 一、异化劳动：马克思价值思想研究的起点

对于价值概念，早先有庸俗经济学强调对人的有用性，也有把价值理解为“使用价值”或者“交换价值”、“自然价值”的，马克思对价值概念的关注是在对这些观念的批判之上，从关注劳动的异化问题开始的。“《资本论》的劳动价值概念是整个价值世界的基础，在此基础上形成了作为人与人的社会关系的人伦价值（含伦理价值、法律价值、政治价值）、美学价值，社会历史实践过程就是价值世界的生产过程。”[①]马克思指出劳动是人类的根本活动，是人类社会和历史过程的基础。但是在资本主义的社会环境下，劳动被戴上了“异化”这一枷锁，使得劳动变成奴役劳动者的异化劳动。马克思通过分析异化劳动和私有财产的关系批判异化劳动的历史发展进程和对人的影响。苏联学者图加林诺夫早在20世纪60年代的《马克思主义中的价值论》一书中，就首次把马克思的异化说和价值论联系起来，他认为：“异化问题在很大程度上是一个价值问题。”[②]马克思从经济哲学的视角出发分析劳动和异化劳动，将价值预设与现实经验材料相结合，让我们从经济现实的角度去了解价值如何产生、如何变化、如何异化、又如何被剥夺，以价值介入的研究方式为我们认识哲学意义上的价值概念奠定了重要的基础。

马克思以价值介入的方式分析异化劳动。所谓价值介入，“是指人们对事实的认知过程渗透着主体价值或评价因素的影响，使得人们通过认知活动所获得的一切事实性认识，都内蕴或负载着认知主体的价值意识和价值取向。

① 鲁品越：《再论马克思的“价值定义”与马克思主义价值哲学之重建》，《教学与研究》2017年第2期，第16—24页。

② ［苏］图加林诺夫：《马克思主义中的价值论》，北京：中国人民大学出版社1989年版，第119页。

马克思的异化劳动理论隐含了价值介入的研究方式”。[①] 在这里，马克思以一种辩证的、批判性的价值介入研究方式展开对异化劳动的分析，不仅丰富了马克思对于异化劳动的分析，而且成为了连接“价值一般”和“价值特殊”之间的桥梁，对于分析和理解资本主义生产方式和“人的劳动是价值的源泉”也具有非常重要的启示意义。这个启示意义主要体现在以下三个方面。

首先，马克思从肯定劳动作用的角度，说明价值的产生来源和产生过程。劳动是一切财富的价值源泉，也是构成价值的唯一要素，“人的本质是由劳动、需要、交往和意识四个要素构成的”[②]，其中劳动是最核心的要素。马克思认为劳动是人力的体现和发挥，劳动是人类达到目的的手段，并且劳动也是目的本身，是人类获得自由的重要基础。马克思在《1844 年经济学哲学手稿》中提到“劳动这种生命活动、这种生产生活本身对人来说不过是满足他的需要即维持肉体生存的需要的一种手段”[③]，将人类社会出现的第一个价值问题明确表达出来，生动地揭示了劳动对于人类生存的重要意义。此外，劳动所具有的价值不仅是满足人类的生存需要，还存在于“正是在改造对象世界中，人才真正地证明自己是类存在物”[④]，即劳动使人成为了人，也就是说劳动使人成为了社会的人，成为了类存在物，从而与动物有了本质的区别。

在此，马克思站在历史唯物主义的立场告诉我们，人对自己的确证，不是靠单纯的意识活动或神的旨意，而是通过社会劳动来完成的。其一，劳动创造了人的手，创造了人的身体结构。正如恩格斯所说：“它是一切人类生活的第一个基本条件，而且达到这样的程度，以致我们在某种意义上不得不说：劳动创造了人本身。”[⑤]其二，劳动创造了人脑，使人类的语言和意识得以产生。劳动创造人本身的同时，也使得人类的自觉性能动性得以挖掘出来，人类的意识和需要得以明确，此时，价值主体自身的需要也进一步凸显。其三，劳动创造了人类社会。劳动创造了人之后，个体之间单纯的生物关系逐渐演化为各式各样的社会关系，从此，也就形成了价值主体的存在环境——人类社会，同样这也是价值和价值关系产生的必要基础。

---

① 龙佳解、黎昔染：《论马克思异化劳动理论的价值介入研究方式》，《湖南大学学报》(社会科学版)2013 年第 9 期。

② 朱炳元、朱晓：《马克思劳动价值论及其现代形态》，北京：中央编译出版社 2007 年版，第 81 页。

③ 《马克思恩格斯选集》第 1 卷，北京：人民出版社 1995 年版，第 46 页。

④ 《马克思恩格斯选集》第 1 卷，北京：人民出版社 1995 年版，第 47 页。

⑤ 《马克思恩格斯选集》第 4 卷，北京：人民出版社 1995 年版，第 373—374 页。

其次，马克思通过分析“异化劳动”的问题，揭示了价值的转移过程和发展过程。马克思认为，曾经帮助人对自身确证的劳动在资本主义社会制度下却奴役着人自身。“劳动的这种现实化表现为工人的非现实化，对象化表现为对象的丧失和被对象奴役，占有表现为异化、外化。”[①]在此，马克思提出了“异化劳动”的概念，并以此为核心展开了对资本主义社会的批判，揭示了资本家夺取工人劳动者创造的价值，批判了资本家如何转移、盗取、霸占价值的整个过程。

马克思从以下四个方面对“异化劳动”进行了规定：第一，物的异化。这主要表现在劳动者同他自己生产的劳动产品之间相异化。第二，劳动者同自己的劳动活动相异化。“他在自己的劳动中不是肯定自己，而是否定自己，不是感到幸福，而是感到不幸，不是自由地发挥自己的体力和智力，而是使自己的肉体受折磨，精神遭摧残。”[②]在这里，劳动对于工人来说，并不具备价值或者是正价值远远小于负价值。因此，马克思接着说：“工人只有在劳动之外才感到自在，而在劳动中则感到不自在，他在不劳动时觉得舒畅，而在劳动时就觉得不舒畅。”[③]第三，人同自己的类本质相异化。马克思从价值介入的研究方式入手，确认自由自觉的活动即劳动是人的类本质这个价值预设，而异化劳动却剥夺了这种自由自在的劳动，把劳动变为维持个人生活的手段，从而出现了人与人的类本质相异化，即劳动原本是人类确证自身、追求价值和意义的方式，但在资本主义生产方式下成为工人求得生存的手段。第四，人同人之间相异化。价值主体与自己创造的产品相分离，与自己的劳动、与自己的类本质相分离，必然意味着其他价值主体对这个价值主体本该拥有的东西之间的占有，所以，价值主体之间又会出现对立和冲突现象。由此，必然会导致不同价值主体之间的矛盾与冲突，产生人与人之间的异化问题。

最后，马克思还分析了异化劳动与私有财产之间的关系，揭示出价值转移的最终产物。马克思指出，私有财产是异化劳动的产物，私有财产成为劳动借以异化的手段，异化劳动是对私有财产的本质和根源。马克思指出：“私有财产是外化劳动即工人对自然界和对自身的外在关系的产物、结果和必然后果。因此，我们通过分析，从外化劳动这一概念，即从外化的人、异化劳动、异化的

---

① 《马克思恩格斯选集》第1卷，北京：人民出版社1995年版，第41页。

② 《马克思恩格斯选集》第1卷，北京：人民出版社1995年版，第43页。

③ 《马克思恩格斯选集》第1卷，北京：人民出版社1995年版，第43页。

生命、异化的人这一概念得出私有财产这一概念。”[①]通过对这些关系的深刻分析，马克思提出对私有财产的积极扬弃是对一切异化的积极扬弃，共产主义是对私有财产即人的自我异化的积极扬弃，是人的本质的真正实现。于此，马克思的结论就是价值主体要想真正拥有价值、实现价值，必须走共产主义人类解放之路，从而实现对价值的解放和提升。在这里，马克思通过对资本主义雇佣劳动的异化现象的价值批判，强调了要把“私有财产，把劳动、资本、土地相互分离，工资、资本利润、地租的相互分离以及分工、竞争、交换价值概念等当做前提”[②]。“工人生产的财富越多，他的产品的力量和数量越大，他就越贫穷。工人创造的商品越多，他就越变成廉价的商品。物的世界的增值同人的世界的贬值成正比。”[③]同时，马克思在《资本论》中也特别指出：人在劳动中克服外在障碍的过程即“自由的实现”——“自由见之于活动恰恰就是劳动”[④]。因此，马克思通过对劳动、异化劳动的表现、异化劳动与私有财产关系的分析，确立了马克思早期价值研究的分析起点，剖析了价值的生成、转移与结果，确立了劳动价值论这一“价值特殊”的表现形式，同时也通过其中所蕴含的价值主体、价值客体、价值属性等关系的揭示，为之后马克思的价值思想研究从特殊到一般的发展历程奠定了重要的基础。

## 二、社会生产实践：马克思价值思想研究的发展

如果说，异化劳动是马克思早期对价值关注的起点，那么对于社会生产实践的分析则是马克思早期对价值问题进一步研究的发展，也是马克思政治经济学和马克思主义哲学内容整体汇通的重要体现。在研究异化劳动的基础上，马克思对社会生产实践的研究，从对资本主义的批判转向对人类本质和人类社会发展的认识，这对马克思价值思想的研究起到了变革性的影响。正如马克思自己所说：“全部社会生活在本质上是实践的。凡是把理论引向神秘主义的神秘东西，都能在人的实践中以及对这个实践的理解中得到合理的解决。”[⑤]因此，在对社会生产实践的研究中，马克思主要分析了价值主体、价值客体、主客体两者的关系以及价值关系的特征，这些研究展示了马克思思考价

① 《马克思恩格斯选集》第 1 卷，北京：人民出版社 1995 年版，第 50 页。
② 《马克思恩格斯全集》第 3 卷，北京：人民出版社 2002 年版，第 266 页。
③ 《马克思恩格斯选集》第 1 卷，北京：人民出版社 1995 年版，第 40 页。
④ 《马克思恩格斯全集》第 46 卷(下册)，北京：人民出版社 1979 年版，第 112 页。
⑤ 《马克思恩格斯选集》第 1 卷，北京：人民出版社 1995 年版，第 56 页。

值问题的深入过程，也体现了马克思建构价值思想的研究进路。

马克思对实践活动的理解和认识对价值关系的形成、价值主客体的认知和价值活动的发展具有重要意义，主要体现在以下几点。

第一，实践活动是价值关系形成的中介。怎样看待价值现象的存在，如何理解"实体说"、"属性说"、"关系说"等是价值问题研究的一个基础或前提性问题。无论是客体价值论还是主体价值论抑或是主客体关系价值论，它们都不是各自自发地形成价值的，它们都需要一种介质来帮助它们完成自身的价值存在。而这种介质就是我们所从事的最基本的、最简单的生产活动。马克思在《关于费尔巴哈的提纲》中就深刻地批判了费尔巴哈抽象的实践观，他说："从前的一切唯物主义（包括费尔巴哈的唯物主义）的主要缺点是：对对象、现实、感性，只是从客体或者直观的形式去理解，而不是把它们当作感性的人的活动，当作实践去理解，不是从主体方面去理解。"[①]在此，马克思揭示了仅仅从客体的形式去理解对象，去判定一个事物的价值是远远不够的，不能仅从对象外在于人的意识的客观性或者人的意识对对象的直观性和依赖性来进行判定或选择，同时还必须看到人的实践活动也是对象性的，只有在实践活动中才真正地创造了客体。

接着，马克思还指出："能动的方面却被唯心主义抽象地发展了，当然，唯心主义是不知道现实的、感性的活动本身的。"[②]这句话表明，人的活动对对象有能动作用，但是不能把人的活动仅仅理解为脱离对象而存在的意识活动。我们在判断价值关系的时候，不仅要看到主体的需要和能力，同样也要真正地理解人的实践活动，不能停留在观念地改变对象或寻找客体上，而应该在实践中现实地改变世界，这是价值产生的必然过程，也是价值排序的必然过程。同时，这个在社会生产实践过程中创造价值的过程，并不是主体随心所欲的，正如马克思在《路易·波拿巴的雾月十八日》开篇中所说的："人们自己创造自己的历史，但是他们并不是随心所欲地创造，并不是在他们自己选定的条件下创造，而是在直接碰到的、既定的、从过去承继下来的条件下创造。"[③]在此，马克思就强调了价值关系的形成根植于人的社会实践，根植于人处在一定社会历史条件下的社会形态。

第二，实践活动是价值主体与价值客体相统一的现实基础。价值是一种

---

① 《马克思恩格斯选集》第1卷，北京：人民出版社1995年版，第54页。

② 《马克思恩格斯选集》第1卷，北京：人民出版社1995年版，第54页。

③ 《马克思恩格斯文集》第2卷，北京：人民出版社2009年版，第470页。

关系，是指一定的对象物与人的需要之间的关系，价值存在于主客体的相互作用的过程中，这个过程是实践的过程。马克思分析了实践活动是价值关系形成的中介，实践活动创造了价值主体与价值客体。但是，价值主体与价值客体两者之间如何互动，如何形成价值和价值关系还需要我们进一步去探究和分析。对此，马克思在《关于费尔巴哈的提纲》中是这样来论述的："环境是由人来改变的，而教育者本人一定是受教育的。……环境的改变和人的活动或自我改变的一致，只能被看作是并合理地理解为革命的实践。"[①]在这里，马克思从实践的观点出发，阐述了人与环境的关系问题，即主体与客体之间的关系问题，在实践活动的环境中，价值主客体实现了两者的统一。对此，18 世纪法国著名的启蒙思想家爱尔维修就曾提出"人是环境的产物"这一著名命题，他指出："我们在人与人之间所见到的精神上的差异，是由于他们所处的不同的环境，由于他们所受的不同的教育所致。"[②]在这里，爱尔维修固然看到了环境对于人的本质的重要影响，但究其原因是实践活动创造了人本身。爱尔维修忽视了人与环境的关系是在实践基础上的双向互动关系。因此，他必定"把社会分成两部分，其中一部分凌驾于社会之上"，最终不可避免地陷入唯心史观的窠臼。

马克思对这种唯心史观的分析和批判对我们理解价值关系的形成和发展具有重大的启示。因为只有把实践活动引入价值主体与价值客体之间来，才能更合理地解释阐明他们两者之间的关系。社会实践活动创造价值就是相应地在改造客体和改造主体，也就是说在社会实践活动中，经过价值主体与价值客体之间的相互作用，不管是价值主体发生变化，还是价值客体发生变化，都改变了两者之间的关系，形成了价值的不同关系和不同状态。总而言之，实践活动改造价值主体，通过提高主体的认识能力和实践创新创造能力，从而来创造价值；同时，实践活动也改变价值客体，通过生产与创造，使其属性和功能更加完善，从而创造价值。所以，我们只有从社会历史实践的角度出发，把实践活动看作价值主体与价值客体的现实基础，才能正确地理解价值主体与价值客体之间的双向互动关系，才能真正地理解价值和价值关系的形成过程，从而摆脱价值客体论与价值主体论的二元对立，对价值关系做出了科学的全面的解答。

---

① 《马克思恩格斯选集》第 1 卷，北京：人民出版社 1995 年版，第 55 页。

② 北京大学哲学系外国哲学史教研室：《十八世纪法国哲学》，北京：商务印书馆 1963 年版，第 467—468 页。

第三，价值在社会实践活动中发展。人的实践活动是体现人的需要本性和发展本质的活动，这是价值形成和发展的基础。在社会实践活动中，价值主体和价值客体形成价值和价值关系，但是价值与价值关系并不是一个静态的、固化的概念，它是动态发展的。如阿根廷哲学家方迪启认为："价值只有在一种特定的情景中才存在并具有意义。"[①]这里的情景就强调了主客体的相互联系和运动发展，我们说事物的相互联系必定包含着事物间的相互作用，这种相互作用必然能够导致事物的运动、变化和发展。同样的道理，价值中包含价值主体与价值客体之间互构互动的联系，这种联系必定能促进相互间的作用，形成全新的价值与价值关系，而这一系列的发展变化都脱离不开人类的实践活动。

"历史过程中的决定性因素归根到底是现实生活的生产和再生产。"[②]在远古时代，一片树叶、一堆杂草对于人类来说可能就是有价值的，但随着人类的认知和动手能力的提高，或者更确切地说，生产力水平的提高，社会生产实践生产出各种各样的食物来满足人们生存的需要，原先的树叶和杂草所具备的价值逐渐消失。在基本生存需要被满足后，人类的发展不仅局限于物质的享受，而进一步追求安全感的保障、精神的满足、获得感的增强、幸福感的体现、人的自我实现等，于是出现了很多的诗歌、舞蹈、绘画和乐曲等。此时，单一的物质价值追求逐渐演变为更高层次的精神价值追求，价值形态也由单一开始走向多元化，这些也是在人类社会实践中完成的。在精神价值的追求过程中，我们也发现了并非所有的精神元素都是有益的，必须将一些对人类没有任何价值甚至有负价值的东西加以归类、辨别、消除，同样这一过程也是在社会实践活动中得以实现的。正如马克思所说："因此，对于这个世俗基础本身应当在自身中、从它的矛盾中去理解，并且在实践中使之革命化"[③]，即实践是消除宗教异化这类负价值事物及其世俗根源的根本途径。总之，价值形成并非是一成不变的，它在生产实践活动中保持着变革更新的动力，并且在社会生产实践中得到不断的发展和完善。

因此，价值问题作为人在现实的实践和生活中所面临的一个基本问题，是在实践中产生、在实践中解决、在实践中发展的。人类的社会生产实践活动是一切价值的根源，也是理解人类价值问题的基本场域。

---

① [阿根廷]方迪启：《价值是什么——价值学导论》，台北：联经出版事业公司1986年版，第124页。

② 《马克思恩格斯选集》第4卷，北京：人民出版社1995年版，第695页。

③ 《马克思恩格斯选集》第1卷，北京：人民出版社1995年版，第55页。

## 三、现实的个人:马克思价值思想研究的旨归

“现实的个人”是马克思唯物史观中的一个重要概念,是马克思在批判黑格尔人学观点之后,研究社会历史问题的逻辑基点,也是研究价值问题的落脚点与归宿。在《德意志意识形态》中,马克思、恩格斯在全文中一再强调“现实的个人及其活动”的不可或缺性,对那种抽象的、忽视现实的人的观点进行了犀利的批判。马克思这里所指的“现实的个人”是由个人的现实活动与个人的现实生活所需要的物质条件等构成的。

价值问题是人类现实生活中的实际问题,价值排序是人类在现实生活中不可避免的实际问题。人们总是根据自己的需要与客体的属性来决定价值选择,进行生产和创造,对价值的预估、生产、分配、消费等等贯穿于现实生活的方方面面,而不是抽象得如海市蜃楼,遥远得在千里之外,与我们的生活相距甚远。因此,研究价值问题必须回归到现实生活中来,必须从现实的个人出发,去拨开价值理论所披覆的神秘外纱。马克思通过对“现实的个人”深入而具体的分析,为我们研究价值问题找到了最终的旨归之处。

与先前的哲学家相比,马克思的深刻之处在于他不是从意识、幻相等角度去分析价值问题,不是完全从主体的精神或者心理状态来研究价值,也不是从先验的、抽象的意义上界定价值,而是回归到现实的个人和人的现实生活中来发现价值。在马克思那里,“现实的个人”具有以下与“人的价值”密切相关的权利和规定性:

第一,生命权是现实的个人存在的基础,也是价值存有的载体和前提,这个前提是最根本的,具有绝对的基础性意义。显而易见,很多人会认为现实的个人必须是有生命的存在,这是先在的;但是唯心主义者却不这么认为,观念、意识或幻相会成为第一性的东西。对此,马克思、恩格斯在《德意志意识形态》中就专门说到:“全部人类历史的第一个前提无疑是有生命的个人的存在。因此,第一个需要确认的事实就是这些个人的肉体组织以及由此产生的个人对其他自然的关系。”①所谓“人类历史”就是有生命的个人的历史,而不是神化人物的历史。所以,在此,我们必须强调,现实的个人必须是有生命的个人,而不是没有生命体征或者神化出来的顶礼膜拜的对象。“有意识的生命活动同动物的生命活动直接区别开来……也就是说,他自己的生活对他是对象。仅

① 《马克思恩格斯选集》第1卷,北京:人民出版社1995年版,第67页。

仅由于这一点,他的活动才是自由的活动。”[①]人是具有生命价值的存在,其前提就是有生命、有意识的个人的存在。价值的主体就是有生命的个人,价值对于无生命的个人是不存在的,是无法进行测量、选择和评估的。

第二,现实的个人并不是抽象的、静止的,而是从事生产实践的个人,这是对生命权的尊重,也是对个人劳动权的保障,是人之价值的进一步提升。随着人类的诞生,与动物的区别日益明显的主要标志就是生产实践。马克思、恩格斯曾说:“一当人开始生产自己的生活资料的时候,这一步是由他们的肉体组织所决定的,人本身就开始把自己和动物区别开来。”[②]作为一个现实的个人,为了满足自己的吃穿住行,满足自身多样化的需求,必须从事生产实践,用双手和智慧去生产和创造自己需求的生活资料。所以说,现实的个人由于自身需求的多样化和生活环境的复杂化,他们必须要从事生产,而不是仅仅像动物一样简单地寻食而生存。所以,现实的个人是从事生产实践的个人。在生产实践中,价值主体创造出多种产品来满足自身或他人的物质需要,价值主体之间的相互交往满足了人作为人的交流发展需要,即共同体生活的需要。在生产实践的过程中,价值主体不断发展和成长,生命权和劳动在结合的过程中实现了自己的价值,找到了人之存在与价值存在的基本意义。

第三,有生命的个人存在以及与此相关的社会实践,构成了整个现存世界的基础。现实的个人是社会性的个人,在社会关系中体现交往权的价值。马克思在《关于费尔巴哈的提纲》中就曾说过——人是一切社会关系的总和,这是在超越传统个人原则和社会原则二元对立抽象的基础上,提出的富有洞见的本质性认识。个人生活在这个社会中,为了满足自己的基本物质生活需要、交往需要、情感需要,与外界、与他人发生各种各样的关系,如商品买卖关系、恋爱关系、亲人关系等等,这些关系的产生使得个人成为一个具有社会性的个人,而不是一个孤立的“原子式”的个人。所以,马克思、恩格斯又提到“以一定的方式进行生产活动的一定的个人,发生一定的社会关系和政治关系”[③],也就是说从事物质资料生产实践的个人,必定会与他人发生各种社会关系。同时为了维护自身的权利和利益,不得不让渡部分权利,参加一个社会组织或者成为某个部落的一员,从而形成马克思、恩格斯所谓的“政治关系”。所以,现实的个人是社会性的个人,而“不是处在某种虚幻的离群索居和固定不变状态

① 《马克思恩格斯全集》第 42 卷,北京:人民出版社 1979 年版,第 96 页。

② 《马克思恩格斯选集》第 1 卷,北京:人民出版社 1995 年版,第 67 页。

③ 《马克思恩格斯选集》第 1 卷,北京:人民出版社 1995 年版,第 71 页。

中的人”[①]。在价值问题当中，现实的个人只有具备社会性，才能够将自己生产的产品交换给他人满足他人的需要，或者从他人那里获取物品来满足自身需要，从而实现自身的价值和使自己的需要得到满足，离群索居的荒岛个人不能发现自身的存在意义而认识到价值问题。因此，社会交往以及由此产生的社会关系是价值和价值关系的重要保障。

第四，现实的个人是感性的个人，与外界发生活生生的关系，在个人与外界的联系中，体现了现实的个人的创造权的实现。现实的个人通过感性活动即物质生产活动来满足自己的基本需要，同时现实的个人也通过感性活动来体现自然本性、发展社会关系和提炼丰富社会意识。感性活动不仅是自然生命的活动，更是一种主观能动性的创造性活动，当然更加是价值性、社会性的活动。我们认识到，感性的个人不能像费尔巴哈那样仅仅局限于个体的单纯的直观认识和单纯的感觉；同时，感性的个人也不是某种开天辟地以来就存在的、一直未变的，他是社会日益进步和人类文明的产物，是在社会发展和商业交往中变化和发展着的。所以我们要“从那些使人们成为现在这种样子的周围生活条件来观察人们”[②]，不能停留在抽象的个人的阈限当中，那种仅仅限于感情范围内所认为的现实的个人是片面的。价值问题特别是价值排序同样是一个感性的问题，价值不仅存在于那些固定的物质产品中，而且会根据主体的需要、偏好和倾向不断变化，是根据感性的个人的需求而不断变化的。每个感性的个人发挥自身的主观能动性，主动地去挖掘自身的各种不同需要，从而创造和发现更多的价值，这种价值是衍生的、动态的、变化着的。

第五，现实的个人是有需要的个人。尊重人的需要，多层次地理解和满足人的需要，是马克思共产主义理论的起点，也是人之价值关系中发展权的基本体现。人的生存是人类历史的首要前提，马克思说“人们为了能够‘创造历史’，必须能够生活。但是为了生活，首先就需要吃喝住穿以及其他一些东西。因此，第一个历史活动就是生产满足这些需要的资料”[③]。此外，“已经得到满足的第一个需要本身，满足需要的活动和已经获得的为满足需要而用的工具又引起新的需要，而这种新的需要的产生是第一个历史活动。”[④]所以说，现实的个人是有需要的个人，不仅有生存需要，还有发展需要。有需要的个人恰好

① 《马克思恩格斯选集》第 1 卷，北京：人民出版社 1995 年版，第 73 页。
② 《马克思恩格斯选集》第 1 卷，北京：人民出版社 1995 年版，第 78 页。
③ 《马克思恩格斯选集》第 1 卷，北京：人民出版社 1995 年版，第 79 页。
④ 《马克思恩格斯选集》第 1 卷，北京：人民出版社 1995 年版，第 79 页。

就能满足价值主体的基本特征。现实的个人有多种多样的需要，这些需要会指向不同的对象，这些对象就构成了不同的价值客体；此外，这些需要的对象又是源于需要的主体，又必须折返到需要的主体中，这些就是价值主体。价值主体通过社会生产实践这一活动使价值客体满足自己的需要，这就形成了价值关系。人类社会的价值关系就是在这样的“需要——满足”过程中不断得到发展和完善。

第六，现实的个人是自由的个人，是具有寻求自由权实现的价值存在。马克思倾其一生致力于人类的解放事业，为的就是每个人的自由的全面的发展，建立“这样一个联合体，在那里，每个人的自由发展是一切人的自由发展的条件”[①]。对此，尼古拉・别尔嘉耶夫曾说：“自由不再指消除人在自然生命需要中，在自然界以及在道德良心进行社会选择中的障碍，更重要的是指消除人的深层次上的内在的精神障碍。简言之，自由即精神自由，即人的个体人格向着上帝进行超越。”[②]在此，别尔嘉耶夫道出了精神自由的真谛，他强调的是自由高于存在，精神高于自然，主体高于客体，个人人格高于共相普遍的事物。但是，现实的个人不能一切都被客体化，现实的个人必须焕发出巨大的积极性和主动性，护卫自身的自由和独立。所以，马克思、恩格斯在《德意志意识形态》中就要求那些聪明的哲学家把“人”从那些词句的统治下解放出来，并且提出了解放的方式——“只有在现实的世界中并使用现实的手段才能实现真正的解放”[③]。

价值问题是有关人的问题，只有从现实的个人出发，我们才能更好地理解人与自然、人与社会、人与人之间的各种价值问题，才能更好地理解人们做出的价值选择，才能更好地理解人的需要，承认现实生活中人所追求的利益，这是正确理解价值问题的应有前提，这正如俞吾金所说：“自觉地把当代生活中的本质性的价值导向带入到对历史事件、历史问题和历史经验的解读中去才是正确的。”[④]

总之，马克思早期以历史唯物主义的全新视角研究价值问题，在价值介入的研究方法中尝试对异化劳动进行分析和评价，发现了异化劳动的种种负价值，揭示了价值的产生与转移的本质；同时，马克思从社会生产实践入手，深刻

---

① 《马克思恩格斯选集》第1卷，北京：人民出版社1995年版，第294页。

② ［俄］尼古拉・别尔嘉耶夫：《人的奴役与自由——人格主义哲学的体认》，贵阳：贵州人民出版社1994年版，第8页。

③ 《马克思恩格斯选集》第1卷，北京：人民出版社1995年版，第74页。

④ 俞吾金：《人体解剖是猴体解剖的钥匙——历史主义批判》，《探索与争鸣》2007年第1期。

分析了价值主体和价值客体及价值关系如何在实践中形成与发展；并且，马克思把对价值关注的落脚点放在“现实的个人”，认为人类社会是价值问题研究的重要载体。因此，“价值应当还是不应当的问题直接取决于时代的生活方式和交往需要。从现实的人的物质生活条件内部去探求某种价值应当是马克思主义价值论的必然要求，而对基于‘物与物的关系’所反映出来的‘人与人的关系’的认知和批判代表了马克思在形而上学之外解析价值问题的核心内容。”①可以说，虽然马克思早期价值思想研究中还存在一些概念的混淆与重复、价值主客体关系与劳动价值论之间的关系需进一步理清等问题，但是“异化劳动——生产实践——现实的个人”这一逻辑清晰地构成了马克思早期“三位一体”的价值思想的构建进路，展现了马克思构建马克思主义理论体系的整体性和发展性，也为当代价值研究提供了重要的研究视角，为价值排序的研究提供了丰富的理论资源和指导思想。

---

① 焦佩峰：《马克思“价值哲学”的性质及其原则性启示》，《学习与探索》2015 年第 4 期，第 38—44 页。

价值的多元与共识，代表了对象领域中个体的迥异和实践要求的不同。价值多元的博弈以“差别”为原点，以“共同”为目标，以个体和社会不同的内在矛盾和自身要求为根据，建立比较、批判和接受的实践场与意义域。[①]

——王仕民　詹小美

# 第五章　当代中国价值排序失范及其影响[②]

卡西尔曾说过：“我们全神贯注于对种种特殊现象的丰富性和多样性的研究，欣赏着人类本身的千姿百态。但是哲学的分析给自己提出的是一个不同的任务。它的出发点和它的工作前提体现在这种信念上：各种各样表面上四散开的射线都可以被聚集起来并且引向一个共同的焦点。”[③]卡西尔的这段话说明了多元化的时代给予我们新的时代任务：如何在纷繁复杂的多元世界中寻求共同的焦点——共同道德（共同价值观）的建构与认同。然而，在当代社会条件下，社会转型和急剧发展中的弊端、全球化和多元化的影响、多种现代性的交织，使得当代中国出现了某种“价值观的迷误与失序”，使“人们的认同处于不断的建构——破裂——建构过程中，剧烈变化的现实使得一种认同刚刚确立，瞬间又变得虚无缥缈”[④]。这种价值迷误和失序有多种呈现方式。具体说来，当代中国价值排序的困境主要表现在政治认同的式微、文化安全的威胁、道德冲突的加剧和宗教信仰的失序等方面。

---

① 王仕民、詹小美：《价值多元语境中的政治认同》，《哲学研究》2014 年第 9 期，第 95—101 页。

② 该章部分内容以《论当代中国的价值排序及核心价值观建设》为题发表在《武汉科技大学学报（社会科学版）》2013 年第 1 期，《中国社会科学文摘》2013 年第 6 期全文转载。

③ ［德］恩斯特·卡西尔：《人论》，上海：上海译文出版社 1985 年版，第 281 页。

④ 王成兵：《当代认同危机的人学解读》，上海：中国社会科学出版社 2004 年版，第 15 页。

## 一、政治认同的式微

"认同"一词来源于德文"identital",原意指身份确认、证明、认可之意思。近年来,"认同"已广泛运用于政治学、社会学、伦理学、国际关系学等学科,主要运用的相关概念有国家认同、政治认同、民族认同、共同体认同、文化认同和价值认同等。认同是一个关系概念,总是涉及自我与他者的关系,而认同的核心问题就是价值认同。认同问题在不同层面有不同的指向和内涵,如族群认同、国民认同、文化认同、价值认同等。其中,价值认同是指人们对于基本价值的倾向性共识和认可,价值认同是所有认同的基础所在,是个体认同和社会集体认同的基础。"价值认同是指个体或社会公共体通过相互交往而在观念上对某一或某类价值的认可和共享,是人们对自身在社会生活中的价值定位和定向,并表现为共同价值观念的形成。"①具体说来,价值认同就是价值主体通过价值认知、价值评价、价值选择、价值决策等活动不断改变自身观念和价值结构,把一定社会的价值原则、价值体系、价值规范内化为自身的价值取向,并外化为一定价值行为的整体过程。

认同的实质是价值认同。"认同是主体对他者的自觉自愿的认可、接受、赞同、统一乃至尊崇,而人们总是认同那些与自己的利益、情感和信仰相一致或者相近似的东西。认同其实就是接受一套价值模式,并将其内化到个人的学习过程。因此,认同的核心、实质就是价值认同。"②我们说,一个社会的价值认同是指各个价值主体不断改变自身价值理念以顺应社会主流价值规范的过程,它体现出社会成员对社会主流价值规范的一种自发感知、自觉接受和自愿遵循的态度。当然,价值认同是分层级、分步骤、分阶段的。一个国家的价值认同受到多种内外因素的综合影响。对中国而言,千年传统文化的积淀、西方外来文化的冲击、现代性与后现代的糅合、多民族与多宗教的交汇、对合理的社会公共价值信念的呼唤以及对优良民族文化秩序的回归祈愿,这一切使得当代中国的价值认同受到多元文化的深刻影响。因此,增强中国文化软实力,重视中国文化安全,厘清社会价值观的序位,树立文化自觉自信自强之心,培育中国特色社会主义核心价值观,促进公民社会生活的有序化、归属感与和谐度成为当前的重要任务。

我们说,认同是一种身份确证,即是一个自我和周遭环境相适应的过程。

---

① 汪信砚:《全球化中的价值认同与价值观冲突》,《哲学研究》2002 年第 11 期,第 22 页。

② 聂立清:《我国当代主流意识形态认同研究》,北京:人民出版社 2010 年版,第 39 页。

但是,当主体确认自我身份的时候,总是受到一定的需求、情感和信仰等因素的影响,所以是一个与他者发生关系、发生互动的过程,涉及到排序和评价。因此,认同的问题实质上也是一个排序的过程,是一个价值选择和价值评价的过程。

认同是人类生命意义的来源,它为个体行为和价值判断提供基本的参照。同时,认同对共同体也至关重要,特别是在现代国家体系中,政治认同危机是一个社会价值失序的首要表现。白鲁恂(Lucian Pye)指出,向现代转型的国家存在着六种危机,第一位也是最基本的就是国家政治认同危机。"在大多数新的国家里,从部落到种姓、再到种族或语言集团等各种传统认同形式,都会与一种范围更大的民族国家认同的意识相冲突——认同危机也会涉及如何解决传统遗产与现代习俗的冲突问题,并且也涉及在地方性意识与世界惯例之间的两难抉择。"[①]对此,哈贝马斯认为认同危机是指价值认同的极限状态,并明确指出:"合法性某种程度上意味着政治秩序被人认可的价值。"[②]

一般说来,政治认同是指人们对于政治制度的价值、建构和运行方式的普遍性认可与基础性共识,是人们对政治体系、政治机构及其运行机制的信念和信心的呈现,是民众对于政治体系的基本评价和情感取向。"从政治主体的角度看,政治认同包括各自内部基本一致和彼此总体认可两个方面:一方面是领导(统治)集团及各个层次的政治精英能够普遍认识到自己的政治行为特别是各种资源的配置和使用必须符合人类社会发展规律,必须符合最广大人民群众的根本利益,必须防止少数人的特殊利益、局部利益凌驾于多数人的共同利益和全局利益之上;另一方面是普通民众对现存政治制度、政治指导思想及其实践的一致承认和接受,对政治领导者及精英的政治行为的普遍默示或者明示的同意、赞成、肯定或至少是容忍。"[③]在此,宋玉波等学者从领导集团和普通民众层面给出了两条加强政治认同的路径。具体对当代中国来说,政治认同首先表现在对于政权合法性、执政合理性、政策合情性等方面的政治认同的规定性和程度。可以说,政治认同构成了政治统治合法性和社会政治稳定性的重要社会心理基础,也是维持社会政治秩序的重要基础条件。

在社会转型时期,价值体系的重组重建、多种文化的交流交融、意识形态

① 白鲁恂:《政治发展的诸方面》,转引自复旦大学历史学系、复旦大学中外现代化进程研究中心编:《近代中国的国家形象与国家认同》,上海:上海古籍出版社2003年版,第127—128页。

② [德]尤尔根·哈贝马斯:《交往与社会进化》,张博树译,重庆:重庆出版社1989年版,第184页。

③ 宋玉波、陈仲:《改革开放以来增强政治认同的路径分析》,《政治学研究》2014年第1期,第32—41页。

的对话交锋等使得社会的政治认同逐渐式微，处于被冲击、淡化和消解的过程之中。这一过程主要表现在国民对政治现象的关心、执政行为的敏感、政策贯彻的热情和政治价值的关注中，这些表现的漠视、淡化和质疑是价值失序的直接表现，最终会影响中国社会整体价值认同的实现。因此，只有当政治权力主体的价值追求与政治权力客体的价值评价趋于一致时，达到价值认同的地步，政治合法性的基础才有可能真正得以构建；只有将价值共识和价值认同通过具体的政治实践性活动体现于自身追求的价值目标之中，才能为当代执政合理性构筑坚实的社会基础；只有将人民对社会生活的诉求、对政治价值的关注提升到政府制定政策方针的首要位置的时候，社会政策的合情性和群众性才能得到有效保障。所以，政治认同问题是当代中国价值认同的重要基础和主要表现，政治认同的式微、政治价值的排序失序都会成为社会认同的重大障碍。

政治认同是反映民心向背的晴雨表，是增强政治制度合理性、执政行为合法性、巩固民族国家统一性的重要保障。政治认同的最突出表现即为国民对执政党的认同感和信任感，执政党将其价值理念与价值追求，通过吸引力、辐射力、向心力、建构力等多种方式，提升认同的话语体系，巩固其合法性支持和认同。政治认同是现代政党组织高度关注的重要议题。国外一些执政党在获取和加强民众政治认同时一般采取以下路径：关注民生，淡化意识形态壁垒，调整和改革执政纲领；彰显民权，寻求多样的、有效的方式吸引更多的民众参与；限制特权，遏制腐败问题；畅通民意表达渠道，聚焦民众的利益需求等。[①]而当代中国公众的政治认同更多倚重于政治治理的过往政绩和当下表现，更多的是直观的、冲动的情感判断。因此，在政治认同的内涵中，对政府信任的问题是其中的重要内容。在当代社会，无论是发达国家还是发展中国家，政府信任的下降甚至危机已经成为国际公共治理的共同的“现象级”问题。对政府信任的下降，直接导致政治认同的式微和社会核心价值观的涣散。如果这种政府信任持续下降，甚至变为信任危机、信任崩塌，其对政权合法性和正当性的影响，将远远超过经济危机和通胀危机等的影响。因此，政府信任必须维持在一定的水平，政府信任的下降必须控制在一定范围，否则，当政府信任水平较低或者政府信任水平成为持续性的危机时，将导致公民对政府的高度不满，引发两者的严重对立。当公民排斥、远离、漠视政府，拒绝参与政府的各项活

---

① 周敬青：《国外一些执政党获取民众认同路径研究》，《中共浙江省委党校学报》2014 年第 3 期。

动时，这不仅严重影响政府形象和治理绩效，而且可能会从根本上引发政府的治理合法性与正当性危机。

在当代中国，政治认同出现某种失序和混乱的现象，有复杂的国内外环境和多重因素的影响，其中最主要的有以下几点原因：

第一个原因主要在于社会结构的日益多元化、复杂化。市场经济条件下导致的对经济利益的关注和利益格局的差异化使得政治认同出现式微的情况。基于国民认知能力的提升和利益的多元化差异化，导致国民诉求的日益多元化和异质性。一般来说，政治认同的基础和前提就是利益问题。利益关系的分配和协调直接关联到政治与社会的稳定。利益是一个内涵和外延都较为宽泛的范畴，一般是指“一定的客观需要对象在满足主体需要时，在需要主体之间进行分配时所形成的一定性质的社会关系的形式”[①]。“经济利益决定民主制形式的选择，任何民主制形式的选择都是由这选择行为背后的经济利益决定的。”[②]改革开放四十年来，在中国社会发展突飞猛进的同时，国民的各种利益诉求也呈现出复杂化、多样化和异质性的趋势，这主要表现为国有企业改制、城镇拆迁与安置、劳资纠纷、行业维权、行业霸权、土地征用、环境污染与物业维权等很多方面。当底层民众遇到社会不公现象时，政府成为了民众唯一依赖的对象。“利益是推动主体进行一切政治活动和推动政治发展的原始力量，主体所有的政治行为最终在于利益的满足和维护。”[③]然而，当政府的政治体制不够完善，治理能力有待提高，突发事件反应和处理不够及时时，国民的正当诉求不能有效表达，诉求渠道不够畅通，利益要求不能得到及时满足时，对政府的不满情绪就会不断上升，政治认同就会随之式微和消解。

第二个很重要的原因在于社会信息的网络化。根据中国互联网信息中心发布的《第 40 次中国互联网发展状况统计报告》，截至 2017 年 6 月，我国的网民规模已经达到 7.51 亿，互联网的普及率为 54.3%，可以说，我国的网络社会基本形成。新媒体的发展，包括很多自媒体（微信、微博、各类公众号等）导致信息渠道和内容多元化、复杂化，网络社会的“颠覆性”、逆反性、匿名性、多元性等特点，特别是虚假的、消极的、负面的信息快速大范围传播会严重降低公民政治认同感，还有媒介的“去中心化”、网络道德的“未在场”、网络监管的“不给力”等，都对一个国家的政治认同有着巨大的影响。因为，“网络的出现

---

① 王伟光：《利益论》，北京：人民出版社 2001 年版，第 74 页。

② 参见王沪宁主编：《政治的逻辑》，上海：上海人民出版社 2004 年版，第 223—224 页。

③ 张江河：《论利益与政治》，北京：北京大学出版社 2002 年版，第 174 页。

已不仅仅意味着信息传播技术的发展和传播媒介格局的调整，它同时也深刻影响着人们的政治行为和国家政治运作模式。同时，网络公共参与的低门槛使社会各阶层任何有参与愿望和参与能力的公民都可以通过网络表达实现公共参与，但这并不意味着网络公共参与在效果上会以均质的方式出现。网络公共参与的目标诉求、参与方式和参与效果会因参与群体间的差异而表现出不同的行为模式，这些不同的行为模式必然会通过网络这一极速传播平台对舆论的发展产生或积极或消极的影响。”[①]新媒体作为信息传播的新型快捷方式，本身缺乏对信息进行详细严格的审查，这就导致网络上充斥着一些不良信息，甚至是错误和虚假信息。网络对于消极信息的传播会超越时间和地域的限制，并且在短时间内呈弥散性、爆炸性扩散，从而导致一些极端事件的发生与扩散。

所以，新媒体的出现使得政治认同构建所面临的舆论环境更加复杂。一方面，“网络为充满异质性的多元文化传播提供了自由空间，为非主流价值发挥自身影响力提供了展示平台，这在客观上抑制了主流价值的整合功能和引导功能。”[②]同时，互联网上新自由主义、狭隘民族主义、文化保守主义、历史虚无主义、无政府主义以及西方普世价值论等社会思潮也对我国主流意识形态安全产生巨大的影响。因此，为了避免非理性网络公共参与对政治运作可能造成的不良影响，网络空间的社会治理和网络主权的维护是十分必要的。而这其中重要的部分在于对网络舆论的引导与调适。当然，在这个网络空间治理过程中，也要注意“过犹不及”，网络社会本就以自由、多元、平等的精神特质受到现代人类的厚爱，如果政府因为网络上极少部分消极信息的影响，而全盘否认网络社会的重要作用，使得网民人人自危，那结果就会适得其反。

第三也是最深层的原因在于受风险社会等多种因素影响，现代的人们过于焦虑，缺乏安全感和信任感。由于风险社会的到来已经跨越国界影响到所有人，社会性整体性的焦虑规模扩大，而社会性整体心理干预能力还比较弱，还远不能适应社会的需要。就像乌尔里希·贝克所认为的，人类社会进入了风险无所不在、“风险—分配”与“社会风险地位”成为社会的结构性特征的新时代。[③] 现代风险与现代性的发展密切相关，法律的失信、政府监管的失职、

---

① 宋玉波、陈仲：《改革开放以来增强政治认同的路径分析》，《政治学研究》2014 年第 1 期，第 32—41 页。

② 冯宏良：《信仰、认同与话语权——马克思主义大众化研究的三个重要维度》，《教学与研究》2014 年第 6 期，第 48—55 页。

③ 参见[德]乌尔里希·贝克：《风险社会》，何博闻译，南京：译林出版社 2004 年版。

专家系统的失真、社会伦理道德体系的失灵等，都有可能导致国民对政治认同的怀疑和减弱。另外，理性公民的成长和成熟还需要时日。所以，公民对于政治认同的式微的表现方式有很多种，既可以表现为理智理性的怀疑、质询等，也可以表现为感性直观的不满和抗拒、冲突等。这里，既涉及到公民的个体认知，比如基于教育和培训基础上的对政府行为的理性判断，也涉及到公民自身的经历、情感与体验等方面，比如基于情感，特别是归属感、安全感和尊重基础上的认同和信任等，还涉及到公民能否自发自觉地对公共价值进行维护、创造和践行等方面。因此，加强政治认同一方面要贯彻"共享"发展新理念，要从保障公民享受改革开放红利的基本权利入手，从根本制度上建构政治认同，从治国理政的战略、理念、方式和价值上增进政治认同；另一方面，"从总体部署和增进普遍幸福上保证政治认同、从发展内涵和方式上增强政治认同(生态文明建设、可持续发展、科学发展观)等。"[①]在中国特色社会主义建设过程中，使当代中国的政治认同超越民族、地域、文化、血缘、语言等层面的思维模式和认知方式，摒弃简单固化的阶级话语体系，从多层次立体化全方位的层面理解和解决政治认同问题。

## 二、文化安全的威胁

文化是人类共同体针对周遭环境而习得的组织其行为和思维的方式。人们基于价值取向和对生活意义的不同理解而形成不同的文化认同群体。文化给当代社会提供了社会运行过程中的价值、意义、秩序以及与此相关的支配人的行为的前提和规则。在当今世界的文化格局中，经济全球化带来的影响，不仅意味着文化在全球范围内的整合与变化，也孕育着文化的安全和威胁问题。法国前总统希拉克曾针对以消费主义为核心的美国大众流行文化的扩张发出警告："当今世界正面临着单一文化的威胁。"[②]在这一全球文化相互交融与立新重构的进程中，我国也面临着文化安全的威胁，面临着文化民族精神的严峻挑战。

"文化安全是相对于文化扩张、文化霸权而存在的，它关切的是国家文化利益是否受到了损害，国家文化权是否受到了侵犯，能否独立自主健康地发展

① 宋玉波、陈仲：《改革开放以来增强政治认同的路径分析》，《政治学研究》2014 年第 1 期，第 32—41 页。

② 转引自花建：《软权力之争：全球化视野中的文化潮流》，上海：社会科学院出版社 2001 年版，第 232 页。

个性文化是衡量国际进行文化交流是否具有平等地位的尺度。”[①]具体说来，文化安全包括政治文化、制度文化、传统文化、语言文化、传播文化、教育文化等的安全维护问题，但其核心就是基本价值的安全。《文化多样性与人类全面发展》一书中对此专门指出：“冷战之后，在中欧和东欧，在世界其他地区，我们都能看到民族自决意识的复兴。标准化的信息和消费模式在世界各地传播，引起人们内心的焦虑和不安。人们开始把注意力转向自己的文化，坚持本土文化价值观，把文化作为确定自我身份的一种手段和力量之源。”[②]可以说，多元文化的融合与冲突在全球一体化体系中的并立，使“文化安全”的概念内含着对当前国际政治经济秩序和国家共同体建设和价值认同的反诘与抗辩。文化安全作为一个具有整体性意义的价值战略理念，内蕴着政治、经济、军事的综合利益和整体诉求，体现在“文化边界”和“价值边界”不断变换和更新的过程中。

其中，意识形态安全是文化安全的题中应有之义。“意识形态的合法性认同功能应体现在对主流价值体系的维护、论证、宣传及导向的全过程，其本质内容是要在社会成员中建构具有普遍认同的由价值原则、价值标准和价值目标所构成的核心价值体系，正确引导和合理解决构建社会主义和谐社会进程中的价值诉求问题。”[③]中国共产党的十七届六中全会也指出：“文化在综合国力竞争中的地位和作用更加凸显，维护国家文化安全任务更加艰巨，增强国家文化软实力、中华文化国际影响力要求更加紧迫。”因此，在不同思想文化猛烈碰撞较量、道德价值之战从未停息并且愈演愈烈的当下，我们必须警惕各种居心叵测的价值渗透、文化同化等，坚定对中国特色社会主义核心价值观的信念与信心，有效维护社会主义意识形态安全。一方面，对于西方企图渗透进来的东西，无论是政治思想、文学艺术，还是经济体制、生活方式，我们往往缺乏深刻审慎的批判眼光，而来者不拒，一概接纳。另一方面，我们的意识形态工作在内容、形式、方式、方法、机制等方面还存在着单一化、固化、僵化的现象，这导致了意识形态工作存在成效不明显、效益不佳的现象。当下，特别是要注重网络虚拟社群对主流意识形态安全的侵蚀作用，维护主流意识形态在网络社

---

① 张云鹏：《文化权：自我认同与他者认同的向度》，北京：社会科学文献出版社 2007 年版，第 237 页。

② 联合国科教文组织、世界文化与发展委员会：《文化多样性与人类全面发展——世界文化与发展委员会报告》，广州：广东人民出版社 2006 年版。

③ 黄传新、吴兆雪等：《构建和谐社会与意识形态建设》，合肥：安徽人民出版社 2007 年版，第 208 页。

会中的权威性、话语权和影响力。

此外，当前网络文化安全的问题日益严重，其虚拟性、匿名性、跨国界性、复杂性和严重性日益挑战我国的文化安全。因此，保持中国文化的自由发展及其稳定状态，保持中国文化的独特性、自主性和影响力，维护中国文化的安全和发展，并且使之受到国民的普遍认可和基本的国际承认是当务之急。前美国总统国家安全事务顾问布热津斯基也在《大失控与大混乱》一书中说，“削弱民族国家的主权，增强美国文化作为世界各国‘榜样’的文化和意识形态力量，是美国维持其霸权地位所必须实施的战略。”[①]因此，我们必须旗帜鲜明地坚持和维护以马克思主义为指导的社会主义意识形态在我国思想文化领域的主导地位。

文化实力涉及到国家综合实力和国家形象，文化安全涉及到国家的根本利益。因此，在中国特色社会主义文化建设的过程中，我们要把维护国家的文化安全置于突出地位，并采取切实可行的措施应对我国的文化安全问题。要加强意识形态领域的工作，使之成为凝聚社会共识、引导人民向心、维护国家稳定的重要方面，加强民众对于国家的依附感、归属感和忠诚度；同时，我们在坚持传承中国优秀传统文化的同时，还要注重传统民族文化的创新，要大力促进文化产业的发展，提高文化产品的国际竞争力和世界影响力。

## 三、道德冲突的加剧

日益开放的中国社会，正发生着利益格局的多元化以及由此导致的社会结构的转型，开放性社会所诱发的失范性成为社会冲突，特别是道德冲突积聚的萌生土壤，各种利益和权力的相争又加剧了冲突的程度，就像达仁道夫所认为的：“现代社会的冲突是一种应得权利和供给、政治和经济、公民权利和经济增长的对抗。”[②]

道德冲突是人所遭遇的冲突现象的一种，也是非常重要的一种，是人们在进行价值排序和道德选择时经常面对的一种境况，是行为主体在道德选择时面临着价值观念、道德规范相互矛盾时所处的一种特殊情境，具体表现为不同道德价值以及道德标准之间的冲突，由此导致道德评价的不同，这也是社会不同主体利益冲突在道德领域中的特殊反映。“道德判断实际上表现一种人与

① 转引自王晓德：《美国文化与外交》，北京：世界知识出版社2000年版，第540页。

② ［德］拉尔夫·达伦道夫：《现代社会冲突》，林荣远编译，桂林：广西师范大学出版社2002年版，第3页。

人之间的关系，而人与人之间的关系就是我们所谓的'社会的'意思。"①

从广义上来看，任何一种道德选择都是在道德冲突中进行的，冲突意味着矛盾，就意味着必须进行选择，如果没有道德冲突的话，也就没有道德选择。从表面上来看，道德冲突就是一种行为选择上的冲突，行为者必须在两个或两个以上的行为备选项中进行单项选择。如果行为者可以放弃选择，那么道德冲突就不存在了。同时，冲突中各选项间是相互拒斥的，只能选择其一而不能同时兼选，因此，行为主体只能在给定的选项中进行唯一选择。从道德困境的根源方面说，道德困境不外乎以下三种类型：其一为需求性道德困境，简称需求困境。其二为利益性道德困境，简称利益困境。其三为规则性道德困境，简称规则困境。② 这三类道德困境具有不同的来源和性质，决定了对该困境的解决之路和超越方式也各不相同。

从本质上来讲，道德冲突是一种价值间的冲突，要求道德主体在相互冲突的道德原则或规范之间、相互矛盾的不同主体利益之间做出有利于其中某一价值的选择，并通过这一矛盾的解决实现自己的道德目的。这种行为选择反映价值取向，在行为主体选择的过程中，选择一种行动的本身或结果可能在一方面符合某项道德原则的同时又违反了另一项道德原则，选择另外一种也会产生同样的情况，为了实现一种道德价值然而却失去了另外一种道德价值，究竟该如何选择，就使行为主体进入了选择两难的境地。从这个层面上讲，行为的冲突实质上表征着价值的冲突。道德冲突在伦理学中又叫两难处境或两难选择，它可以通过虚拟的道德情景、道德故事来呈现，更是人们在现实的活生生的道德生活中不可回避的真实。对于现代人所面临道德冲突的普遍性，凯克斯曾说过这样一句话："道德冲突如海洋般将我们淹没。"同时，他又认为，"道德冲突在我们的生活中非常普及，但它们仅预示着变化，而不一定就是解构与毁灭。"③

道德困境(道德冲突)的处理方式与价值排序密切相关。价值排序既是人类道德心理的外在表征，也是道德主体伦理决策和道德选择的内在体现。但是，"如果发现道德困境中的各个不可兼得之善在价值等级排序中，或处于同一等级没有等级差异，或难以确定等级、无法进行价值排序，就不好区分二者

---

① [美]约翰·杜威：《人的问题》，傅统先、邱椿译，上海：上海人民出版社 2006 年版，第 199—200 页。

② 韩东屏：《论道德困境》，《哲学动态》2011 年 11 期，第 24—29 页。

③ John Kekes, The Morality of Pluralism, Princeton University Press, 1996, pp. 5-7.

排序的高低。"[①]在这种情况下，我们说，主张形成道德共识和价值认同，主张超越价值排序的困境，主张价值观念的统一性和连贯性，并不是要抹杀具体价值内容在现实化过程中的复杂性和冲突性。就如格雷所指出的："价值多元主义是一种旨在忠实于伦理生活的观点。如果伦理生活包含有无法理性地决定的价值冲突，这就是一个我们必须接受的事实，而不是某种我们为了理论的一致性而应该清除的东西。"[②]对此，哈特曼也认为，价值矛盾在根本上说并不必然都是相互对立的，只有价值与反价值的矛盾才是必定如此。价值矛盾也可能只是一种价值差异，或者是不同等级或系列中的价值间的冲撞。正是人类实践中价值冲突的客观存在，使人们的价值排序和行动产生了责任和担当的意义，选择某种价值而不选择其他价值，实际上也是人的一种价值承诺或回避的排序方式。

因此，真正的道德冲突，不是否定社会价值的差异性与多元化，而是表现在价值排序过程的无序和困境之中。可以看见的是，价值真空和道德失范现象成为当今中国社会存在的显性事实，处于传统和现代夹缝之中的中国民众正在经历着文化价值观念的剧烈冲突，其中价值失落感体现了现代道德示范作用的弱化，价值悬置反映了人们对于道德敏感性的淡化，价值扭曲映射了价值目标日益的世俗化，价值缄默突显了现代生活中人们对伦理规范的虚无化。集体主义与个人主义，社会的公平与正义，效率与公平何者优先，环境与发展的两难，功利主义的弊端，工具理性的大行其道等等，这些道德冲突的加剧使得当前中国社会价值排序出现了一定的盲目性、逆反性和无序性，也使得社会主流价值呈现出失语化、淡漠化、教条化、边缘化和歪曲化的趋势。

## 四、宗教信仰的失序

物质世界的多元化导致了精神需求的多样化，也导致了信仰追求的多样化。宗教作为人类信仰确定性的重要依托，既可以作为沟通不同文明体系之间文化伦理观念的可能途径，也可以作为共同体内部凝聚力和价值认同的象征。同时，宗教在历史传播的过程中往往以信仰的形式负载着一个共同体的伦理道德和价值追求。因此，它不仅可以为个人生活提供意义，是个体获得组织和社会的身份认同的基础，也凝结了人类社会共识、共享、共通的诸多价值

---

① 韩东屏：《论道德困境》，《哲学动态》2011 年 11 期，第 24—29 页。

② [英]约翰·格雷：《自由主义的两张面孔》，顾爱彬等译，南京：江苏人民出版社 2005 年版，第 46 页。

理念，是具有规范、制约和行动导向作用的价值准则。但同时，宗教信仰又具有私人化与社会化、包容性与排斥性、政治化与生活化等矛盾统一的特征。首先，“当前，个体化信仰已成为宗教神学和社会科学等方面关注的热点领域。无论是宗教的，还是个体性的终极观具有三个基本特征——与超越性力量联系、自我意识觉醒确立、构成生命价值和意义感。”[①]个体化与社会化之间的矛盾，以及基于超越性的要求对价值和意义的依赖感使得信仰问题不仅成为研究焦点，也成为现实难点。其次，信仰的包容性与排斥性矛盾，体现了“宗教信仰的实践方式是一个私人的、神秘的、难以社会化共享的信仰特征，最后出现了‘信仰却不认同’的普遍性特征”[②]。最后，宗教信仰还存在政治化与生活化之间的张力。如果生活化和政治化边界不清，信仰生活逾越边界过度政治化，则会产生重大的社会价值体系运行问题，导致信仰失序、价值失范。因此，无论是道德包容和宗教排斥的困境，还是宗教政治脱敏的进程，抑或宗教组织对社会安全稳定的影响，宗教信仰的失序失范势必会影响到当代中国的价值认同问题。

实际上，宗教问题，特别是由此引发的突发性群体事件，对社会发展造成的影响，都远远超出了其信仰人群的范围。同时，宗教作为社会群体的一种信仰和组织形态，已经成为地区发展与安全的焦点和国际关系战略的重要组成部分。宗教及其组织作为利益诉求和文化表达的重要形式之一，既引发了形形色色的冲突，也在国家和地区的文化整合中起着非常重要的作用。因此，研究“宗教能为中国社会提供什么样的公共产品，以及这些产品具有何种性质与功能；研究如何使宗教成为社会各要素间与不同利益群体间的粘合剂和社会资本增值的催化剂；研究在什么条件下宗教会变成社会和谐的异数，它的‘自变量’是什么，它的‘因变量’又是什么，从而使政府、社会和教界都有清醒的共识并形成共同认可的‘游戏规则’，使其负面影响保持在最低限度内”[③]，就显得十分有必要。同时，宗教信仰的问题与社会主义核心价值观的建设也存在密不可分的关系，我们要尊重差异，包容多样，发挥宗教文化在社会主义核心价值观建设中的积极作用，引导宗教与中国特色社会主义的积极适应，发挥宗

---

① 参见 E. B. Dent, M. E. Higgins and D. M. Wharff, “Spirituality and Leadership: An Empirical Review of Definitions, Distinctions, and Embedded Assumption,” The Leadership Quarterly, Vol16, No 7, 2005, pp. 625-653.

② 李向平：《信仰不是问题，关键是如何信仰》，载于《全球化、价值观和多元主义——全球化时代宗教、信仰与文化变迁研究》，上海：上海三联书店 2010 年版，第 99 页。

③ 金泽：《和谐社会建构与宗教研究》，《哲学研究》2006 年第 12 期，第 31—36 页。

教所具有的神圣文化和世俗文化相结合的优势，发挥信仰的普遍、永恒、绝对价值的榜样作用，并且与其他文化形态、思想潮流、意识形态联合在一起，共同建设现代社会有序的、共同的价值体系。

宗教失范意味着宗教信仰背离了宗教信仰规范的范围，产生了很多社会难题甚至是重大社会问题。宗教信仰的失范是社会所倡导的宗教文化目标与现实中这些目标的合法的制度化手段之间的断裂或紧张状态。这种断裂或者紧张状态势必会影响到社会主义中国的文化建设，扰乱社会整体的价值观构建，因此必须防止宗教信仰失范给我们的核心价值观建设带来的种种不妥和威胁之处。此外，宗教信仰的失范也还会影响到国家的文化安全，造成国家文化建设的混乱；会扰乱社会公共政治秩序，甚至还会被别有用心的人所利用，导致重大社会安全事件，给人民群众带来严重的人身安全和财产安全的危害；从长远看，宗教信仰的失范问题会影响青年一代的思想道德的健康养成，弱化社会主义核心价值观的建设等。

当代中国的道德实践让我们意识到价值排序问题作为一种社会存在和客观事实，本身不是孤立和空远的，它存在于与“他者”的关系之中，存在于个体与社会相联系的关系之中，存在于生活实践中价值排序困境和意义的深度探索中，就像迪尔凯姆所认为的：“认为有那么一种道德体系适用于任何时代的任何人民，这样的观念再也站不住脚了。历史告诉我们，有多少种社会类型，就有多少种不同的道德体系。”[①]而且，价值排序的主题与人们的道德评价和道德选择密切相关，它表达着人类对于善和正当的追求，也体现着人性和社会的复杂，表征着选择的多元。因此，我们建构中国特色社会主义核心价值体系与培育社会主义核心价值观，首先要厘清当前中国存在的价值失序现象，分析其深层次的动因，寻求其解决之道，从而更好地在人民群众的生活实践中发挥重要的价值规范和价值引领作用。

① ［法］E. 迪尔凯姆：《教育思想的演进》，李康译，上海：上海人民出版社 2006 年版，第 343 页。

社会主义的价值体系超越了自由、平等、博爱，而凝聚为公平正义。公平正义，是一种道德秩序，是一种社会制度，进而也是一套政策体系。因而，它能够从道德、制度与政策三个层面建构和支撑社会主义国家体系，并决定国家的运行与行动。①

——林尚立

# 第六章　社会公正重建的内在逻辑与实践进路②

亚里士多德说："在各种德性之中，唯有公正关心他人的善。因为它是与他人相关的，或是以领导者的身份，或是同伴的身份，造福于他人。"③可以说，公正是人类诸多美德中关联人与他人、人与社会的"集一切德性之大成者"。因此，古往今来，社会公正问题一直是人类追求的社会理想与价值诉求，是一个跨伦理学、哲学、政治学、社会学、经济学和法学的重要论题，但同时也是一个令人纠结的理论难题。据博登海默说，当我们钻研公正问题，而努力揭示其令人困惑的秘密时，往往会陷入沮丧和绝望。同时，公正也是当前中国特色社会主义核心价值观的基本内容和根本要求，是人民享有改革开放成果、过有尊严的幸福生活的基本前提，就如贺来所说："'个人自由'对于有尊严的幸福生活是重要的，但并非唯一的价值，极端自由主义的根本缺陷正在于此，它把个人自由绝对化和实体化，把它视为至终究极的唯一价值，而遗忘了有尊严的幸福生活的另一条件，那就是'社会公正'。"④

然而，由于中国社会的快速转型、经济发展的全球化、文化价值的多元化、传统与现代的交锋等多重因素使得当代中国的社会公正问题面临着价值混

① 林尚立：《以人民为本位的社会主义国家建设：政治学对科学社会主义的发现》，《政治学研究》2014 年第 4 期，第 3—17 页。

② 本章原名为《论社会公正重建的内在逻辑与实践进路》载于《哲学研究》2014 年第 1 期，人大复印资料《伦理学》2014 年第 5 期全文转载。

③ [古希腊]亚里士多德：《尼可马克伦理学》，北京：中国社会科学出版社 1999 年版，第 97 页。

④ 参见贺来：《有尊严的幸福生活何以可能》，北京：中国社会科学出版社 2013 年版，第 345 页。

乱、失序的困境，体现在贫富差距扩大、社会阶层分化、特权集团滋生、教育民生失衡与道德文化弱化等诸多方面。究其原因，社会公正缺失是现代社会资本逻辑大肆扩张超越边界、道德逻辑日渐式微渐失底线以及这两重逻辑引发的内在矛盾与冲突所致。也正因如此，使得我们必须思考社会公正重建的逻辑和进路，改变资本逻辑至上、道德逻辑式微的现状，使绝大多数社会成员能够享受社会改革和进步带来的红利，能够实现"真实的成长"，而不仅仅是GDP的增长。因此，在重建社会公正、培育社会主义核心价值观的当下，首先要厘清资本逻辑和道德逻辑这两者之间的关系，并且梳理社会主义核心价值观中公正与平等、自由、法治之间的关系，体现公正在社会主义核心价值观中的序位和作用。同时，在社会公正重建的实践进路中，要体现对"公平与效率"、"利益与责任"、"市场与政府"等三组范畴的伦理关照和现实解读，激发社会各个阶层和绝大多数人的潜能，实现人享尊严、劳有所得，使社会成员能够按照各自的贡献得到有所差别的回报。最后，为社会主义核心价值观的践行与建设提供可拓展的维度，从而重构当前中国社会公正价值的理论意义和实践路径，以体现"公正、共享、发展"这一当代社会健康的可持续发展的价值目标和道德秩序，实现社会的稳定团结与和谐发展。

## 一、当代中国社会公正的价值失序表征

在古希腊神话里，人为了保全自我，超越动物，必须过群体性城邦的生活，同时为了避免相互伤害，宙斯馈赠了人类两项美德，那就是"尊敬"和"公正"。对此，柏拉图也说："正义就是给每个人以适如其分的报答。"[①]古罗马法学家乌尔庇安亦如是说："正义乃是使每个人获得其应得的东西的永恒不变的意志。"[②]在这里，柏拉图和乌尔庇安的定义都将"应得"放置于中心位置，此界定后来也被历代思想家所承认而成为对公正的经典界说。之后，康德也曾指出："如果公正和正义沉淀，那么人类就再也不值得在这个世界上生活了。"[③]因此，可以说，社会公正以"应得"为基本价值界标，在人类生活中有着非常重要的作用，是人类个体和共同体之间维系的重要价值桥梁，也是社会共同体能够持存的基本道德条件和价值尺度。

然而，受经济全球化、社会多元化、关系货币化等因素的影响，在社会公正

---

① 古柏拉图：《理想国》，北京：商务印书馆1994年版，第7页。

② 转引自[美]博登海默：《法理学——法哲学及其方法》，北京：华夏出版社1987年版，第253页。

③ [德]康德：《法的形而上学原理》，沈叔平译，北京：商务印书馆1991年版，第171页。

问题上出现了许多价值失序、混乱的现象，主要表现在贫富差距扩大、特权集团滋生、公共资源分配失衡、道德文化弱化、对公正的敬畏感和憧憬感消失等方面，严重影响了社会的可持续发展与和谐社会的建设。

社会的不均衡发展导致贫富差距扩大，社会阶层日益分化。贫富差距与阶层分化是社会公正价值失序的首要表现和较为明显的外在指征。近年来，在大多数人收入水平大幅度增长的同时，相当规模的群众尤其是农民收入增长缓慢，出现了比较严重的利益分化，并且一些弱势群体被边缘化，相对贫困人群不断增大，与社会精英群体的贫富差距不断扩大。由此，社会不公现象日益出现群体化、规模化、集中化、扩散化趋势，城乡差别、东西部差异、南北差别、职业差别、性别差别、年龄差别等都贯穿着贫富差距这一中心差异而愈发明显。对此，吴忠民指出："日益严重的社会不公正现象势必会造成社会各个群体之间的隔阂和抵触，当其积累到一定程度时，必定会进一步损害社会各个群体之间的团结与合作，造成社会的不安甚至动荡。"①进一步来讲，贫富差距扩大已然成为当代中国社会公正价值失序的本源性、根源性表现，并滋生出其他一系列衍生问题，比如弱势群体日益边缘化失语化、普通百姓遭遇不公维权困难重重、报复社会的极端恶性行为频发等等，都已经成为社会公正重建的重大障碍。因此，只有在当今社会价值导向中强调权利平等、成果共享、共同富裕、关怀弱势群体、保障生存底线，不断追求缩小贫富差距这一价值目标，才能为社会公正的重建重构奠定坚实的基础。

同时，社会不均衡发展导致特权集团滋生，强势霸道行为引起群众极大不满。社会贫富差距的扩大以及必要的权力制约监督机制与完善有效的法律体系的缺乏，致使我国现阶段的政治精英、经济精英和知识精英等三大精英群体之间出现了某种利益结盟的苗头并有迅速扩张之势，"官本位"和"钱本位"等理念渗透社会生活的各个领域。各个阶层之间流动停滞甚至阶层固化，导致特权集团滋生泛滥，社会不平等、不公正结构被复制，腐败现象层出不穷，社会结构扭曲失衡，资源配置缺乏公平的博弈，致使国家对社会的控制力下降，政治认同堪忧。国民对执政党的地位、政权的正当性、政策的合情合理性、经济政治制度的关注和认同降低，特别是影响重大的社会不公事件导致公众对于政府和执政党的信任日益处于徘徊和动摇之中，仇富、仇官现象日益严重。对此，王海明指出："社会或国家公正，说到底，乃是社会或国家领导者的管理活

---

① 吴忠民：《社会公正研究的现状及趋向——几年来国内学术界社会公正研究述评》，《学术界》2007年第2期，第8页。

动的公正，是管理行为的公正。”[①]因此我们说，社会公正从某种意义上讲是制度公正和权利公正，而特权集团的行为破坏了制度的权威性和公正性，影响了政府治理的效率和威信，成为了社会不公现象的重要来源和社会公正重建的主要阻碍。

社会发展的不均衡反映到民生领域中，就是公共资源的分配严重失衡。改革开放近四十年来，利益主体多元的社会格局已经形成，各个社会主体都需要教育、医疗、就业、社会保障等公共资源以获求自身的生存与发展。然而，由于贫富差距的扩大和特权集团的滋生，社会公共资源被控制在少数利益集团手中，政府对公共政策的制定缺乏各方利益主体公平的参与和价值博弈，公共资源配置倾斜过度，对教育、民生、医疗、就业缺乏应有的关注度。这方面突出的表现就是政府在基本民生方面公共投入比例过小，教育资源短缺、公共教育事业滞后，民生保障事业落后，“奢华型”行政建设大行其道，特权集团占用有限的教育医疗资源等等。政府的价值思考定位与价值关注重心出现了偏差，不能更好地发挥政府的治理和价值导向作用，本应共同享有这些公共资源的大多数人却分享不到基本的生存、发展资源，公共资源的分配出现狭隘化、倾斜化和僵硬化的趋势。这正如孙伟平所指出的那样：“这实际上是以政府的主体性取消了具体的、多层次的、多元的价值主体的主体性。”[②]可见，忽视多元价值主体的多种需求，进行不合理的价值排序定位，致使教育民生失衡、公共资源分配不公、人道主义缺失，成为当前中国社会公正价值失序的明显表现。

最后，社会的不均衡发展导致道德价值弱化，公民道德建设面临危机。社会不公现象的日益显现可以说是民众积怨鼎沸的渊薮，仇富仇官情结的蔓延致使群情激愤，道德相对主义极端化以致虚无主义的泛滥，表现为当前中国各种社会道德问题的频频发生，彭宇案、小悦悦事件、厦门公交爆炸案、“俞兴伟现象”等无一不体现了社会不公导致的道德文化的弱化以及民众对道德规范的漠视。伦理道德的失范、无序和困境等显性事实凸显了人的附属性、依附性和派生性，即彰显了人为达到某种结果和目的的手段价值、外在价值，而不是人自身就能作为目的满足道德需要的内在价值、目的价值。因此，社会不公最终所导致的是对社会、对政府、对制度和对他人的不信任，人与人之间的关怀和温情日益缺乏，基本的道德底线不断被挑战，社会公共道德的体系不断被侵蚀，社会公正面临着失衡失序的严峻困境。同时，从现阶段我国国民的社会心

---

① 王海明：《公正与人道》，北京：商务印书馆2010年版，第38页。

② 孙伟平：《价值哲学方法论》，北京：中国社会科学出版社2008年版，第215页。

理意识来看，已经进入了对社会公正问题的集中感知和集中表达，甚至是集中爆发（吁求）的时期，“自媒体”的“自表达”式的诉求方式逐渐呈现，越来越呈扩大化趋势，也使得社会不公正问题的处理呈现出整体性、趋同性、综合性等特点。

可以说，社会公正的核心概念就在于共同体中每个人的“应得”。个人的社会应得实现与否关乎民众的基本生活和社会发展，社会公正的制度安排和有序运行，关乎民众的基本权利和基本诉求。若社会公正出现较大问题，就必然引发社会冲突，甚至引起社会动荡。

## 二、社会公正的二重逻辑失衡及影响

一般说来，社会公正源于人们对自由、平等、互助社会的向往，其动力就是通过建立新的社会组织为所有的人争取平等的机会，使他们都能摆脱愚昧、压迫和贫困，在其共同生活的一切领域中自由发挥自己的个性和能力。因此，社会公正有两个基本的价值目标取向，其一是让共同体内的全体成员享有社会发展成果的权利，体现共享、共赢的价值理想；其二是保证共同体成员自由发展的空间和权利，体现独立、自由的价值理想。这两个价值理想是社会公正的有机组成部分，缺少其中一项，社会公正就会丧失其应有的意义。然而，当前的社会环境却面临着：“共享共赢”价值缺位导致社会公正失序，贫富差距扩大；“自由平等”价值缺位导致社会公正失源，社会失去活力变成死水。究其根本原因是与市场经济发展和功利主义影响下资本逻辑扩张，金钱逻辑至上，从而导致道德逻辑式微，理想信念观念弱化密切相关。

马克思指出：资本有一个奇怪的逻辑，它有一个“天生固有的规律”，即“凡是人类所能提供的一切剩余劳动都属于它”。[①] 可见，资本逻辑就是不断通过竞争、扩张使其在运动中增值的逻辑，只要资本存在，这一逻辑就会发生作用，不择手段地追求利润以及最终利益的最大化。也有学者概括资本的双重逻辑为：创造文明的逻辑和资本增殖的逻辑，其中创造文明的逻辑是附属逻辑，资本增殖的逻辑是核心逻辑。[②] 可以说，资本逻辑占主导的资本主义展现了令世人惊叹的创造力，建构了庞大的世界市场，也给予了每个个体极大的主动性和能动性。“资本主义社会中所出现的众多方面的现代性，不仅是资本逻辑的

---

① 马克思：《资本论》，第1卷，北京：人民出版社1975年版，第447页。

② 参见刘志洪：《论资本的核心逻辑与附属逻辑》，《马克思主义与现实》2017年第1期，第29—37页。

外在表现与结果，同时也是资本逻辑的内在条件和内在机理。离开了这些现代性，资本运动就不可能正常进行。且不说自由、平等、理性、民主等是资本逻辑得以贯彻的内在要求，就连我们经常提到的信用观念、时间观念、契约观念、效率观念等都是资本运动不可或缺的内在因素。"[①]诚然，资本运动及资本逻辑具有其自身的合理性和对人类世界的进步意义。但是，资本逻辑的极度扩张，在产生巨大创造力的同时也带来了令人恐惧的破坏力，在建构世界市场的时候，也将市场经济与道德良心的冲突扩大至极致，在给予个体能动性的同时也使他们异化成为市场和资本冲动的畸形主体。

不管何种社会，资本的这一本性有其存在的必要性，它极大地促进了生产力发展，确认了人的主体性存在，为人的自由个性发展提供了坚实基础。赫勒强调现代性有三种逻辑——技术的逻辑、社会地位的功能性分配的逻辑和政治权力的逻辑，[②]实际上这三者集中体现的正是资本的逻辑。并且，在全球化的影响下，资本逻辑的影响力更显巨大。马克思在《1844 年经济学哲学手稿》中的预言已然成为现实。资本作为"人类本质力量的异化"，肆无忌惮地横扫世界各国的市场经济，已经成为人类命运的真正主宰，而被异化的人们得不到自由，他们的行为与抉择都按照"资本逻辑"运行。我们说，货币、资本在给个人带来所谓经济自由的同时，也剥夺了生活原本应具有的多维指向和丰富内容，由此造成了现代人生活丰富意义的丧失。货币经济确立起的抽象价值对一切具体事物和具体价值的绝对控制权和影响力，造成了对现代社会价值秩序的根本性颠倒。换句话说，物质主义、拜金主义、价值相对主义、虚无主义等思潮都是"资本逻辑"主宰的结果。对此，孙正聿专门提出过资本逻辑影响的三个表现：其一，资本逻辑体现在资本是资本主义社会中统治人们全部生活的终极的"绝对存在"和"绝对价值"，也即资本主义社会的最高原则和标准。其二，与此相关，资本逻辑还体现在它是一种吞噬一切的"同一性"和"总体化"的控制力量。其三，资本逻辑的统治，还体现在它是一种试图永远维护其统治地位、使现存状态永恒化的"非历史性"的作为保守力量的资产阶级意识形态。[③]

社会公正的实现受到资本逻辑的明显制约。资本逻辑的作用导致了贫困和社会的两极分化，也是社会利益冲突的根源。当前中国正处于物质逐渐丰富、利益极度膨胀的社会转型期，人们将资本逻辑奉为圭臬，以至于资本以非

---

① 丰子义：《马克思主义社会发展理论研究》，北京：北京师范大学出版社 2012 年版，第 285 页。

② 参见[匈]赫勒：《现代性理论》，李瑞华译，北京：商务印书馆 2005 年版，第 95 页。

③ 孙正聿：《马克思主义基础理论研究》，北京：北京师范大学出版社 2011 年版，第 840—842 页。

一般的强势姿态深刻改变着我们的生产方式和生活方式，重组着当前社会的价值秩序，同时也引发了更深层次的危机。在资本逻辑至上的影响下，利益关系成为最普遍的价值关系，很多道德主体，包括政府、企业和个体等在资本与道德之间选择了前者，或者说将资本视为主导性和本位性价值，直接影响到了社会公正的确立和实现。

从政府作为价值主体来看，资本逻辑的至上性使得政府的价值思考定位出现了偏差，GDP 导向、政绩导向、结果导向成为其工作的目标取向。单纯追求经济的高速增长，不注重环境资源的保护；公共投入过分关注形象工程，社会保障事业相对落后；以自身利益作为工作出发点，忽视百姓民生问题，凸显利益价值的至高无上性，社会不公现象日趋严重。从企业作为价值主体来看，遵循资本逻辑毫无限制地追求效率原则以实现利益的最大化，对自身所应担负的社会责任视而不见，一些企业对于社会责任道德缄默，甚至出现道德真空的现象。震惊全国的富士康事件、毒奶粉事件、苏丹红事件等正是企业在资本逻辑至上性演绎下的严重恶果。从个体作为价值主体来看，以权力、财产、地位、名声为本，以人暂时的利益、虚假的需求、扭曲的欲望为本，生存于对利益的深度渴求与扭曲探索中，自动回避或逃避社会公正问题。民众之间感受不到相互之间的尊重与信任，对政府的服从也不是自觉自愿，这对于整个社会中的长足发展是极其不利的。对此，鲁品越就曾指出："资本只追求自身在资本的循环中不断增值，而没有使剩余价值回到人类自身，回到与人类生存发展休戚相关的自然环境与社会文化环境中。由此，形成了社会经济的断层、自然资源与环境发展的断层和人类自身发展的断层，从而造成危机。"[①]而这一系列的危机从某种意义上讲，正是社会公正价值失序的表现，可见，奉行资本逻辑至上这一价值原则是当前社会公正问题的深层内因之一。

资本逻辑愈演愈烈，吞噬和蚕食着道德的空间，使之愈来愈没有容身之地，两者的扭曲失衡致使人们在现实生活中面临着各种价值情境和现实困境，道德冲突和价值困惑像海洋般淹没着我们。正如麦金泰尔所说："当代道德话语最显著的特征乃是它如此多地被用于表达分歧；而这些分歧在其中得以表达之各种争论的最显著的特征则在于其无休无止性。"[②]从社会宏观层面来看，表现为政治认同的式微、文化安全的威胁、道德冲突的加剧和宗教信仰的失范等方面；从共同体中观层面来看，主要表现为经济与道德的逆向剪刀差日

① 鲁品越：《社会主义对资本力量驾驭与导控》，重庆：重庆出版社 2008 年版，第 82 页。

② [美]阿拉斯代尔·麦金泰尔：《追寻美德》，宋继杰译，南京：译林出版社 2008 年版，第 6 页。

趋严重，社会非均衡发展导致公平正义问题凸显，贫富差距扩大导致社会危机问题频现，社会公众事件处理不当导致政府和市场公信力下降；从道德个体微观层面来看，主要表现为最美现象与最丑现象的鲜明反差，困惑着民众的道德判断和价值取向，公共文化和核心价值的匮乏，社会对善恶是非这些最基本的问题普遍持有实用主义和相对主义的暧昧态度，导致了道德个体在价值上的某种虚无主义。

因此，在这种资本逻辑大肆扩张、道德逻辑日渐式微的情况下，我们要重视社会公正失序的严峻现实，重建社会公正的基础，提升人的尊严和人的价值。重建社会公正就是要恢复人的实践理性和道德责任，这正如康德所说的："实践理性呈现给我们一条纯粹的、脱尽一切利益的道德法则，以供我们遵守，而实践理性的声音甚至使胆大绝伦的罪人战栗恐惧，不得不闻而逃匿。"①

## 三、"公正"的核心价值观序位与社会培育

在中国传统社会中，每个人都有自己的身份归属和相应地位，人与人之间处于垂直的等级关系之中。在现代社会主义社会中，人与人之间的关系应该是"平等"的，即不允许任何特权及特权集团的存在。与平等观念相对应的就是"公正"观念。而公正不仅仅意味着一个人会得到与他付出的劳动相应的报酬和奖励，同时也表明，整个社会对资源的分配是公平的、合理的，这就为人民的生活提供了良好的政治生态环境。与此同时，在社会主义社会中，每个人都拥有法律所规定的"自由"。正是这种自由，为人们以合法合理的方式追求自己的利益和自己心目中的幸福、为社会主义社会物质生活和精神生活的繁荣提供了巨大的精神动力。当然，毋庸置疑，个人的自由权利和人与人之间的平等关系都要靠"法治"来维系。由此，我们可以看到，公正与自由、平等、法治之间存在着天然的、密切的关系。"因为人的价值活动本身就是一个历史性过程，离开了人与人类生存、生活、发展的社会历史过程，价值就不可能得到真正的理解和解释，因此，价值论研究必须体现出价值的历史维度，即将价值置于人的社会历史过程之中，将价值看作是一种在时间的流逝中产生自己的效应、体现出自身特点的过程。"②所以，对公正价值的考察也要体现在历史环境和具体语义中。在中国共产党的十八大报告中，公正与自由、平等、法治等一起

---

① [德]康德：《实践理性批判》，韩水法译，北京：商务印书馆 1999 年版，第 86 页。

② 孙伟平：《价值哲学方法论》，北京：中国社会科学出版社 2008 年版，第 152 页。

被作为社会主义核心价值观的重要内容，既体现了它们四者之间的密切关系和从社会层面上对道德主体的基本要求，同时也要求我们厘清“公正”价值在当代社会中的价值序位，以求真正体现社会公正的意义维度和现代培育路径。

要真正实现公正，首先离不开人之自由主体和自由精神。“自由”这一价值原则和行为取向是现代文明的重要标志，也是现代意义上的社会公正的重要支持理念。公正是对自由概念的一种明晰与确认，并与真正的自由的本质意蕴相同。马克思倾其一生致力于人类的解放事业，为的就是实现每个人的自由的全面的发展，建立“这样一个联合体，在那里，每个人的自由发展是一切人的自由发展的条件”[①]。那么，何为自由？康德在本体论意义上提出的自由为：“自由即是理性在任何时候都不为感觉世界的原因所决定。”[②]康德所言自由是人的自我意识的充分觉醒，人的本性实现的理想状态，以及对自身存在意义的深切关注，彰显的是一种自主、自为、自决、自律、自觉的态度。卢梭曾说人生来自由，但无往不在枷锁之中。马克思认识论意义上的自由是对必然性的认识。伯林的“双重自由”是对自由的一种限制，使人不能为所欲为或任意选择，成为不自由，或枷锁中的自由，突破枷锁便是追寻自由。[③] 因此，可以说，“人类学本体论意义上的自由强调的是个人在社会行为中的自我意识和不可推卸的责任感。离开这种意识和责任感，个体的历史性就消解了，个体就变成了一个抽象的认识容器。”[④]我们说，自由地行动就是自觉自律地行动，就是根据“我”给自己所立的法则而行动——而不是听从于本性或社会传统的指令。此时的自由不是根据外在于我的规定性，即不是“他律”而是“自律”的表现，这就需要承担道德责任，进入“应然”视域中的话语体系，也进入到公正的本质规定层面。

我们对自由的认识不能仅仅停留在认识论的基础上，因为由自由和选择带来的问题远远超出了认知的范围，远远超出个体的范围，涉及到生命、道德、责任以及宗教信仰等问题，并且在社会共同体里，自由的真正实现是与社会公正分不开的。恩格斯就在《反杜林论》中论述到自由概念时写道：“自由不在于幻想中摆脱自然规律而独立，而在于认识这些规律，从而能够有计划地使自然规律为一定目的服务。这无论对外部自然的规律，或对支配人本身的肉体存

---

① 《马克思恩格斯选集》第1卷，北京：人民出版社1995年版，第294页。

② ［德］康德：《道德形而上学原理》，上海：上海人民出版社1986年版，第107页。

③ 参见［英］以赛亚·伯林：《自由论》，胡传胜译，上海：译林出版社2003年版。

④ 俞吾金：《被遮蔽的马克思》，北京：人民出版社2012年版，第157页。

在和精神存在的规律来说，都是一样的。这两类规律，我们最多只能在观念中而不能在现实中把它们互相分开。社会公正的本质内涵规定了更加严格、要求更为苛刻的自由观念。公正是一种价值关系的体现，更多强调的是应该、应当、责任与道德，这将自由概念控制在一个合理的空间范围内。同时，公正也强调合理与均衡，这要求价值主体对自由有个度的把握，明确对自由内含的必然性的认知，从而将自由控制在一个合理的空间内，达到利、真、善、美的统一。因此，自由就在于根据对自然界的必然性的认识来支配我们自己和外部自然，因为它必然是历史发展的产物。”[①]对此，密尔也认为，“唯一实称其名的自由，乃是按照我们自己的道路去追求我们自己的好处的自由，只要我们不试图剥夺他人的这种自由，不试图阻碍他们取得这种自由的努力。”[②]由此可以看到，人的充分的自由发展状态的获得与实现需要公正的价值保障。同时，由于自由是有限度和边界的，从这个角度出发，对社会公正的培育意义就在于，应尊重每位个体各自的努力、能力、禀赋的差异，尊重个体的发展与选择自由，同时也应关注极端自由化思潮对社会产生的负面影响。

公正与平等在很多领域被当做同义词使用，两者存在着密不可分的关系。平等体现了人之为人的基本尊严，确认了每个成员的基本权利和发展机会，可以说平等是社会公正的基础内容和基本底线。一般说来，平等主要是指社会成员应当拥有相同的基本权利，基本尊严必须得到保护和尊重，社会成员在自我发展的过程中应该得到无差别的基本平台。近些年来，平等的范围已由最初的政治平等扩展到经济平等、社会平等、文化平等、教育平等等多个方面。但仔细区分来看，两者还是有不同之处。王海明说“平等是人们相互间与利益获得有关的相同性”[③]，包括等利交换、等害交换、天资平等、收入平等、性别平等、相貌平等等。反之，公正仅是其中一种平等。公正是利害相交换的平等，除此之外的平等都在公正的外延之外。所以，就概念来说，公正从属于平等，是一种特殊的平等。同时，平等与不平等，从起因来看，可以分为自然的与人为的。“一切人，作为人来说，都有某些共同点，在这些共同点所及的范围内，他们是平等的，这样的观念自然是非常古老的。”[④]例如性别、肤色、相貌等方面的平等与否是自然原因造成的，这是不可选择的，不能进行道德评价，也没

① 恩格斯：《反杜林论》，北京：人民出版社1971年版，第112页。

② [英]约翰·密尔：《论自由》，程崇华译，北京：商务印书馆1959年版，第13页。

③ 王海明：《公正与人道》，北京：商务印书馆2010年版，第169页。

④ 《马克思恩格斯选集》第3卷，北京：人民出版社1995年版，第444页。

有应该与不应该之分。但是，人为平等从根本上讲便是一个应不应该的权利问题。法国《人权宣言》一语中的："平等就是人人能够享有相同的权利。"可见，平等更为普遍，带有更多现实成分，指向实然，相比之下，公正的"应然"成分更多一些，指向理想化的价值世界，是更高层次的价值追求。

吴忠民在《社会公正论》一书中认为，公正和平等存在三个方面的不同：一是平等存在过度的可能性，而公正不存在，所以合理的平等才具有公正的性质；二是公正的范围要更宽泛一些；三是公正概念往往倾向于认同社会，而平等概念往往存在着一种抵触现实社会的倾向。① 对此，可以看到平等对于社会公正的现代意义，主要在于应当将个体作为社会工作的重要立足点，不能以集体的名义剥夺扼杀个体的权利与自由，应该维护个体基本的尊严，也不能将平等观念狭隘理解为绝对平等，这也是将社会公正推向了平均主义的泥沼。就中国当前的现实生活来看，如果平等超过了一定的限度，反而沦为整齐划一的平均或者举着平等的幌子实际干着以权谋私、变相榨取他人劳动果实的行为，这就需要公正对其进行一定程度的制衡与约束。因此，在中国特色社会主义核心价值观的建设中，一方面我们要厘清这两者的区别与联系；另一方面，就现代社会的制度设计而言，我们更应以公正作为基本的价值取向和理念依据，以此来展开对平等、正义、公平等相似概念群的整合与运用，实现"实然"向"应然"的转变并达到两者的统一，更多关注公正价值观正当、正义、合理、均衡的特性才是我们当前更加紧迫的价值目标与价值诉求。

同时，公正是法治精神和法治实践的基本价值内涵。法治，顾名思义，就是用法律治理国家，法律作为一种行为规范体系，是应该且必须遵守的行为规范。而道德是依靠舆论、名誉、良心来实现的行为规范，是应该而非必须遵守的规范。公正作为一项价值原则，是实现法治的极其重要的一个因素，或者说公正是法治价值建构体系中的核心构成要素，起着核心、支配、统摄和引领的作用，其不仅是法治价值理念的主导价值追求，也是检验法治理想实现状况的最高价值标准。同时，若缺乏公正为法治的实现所提供的价值生态环境，那么法治也只能是不切实际的幻想。对此，周雪峰认为，法治就是用法律达到一种社会控制，"而这种社会控制是通过内涵着理性、正义之法律达到的控制状态，即通过法律使权力、权利和义务得到合理配置的社会状态"。② 其中，"权力、

① 吴忠民：《社会公正论》，济南：山东人民出版社 2012 年版，第 123—124 页。

② 周雪峰：《社会主义法治理念的公平正义观》，《武汉科技大学学报（社会科学版）》2010 年第 3 期，第 53—54 页。

权利和义务得到合理配置"正是公正价值的核心体现，以不偏不倚的原则保障社会成员以均衡的条件与机会追求权利和义务的统一。可见，公正是法治理念的价值主导原则与价值目标。同时，当今中国正处于社会转型时期，经济的全球化、文化的多元化、网络的虚拟化等促使中国各方面都发生了激烈的碰撞与冲突，社会不公现象日益严重，这就更加凸显了公正作为法治理念的价值追求的重要性与紧迫性。最后，公正所蕴含的价值内容——尊重、秩序、平等、自由、合法、合理等都是实现现代法治的基础性的价值要素，只有在社会公正的价值土壤中才能避免法治成为虚幻的泡影或者沦为无谓而又繁琐的哲学沉思。

我们说，社会公正的倡导要体现对个体选择的尊重，承认个体之间的差异，并且予以个体发展权利和空间的保障，对平等竞争和个体努力的认同。"马克思的公正观就是认为个人与个人之间、个人与国家之间在所得与应得、所付与应付上具有'相称'的关系。具体说来，包括三个方面：贡献与满足之间的相称；权利和义务之间的相称；自由和责任之间的相称。"[①]因此，社会公正作为一种价值关系，强调的是不同价值主体之间利益和责任的合理安排与调节，通过主体之间公平、公正的交往、对话、学习、沟通、合作，达到相互的理解与认同，社会公正的重建和培育也正需建基在此基础之上。

## 四、重建社会公正的三重实践进路

亚里士多德看到："没有人不同意，应该按照各自的价值分配才是公正。不过对所谓价值，每个人的说法却各不相同。民主派说，自由才是价值；寡头派说，财富才是价值。而贵族派则说，出身高贵就是德性。"[②]由此可见，社会公正作为大家最关心的问题之一，却也存在着理解和践行方面的不同立场和视角。因此，我们在剖析社会不公的种种现象的同时，更要强调从马克思主义的基本立场、观点、方法解读社会公正问题，更要积极倡导中国特色社会主义核心价值观的建设与维护，重建社会公正的话语体系与实践进路。

社会公正重建的实践进路首先在于如何处理效率与公平这一对范畴之间的矛盾。效率是人的活动实现其目的过程中的程度，也就是指人的活动与其所实现的目的之比值。人的活动效率的高低与活动的产出或效益的多少成正

---

① 袁贵仁：《论马克思主义的公正观》，《求索》1992 年第 4 期。

② [古希腊]亚里士多德：《政治学》，吴寿彭译，北京：商务印书馆 1965 年版，第 94 页。

比，它体现着生产力的属性，反映的是人与物之间的关系，是资本逻辑思维的外在表现。公平反映的是人与人之间的关系，隶属于生产关系的范畴，它规定着相对等的权利与义务、利益与责任，力图实现从“实然”到“应然”的转变，它是道德逻辑所强调的重点。由此可见，效率与公平所体现的是不同的价值形态与价值取向，如果不恰当处理两者关系，必定会发生价值冲突。但两者并非天然对立，社会公正的机会平等原则、按照贡献进行分配的原则等具有不可替代的作用，特别是在参与社会资源分配之前，机会平等原则要求摒弃“在先”的特权因素，比如家庭、身份、等级等，以公正的起点促进效率的提升。由此，如果我们仅仅停留于效率与公平理论上的不可通约性，那势必会顾此失彼，陷入非此即彼的怪圈。

而且，通常我们在评价效率与公平这对范畴的时候，会陷入一个怪圈，即只是从某一政策层面来分析社会公正的意义。其实，这是不全面的，也是不科学的。社会公正的真正意义体现在基本制度安排和具体政策导向这两个层面上。在涵盖政治制度、经济制度和文化制度的基本制度设计的价值基点上，不存在公正和效率何者优先的问题，公正具有“先在性”的价值内涵，对此不能做功利化或者短视性的理解；在具体政策实施中，由于处于不同的历史时期和发展阶段，社会各个环节不可能均衡发展、同步发展，因此，会出现何者优先、难以兼顾的问题，但是我们也应该看到，效率优先的政策取向是具有底线的，一方面它不能损害基本制度设计中的社会公正，另一方面也要避免贫富差距扩大、特权阶层出现以及不人道行为的出现。因此，我们必须要确立一个整合性的目标，以目标制约手段，达到效率与公平的融合，以公平调动人的劳动积极性而提高效率，以扩大的效益保证公平的实现。据此，也就可以理解，日本生产率研究所加藤让治所长所提出的“生产率运动三个原则”，实质上都是公平问题，所谓生产率运动的三大原则就是：(1)雇佣的稳定和扩大；(2)劳资的合作与协商；(3)成果的公正分配。

当前，过分强调效率、追逐利益已经严重影响到了社会不公，也已影响到社会长远稳定与整体和谐。因此，更加关注公平成为当前中国更加重要和紧急的价值诉求。只有认清不同的社会发展阶段，处理好效率与公平之间的排序问题，才能更好地理解社会公正的内涵、实质和界限，也才能更好地建构社会公平的实践路径，使社会公正的发展走上一条真正的现实性的道路。

其实，公平与效率的问题归根到底涉及到的是利益与责任的问题，这也是资本逻辑和道德逻辑相对应的一种现实反映。利益与责任是一对相辅相成、共生共灭的关系，责任随着利益的获得而产生，利益则是责任的价值基础。恩格斯关于利益与道德责任的辩证统一关系有着精辟的见解："资本主义生产越发展，它就越不能采用作为它早期阶段的特征的那些小的哄骗和欺诈手段……这些狡猾手腕在大市场上已经不合算了，那里时间就是金钱，那里商业道德必然发展到一定的水平。"[①]可见，利益与责任本身就是一对孪生兄弟，权利与义务的一致性、义利的合一性、道德逻辑与资本逻辑的均衡正是我们的价值追求，也是面对当前社会不公问题理应有的价值态度与价值立场。然而，追求利益与责任统一的价值定位，避免出现"道德缄默"与"责任缺位"现象，其中最根本、最基础、最原初的问题便是人的主体性地位的确证，即任何时候都应该把人——自己和他人，永远当作目的看待，才能保证主体地位的真正确立；主体意识的充分觉醒，才能成为真正的价值选择和价值评价主体。厘清利益的范围与责任的界限，才可能对利益与责任的辩证统一关系、道德逻辑与资本逻辑的内在互参性有清醒而明智的价值认知，并不断进行自我反思与批判、调整与重构，从而进行理性、公正的价值选择和道德行为。

在社会主义市场经济的今天，市场与政府作为现代社会中两个不可或缺的因素，在促进经济增长和社会进步方面发挥着重要的作用，对社会公平的重建也有着巨大的影响。正确处理市场与政府的关系是一直贯穿我国改革开放的重大议题，并且随着社会主义市场经济的发展不断丰富和深化。从某种意义上讲，市场经济是公正、平等、自由价值观念的天然温床，竞争、理性、机会平等以及公正对待是市场经济的重要原则，这些都毫无疑问有助于社会公正理念的传播和社会公正的重建，就如马克思主义所认为的，自由概念源于现代经济领域的平等交换。"如果说经济形式，交换，确立了主体之间的全面平等，那么内容，即促使人们去进行交换的个人材料和物质材料，则确立了自由。可见，平等和自由不仅在以交换价值为基础的交换中受到尊重，而且交换价值的交换是一切平等和自由的生产的、现实的基础。作为纯粹观念，平等和自由仅仅是交换价值的交换的一种理想化的表现；作为在政治的、法律的、社会的关系上发展了的东西，平等和自由不过是另一次方的这种基础而已。"[②]但是，市场经济存在很多风险因素，比如过于短视、重视经济利益、自发无序混乱，特别是经济活动的外部性强化时，市场不能实现对资源的有效配置，比如无法提供

① 《马克思恩格斯选集》第 4 卷，北京：人民出版社 1995 年版，第 509—512 页。

② 《马克思恩格斯全集》第 46 卷(上)，北京：人民出版社 1979 年版，第 197 页。

足够的公共物品等，使得资本的逻辑和利益的原则无限扩张，不择手段地寻求利润的最大化，从而产生了一系列的社会问题，导致严重的社会不公。

而且，在"市场失效"的时候，政府行为的公正与否，也考验着社会公正体系是否真正建立及有效运转。作为协调各方利益的制度政策也会受到来自由利益价值思维所主导的精英群体之间结盟的危害，由此，如何防止市场与权力之间形成合力，政治精英以"寻租"的方式扩张本阶层利益而忽视自身的道德职责，经济精英通过非市场化、非竞争化的方式实现资本增值而屏蔽伦理责任，组成"金钱政治"，造成"马太效应"的愈演愈烈，是当前市场和政府面临的一个重大时代课题。政府在社会公正重建过程中更要注意营造公正公平的社会环境，通过"益贫式共享"为弱势群体提供帮助，并且积极增益于每一位社会成员，提高社会福利水平，从保障和发展的双重维度促进社会公正重建。因此，在市场治理体系中，市场要充分发挥资源配置的决定性作用，推动社会经济更加有效、更加公平和更可持续发展；政府在保持宏观经济环境稳定、创造更加公平更加有序的市场环境方面更有作为，体现市场和政府在公平正义治理体系中的协同互动和整体推进。

阿玛蒂亚·森在《公正与全球世界》中重申了他关于"正义"的看法，强调了全球经济危机情景下公正问题的重要性和特殊性，并呼吁全球公共政策的"正义性"。对此，他也特别指出，他所提出的"正义"范畴有以下三个特点：一不是要去追求完美的正义(perfect justice)，而是关注具体的公正案例和正义理论成立的理性基础；二不仅要关注制度，也要关注人的生活问题；三关注政府的权力问题，寻求全球问题的多种选择和多种解决方法。① 因此，如前文所述，探讨重建社会公正的内在逻辑和实践进路具有重要的当代意义，这个意义在于：对于社会公正目前失序困境的解读以及对于社会公正重建的吁求，体现了对中国社会公正现状和道德状况的深刻反思，也体现了对中国改革开放近四十年各项政策实效的检验与反思；同时，这一研究可以加深我们对公正问题的认识，社会公正不是一个高高在上、遥不可及的价值理想，而是一个根植于社会和实践的具体问题。离开了对社会公正的内在逻辑的分析，人们就不可能对公正失序和重建的重大问题获得真理性认识；最后，这一研究可以加深我们对于中国特色社会主义核心价值观的认知，明确公正在中国社会主义核心

① Amartya Sen: "Justice and The Global World", 2010 Global Forum Civilization and Peace, The Academy of Korean Studies 2010, p. 10.

价值体系中的序位和作用，更好地理解公正与自由、平等、法治之间的关系，更好地理解社会公正重建所带给人类共享、发展的价值理念，从而能更好地建构和践行社会主义核心价值观。

价值观重要，在于它们如何引导社会行动。它们起这种作用的方式，是让人们理解周围世界的现状，让人们知道为什么要在其中采取有意义的行动；指引人们的注意力评估过程；给人们的行动提供社会认可的理由，可以按照大家共有的价值观向自己和旁人证明行动是有理的；还给人们提供一种社会认同的依据。[①]

——塞缪尔·亨廷顿　劳伦斯·哈里森等

# 第七章　中国特色社会主义核心价值观的理论建构[②]

在一个社会的价值体系中，存在着各种不同的价值观，每种价值观的地位和作用并不相同，这就导致了它们在价值体系价值等级序列中的位置和作用不同。在这其中，有些价值观处于核心地位，有些价值观处于从属地位，有些处于边缘地位。其中，“核心价值观是指在价值观体系中处于核心地位、统率和支配着其他处于从属地位的价值观，是一种社会制度长期普遍遵循的基本价值原则，是一种文化区别于另一种文化的基本价值观念。”[③]由此可以看到，核心价值观在当今社会中起着非常重要的作用，是兴国之魂。如今，价值观建构及其建设也成为各个民族国家以及各种组织（包括政治组织、经济组织、文化团体、社会组织等）乃至个人表达其立场、观点、愿望、理想和行为取向的核心概念。

中国特色社会主义核心价值观决定了社会主义中国价值体系中的其他价值观念，体现着中国特色社会主义的价值目标和价值理想，也决定了中国特色社会主义价值观的基本性质和本质特征。所以，社会主义核心价值观的建构

---

① ［美］塞缪尔·亨廷顿、劳伦斯·哈里森等：《文化的重要作用——价值观如何影响人类进步》，北京：新华出版社 2010 年版，第 196—197 页。

② 该章部分内容以《论当代中国的价值排序及核心价值观建设》为题发表在《武汉科技大学学报（社会科学版）》2013 年第 1 期，《中国社会科学文摘》2013 年第 6 期全文转载。

③ 田海舰、邹卫：《社会主义核心价值观论纲》，北京：人民出版社 2010 年版，第 27 页。

内含着有关中国道路的未来前途和发展命运等深刻反思的历史的、文化的、价值的等多重诉求。在全球化、多元化、信息化和市场化蓬勃发展的今天，我们不仅要确立和保障中国特色社会主义核心价值观的重要地位，更要结合新时代中国特色社会主义的伟大实践，凝练社会主义核心价值观的内在理路和表达形式；不仅要重视社会主义核心价值观概括和提炼的理论逻辑，更要关注社会主义核心价值观建构依据、建设原则和建设路径的实践逻辑。

价值哲学是哲学中的一个重要研究领域，因其与社会、个体的价值认知、价值选择甚至人的处境等直接相关，因而无论对社会还是个体都有着直接的、深刻的影响。其中，关于价值分类和价值排序的思想是伦理学和价值哲学中的一个重要问题，也是一个近年来蓬勃兴起的研究领域。在一个社会的价值体系中，各种价值观的地位并不相同，也导致了他们在价值等级序列中的位置不同。在国际关系战略格局发生重大变化、各国和地区综合实力竞争越发激烈的今天，各国都在积极培育和大力建设本国的国民共同价值观，积极倡导国民加强对于共同价值观的认同，这为价值排序理论的建构和发展奠定了重要的社会基础；同时，价值排序的研究视角也为国家核心价值观“何以可能”和“何以建设”这两个基本问题提供了一种学理依据和哲学解释，从而也拓展了当代中国特色社会主义核心价值观在文化多元化时代的“理论基点”和“建设路径”。

## 一、价值排序的视角

排序与行动是人类生活的重要表现，价值排序与伦理行为是人类道德生活的重要表现。我们说，文化和价值观是以丰富多样的形式来展现的，但总是存在着价值序位上的差别，总是存在价值排序上的优先性问题。对于价值排序的不同判据以及与多元文化密切相关的经济全球化、世界网络化、社会多层化、媒介数字化等对当代中国的价值排序和核心价值观建设产生了重大影响。并且，更为重要的是，近代以来，中国的核心文化和核心价值观处于自我否定和自我膨胀的双重纠结之中。因此，在这样的情境下，必须加强当代中国价值排序问题和核心价值观的相关研究。价值排序思想既是人类道德心理的外在表征，也是道德主体伦理决策的内在体现，无论是个体还是共同体都存在着价值排序的现象和需求。同时，作为一个新的研究论题，价值排序的研究开拓了传统价值哲学的发展视域，也增强了价值哲学在当今时代的生命力与理论活力。

价值排序是人类道德心理的外在表征。个体生命的自由表现为对自己所认为是“善”的生活方式的选择权。这个“选择”意味着在个体生命前面，存在多种生活的可能性，有多扇大门向它敞开，它可以在多种选择中去追求和创造自己的“可能生活”而不是在外在压制下进行非此即彼的“决定”。[①] 价值排序作为人类道德生活的一个重要组成部分，是人之具备自由选择能力和权利的重要体现。一般说来，价值排序的过程有搜集、设计、选择、行动和省察五个阶段，这五个阶段具体外显为：(1)价值认知，即有理性地意识到价值排序问题之存在；(2)伦理意图，即道德主体主观上选择什么样的价值原则及道德行为；(3)道德选择，即对可选择的价值原则和行动方案做出评价；(4)伦理行为，即实施伦理意图，直接表现出道德或者不道德的行为；(5)道德省察，即对上轮道德行为进行自我反省，为下一环节的价值排序提供“道德档案”。可以看到的是，这五个阶段描述了人类道德行为外显过程中的心理过程和特征，并且它们之间是相互渗透、相互影响的。

“目前我们所生活、活动的世界，已经是一个打上了人的价值选择、创造烙印的‘人化世界’，有时甚至可以说是一个‘人工世界’了。而其‘人化’的方向与程度，在很大程度上是人们自主、自由地价值评价、选择、创造的结果。因此，在看待世界、历史时，离开了人的价值活动，离开人的价值评价、选择、创造，不可能不陷入种种理论误区和实践泥沼。历史上的许多机械论者就提供了许多这方面的教训。”[②]因此，价值排序与社会文化背景、与历史经验和未来预期、与具体的行动情境是密切相连的。价值排序中道德主体的要素，如欲望、情感、目的、偏好、需求等，都与经验世界紧密相关。因此，可以说，“价值的最终实现与社会环境相关，也与价值主体相关，其中，与价值主体的相关性，主要就体现在价值实现的过程是道德主体对于价值的认知、选择、践行的过程。”[③]对此，甘绍平在《意志自由的塑造》一文中也强调，根据高施克的研究，概括出意志自由的两项原则：一是“另种选择的可能性原则”；二是“主谋原则”，即“我作为有意识的、思考着的和活动着的存在，是我的意志的载体，是我行动的原动者”。[④] 这两个基本原则一方面体现了作为人之价值排序的前提即为具有意志自由的可能性选择，另一方面体现了人之主体即为排序、选择等行为的基础要件，是人之主体的心理外在社会化的一个自然过程。同时，价值

① 贺来：《有尊严的幸福生活何以可能》，北京：中国社会科学出版社 2013 年版，第 44 页。

② 孙伟平：《价值哲学方法论》，北京：中国社会科学出版社 2008 年版，第 120 页。

③ Joseph Raz, The Practice of Value, Oxford University Press, 2005, pp. 27-29.

④ 甘绍平：《意志自由的塑造》，《哲学动态》2014 年第 7 期，第 10—19 页。

排序也是一个经验累积和未来预期的过程，这其中道德主体的实践理性是这一过程实现的本质特征；作为结论的价值排序是对未来可能性的一种道德预期，这种道德预期可以通过行动得到验证，并在未来行动中加以更新和改善。总之，价值排序是人类道德生活的重要表现，也是主体道德心理过程的外在指征。

价值排序是道德主体伦理决策的内在体现。马克思、恩格斯认为："思想、观念、意识的生产最初是直接与人们的物质生活，与人们的物质交往，与现实生活的语言交织在一起。……意识在任何时候都只能是被意识到了的存在，而人们的存在就是他们的现实生活过程。"①我们说，价值排序的成立基于现实实践中价值原则的差异性及其分类。在现实生活中，不仅有社会和个人的价值观，也有主导性和非主导性价值观之分，同时还存在价值观本质结构和表象结构的差异。人的各种价值思维、价值评价的最本质、最切近的基础，也正是人的价值生活实践所引起的自然界的变化以及人所创造的价值世界。正如孙伟平所说，"实践是产生、联结主体和客体的根本环节，是主体能动地创造性地反映客体，从而做出恰当评价与选择的根本环节。人的价值思维、价值评价与选择是否恰当、合理，并不是一个纯粹思辨的问题，而是一个实践的问题，即人们只有在价值实践中才能证明自己思维的恰当性、合理性。"②因此，价值主体所要理解、把握、评价、选择和变革的对象，并不是那种与人可以分离开来、与人无关的自在存在，而是通过生活实践深刻影响人的生存与发展的感性世界，是属人的世界。人类的现实生活实践才是人类一切的价值理论所要解读和理解的，价值排序也是一样。

在价值排序的研究中，无论是体现为各种具体道德规范和道德评价标准的表象结构，还是体现为道德主体规范形式、道德实践心理模式和价值本位意识的本质结构，都需要主体作出与价值排序密切相关的伦理决策。一般说来，一个伦理决策必须满足如下三个条件才能称为伦理决策：首先，决策的对象必须涉及伦理问题，即具有伦理内涵的规定、受人类基本伦理规范的调节和制约；其次，决策者是具有自由意志的伦理主体，能意识到伦理问题的存在，能够做出判断和实施行动；最后，人们可以对决策结果做出"合伦理"与"不合伦理"的判定。因此，道德主体作出伦理决策需要价值排序的过程，这个过程体现了价值排序对于价值起源、价值判断依据和价值目标理想的认定与选择，体现了

---

① 《马克思恩格斯选集》第1卷，北京：人民出版社1995年版，第72页。

② 孙伟平：《价值哲学方法论》，北京：中国社会科学出版社2008年版，第80—81页。

价值动力系统中目的系统、手段系统、规则系统和制约系统作用的整个过程。因为,“每一个理性的价值排序(ranking values)必然要求突显主要价值相对于次要价值的重要性。这里面是一个系列过程,必然涉及到各种比较、判断、选择等。”[①]就这个意义上来说,价值排序是道德主体伦理决策的内在体现,是道德主体甄别、厘清、判断、选择、追求和实践道德目标的实际行为过程。

个体和共同体作为道德主体都存在着价值排序。每个人都有自由地创造“自我”的个性和人格,发展自己的能力,选择和追求自己的生活目标的权利,这就是个体生命自由的基本内涵。作为个体的道德主体,价值排序构成个体的道德心理定势,在现实生活中以它为尺度去确定行为的正当性,从而规范、约束和调节自己的行为。作为共同体的道德主体,通过社会主导的价值规范,直接规范人与人之间的权利和义务,为社会交往和社会生活提供一套道德框架和价值秩序。对道德个体来说,即“我们大多数人不仅同善一起生存,而且发现我们必须为他们排序,在某些情况下,这种排序使其中的一个相对于其他的而成为至关重要的”[②]。当前,价值个人主义和情感主义对道德主体的价值排序产生了重大影响,由此使得人真正的价值选择和行为出现倾向于价值相对主义和虚无主义的可能,因为在他们看来,“所有的评价性判断,尤其是所有的道德判断,就其在本性上,它们是道德的或是评价性的而言,都不过是爱好、态度或情感的表达”,“人们把价值赋予各种事物的种种理由,归根到底(虽然未必是直接的)总是任意定的,非理性的”[③]。但是,在这一问题上,马克思给出了不同的解决路径。在这里,“马克思并非只是单纯地强调人的自由选择能力,而且还对这种自由选择能力进行了必要的限制”[④]。在这种选择的限制过程中,马克思引入了“社会关系”的概念,强调了“人是社会关系的总和”,将个体和共同体的价值选择连接在一起:“我们并不总是能够选择我们自认为适合的职业;我们在社会上的关系,还在我们有能力对它们起决定性影响以前就已经在某种程度上开始确立了。”[⑤]所以,价值排序的过程中,既需要对价值排序的背景、选择的方式、相关的对象等具体生活实践获得经验层面的认知,也涉及到主体自我的理解、诠释和认同等个体的体验;既受到社会环境的重大影

---

① John Kekes, The Morality of Pluralism, Princeton University Press, 1996, p. 77.

② [加拿大]查尔斯·泰勒:《自我的根源:现代认同的形成》,韩震译,南京:译林出版社2001年版,第93页。

③ [美]L. J. 宾克莱:《理想的冲突》,马元德译,北京:商务印书馆1983年版,第10页。

④ 孙正聿:《马克思主义基础理论研究》,北京:北京师范大学出版社2011年版,第307页。

⑤ 《马克思恩格斯全集》第40卷,北京:人民出版社1982年版,第5页。

响，也渗入了与价值关怀、情意认同相关的个体差异性。

价值排序拓展了价值哲学研究的维度。当代中西价值哲学研究蓬勃，观点多元，有关注价值范畴的研究（如讨论价值、善、良心、义务等基本范畴），有重视基本价值原则的研究（如幸福与快乐、自由与人权、美德与良心、爱与孝顺、平等与效率等价值原则），有关注价值关系的研究（如道德与法治、科技与道德、经济与伦理、伦理与宗教的关系），有涉及具体价值问题的研究（如环境污染、恐怖主义、基因工程、互联网、安乐死、隐私权等问题）。可以说，价值排序与以上价值哲学领域中的研究都有着密切关系，无论是价值原则本身的理论研究、价值尺度和范围的范畴研究，还是价值问题的应用研究，均体现了价值标准的一种现实呈现。而这种"'标准'既是对历史文化的一种承诺，更是现实生活中的一种'选择'和'安排'。这就是现代哲学所实现的从层级性寻求到顺序性选择的变革"。[①] 同时，这些研究也体现了价值排序在价值的缘起、意义、适用范围、价值体系中的序列等研究中的外显性和前瞻性，体现了价值选择和价值评价的重要作用。因此，探讨价值排序对人类生存和发展的影响，研究如何把握现代社会所引发的道德困境、伦理风险、文化冲突问题等，研究价值排序思想的基本概念、历史渊源、相关范畴和当代问题等，不仅有助于拓展伦理学的研究论域，也是对中国价值问题研究的补充、丰富和发展。

## 二、价值排序与中国特色社会主义核心价值观的建构理据

当代中国社会主义核心价值观的凝练受到社会阶层多层次化、社会思潮多元化、信息传播视窗化、市场利益主体复杂化等多种复杂因素的影响。因此，在凝练和建构过程中出现了百家争鸣、各有所依的现象。但同时，社会主义核心价值观的凝练依据所要体现的内容完备性、边界清晰性、逻辑自明性和结构严谨性等要素也受到了越来越多的研究关注。因为，社会主义核心价值观具有重要的地位和作用，"核心价值系从现时代诸多肯定的价值话语中选定符合于主导政治目标、并具有较强社会凝聚效应的价值观，以直接反映执政党的文化建设目标"[②]。可以说，核心价值观的呈现过程体现了历史继承性和发展进步性的统一，体现了党性、国民性和人类性的统一，体现了理想性与现实性的统一。因此，基于价值排序的研究视角，我国社会主义核心价值观的凝练和建构必须关注和重视以下四个依据的考量。

---

① 孙正聿：《马克思主义基础理论研究》，北京：北京师范大学出版社 2011 年版，第 46 页。

② 邹诗鹏：《民族国家架构下的国家精神》，《哲学研究》2014 年第 7 期，第 30—36 页。

第一，主导性，以应对文化思潮的多元化。多种文化并存的现象从来就存在，但文化多元化的普遍提出本身却是全球一体化的结果。“文化，必定是非常多元的，这多元性主要是指文化的表现手段（媒介）、形式、风格、韵致，以及人的观察、感受、思维的方式等等。”[①]可以说，市场经济和全球化使得世界各国和各民族纳入到经济一体化和文化多元化的共同境遇中。文化多元化不会随着全球化而消失，它的存在是不可避免的，而且具有长期性，这里最深刻的原因在于一元的普遍主义逻辑和多元的特殊主义逻辑之间的内在冲突。其实，关于普遍主义和特殊主义之间的论争一直广泛存在于伦理学、认识论、社会学、政治学和文化理论中，其中阿里森·埃西特（Alison Assiter）在《普遍主义再反思》一书就专门指出，普遍主义价值或主导型价值能够成立的原因在于一是基本人性的存在，二是基于社会生活之上的人类的一系列基本价值需求。[②] 此外，约翰·凯克斯在其《多元道德主义》一书中也区分了“主要价值”和“次要价值”的关系，认为“主要价值是直接关于生活的好坏，而次要价值是主要价值派生出来的，是主要价值的变化形式。主要价值关乎人性本身，次要价值是由历史文化等影响派生而成”。[③] 可见，文化思潮和价值观念的多样性是在现实生活中必然存在并且无法避免的。

我们建构社会主义核心价值观并不是否认社会中的多元现象和多种思潮，而是要对这些多样性思潮进行整合和引导。“共同体内的文化认同和立场协调，主要从价值导向等方面推进了社会的整合。基本价值原则与道德理想相互融合，同时又构成了合法性确认的根据。一定社会或时代的社会成员，往往是从该时代普遍接受的价值原则出发，对所处社会形态或秩序的合理性及合法性作出评判。”[④]此外，社会主义核心价值观的主导性体现在对多元文化思潮进行整合的同时，也体现在主导的结果在于形成人们的价值共识、获得价值认同。价值共识是人们在公共领域中形成的，是共同体成员集体凝练和共同创造的结果。价值共识是在核心价值观引导和主导社会思潮的过程中产生，不是一个静态的、固化的范畴演绎，也不是一种僵化的“绝对真理”；它生成和发展于社会成员在社会生产实践等公共生活的社会历史过程中。同时，这个过程是一个开放的系统，向社会开放，向未来开放。总之，社会主义核心价

① 董健：《全球化与文化民族主义》，载于何成洲主编：《跨学科视野下的文化身份认同》，北京：北京大学出版社 2011 年版，第 7 页。

② Alison Assiter, Revisiting Universalism, Palgrave Macmillan Press, 2004, pp. 3-4.

③ John Kekes, The Morality of Pluralism, Princeton University Press, 1996, p. 38.

④ 杨国荣：《伦理与存在——道德哲学研究》，北京：北京大学出版社 2011 年版，第 42 页。

值观的凝练是社会成员共同参与、共同建构、共同践行的过程，只有在这个历史过程中才能凸显其主导性和引领性，从而形成在现实生活中通过“主体间性”的交往而创造的历史性和具体性的“价值共识”。

张岂之先生也曾指出，我们研究中国优秀传统文化的核心价值观是哪些，这些与我国社会主义核心价值观有什么联系，如何阐述其“源”和“流”的关系，如何说明文化上的“继往”与“开来”等，这些是很有理论和实践意义的课题。这些问题的解决，有助于提高我们的思想境界，将优秀传统文化的民族性与时代性结合得更好。[①] 因此，在承认多元文化和多种价值观念的基础上，对中国传统伦理文化进行创造性转换和创新性发展，对西方文化进行批判性吸收，使得中国特色社会主义核心价值观的凝练和建构体现其具有主导性、统一性的价值特质。只有这样，才能坚持全球化中的基本文化立场；也只有这样，当代中国的价值排序及其认同问题才有其内生及发展的可能性和现实性。同时，坚持合情理的多元基础，坚持社会主义核心价值观对社会的主导性也是应对全球化和单级发展的哲学立场，是积极寻找各种文化之间借以深层沟通、对话的价值路径。

第二，认同性，以应对利益格局的差异化。中国特色社会主义核心价值观的建构要特别注重其认同性这一重要问题。因为，“人类的认同与属于他的特殊文化密切相关，特别是与其信仰价值观相关。可以说，文化是‘自我’意识的重要因素，使‘我们’成为‘我们’”。[②] 我们说，认同是一个建基于关系之上的概念，离不开与“他者”之间的关系。这种种关系之中，价值认同是其中的核心。一个社会的价值认同对各个个体和社会都有基本的要求，要求各个价值主体不断明确自身的价值认知，改善自身的价值理念，以符合和顺应社会整体主流价值观；要求社会不断总结、凝练、关照不同个体的价值需求，使社会成员对主流价值观建立起一个自觉自愿自信的认同过程。社会主义核心价值观就是社会普遍认同的价值理想、价值信念、价值尺度和价值原则的一个集中反映，并且内化为人们普遍的价值追求和价值向往。因此，核心价值观的凝练必须体现这样一种道德属性——道德个体在共同体中对社会文化和价值系统的一种认可、赞同、归属的价值属性。对此，罗尔斯、德沃金、基姆利卡等学者在研究中都曾强调过社会文化和社会自我认同选择之间的重要关系。

在全球化和现代化之下，特别是当代中国处在一个转型的关键时期，各种

① 张岂之：《略说社会主义核心价值观的文化源流》，《北京日报》2009 年 6 月 1 日。

② Alison Assiter, Revisiting Universalism, Palgrave Macmillan Press, 2004, p. 18.

利益结构交错、利益主体纷繁、利益归属各异，由利益的差异化导致要取得价值认同更加不易，使得我们处在一个认同危机普遍存在的时代。社会主义核心价值观作为目前中国最基本、最重要的价值理想和主导性行为规范，旨在回应文化多元化和全球化对国家社会价值观建设的双重挑战，旨在谋求历史经验与现代治理的双向结合、国家认同与现代文明的相互融合，也体现了当代中国公民对于国家社会良序治理、主流价值强化认同、精神家园深度归属的恳切吁求。正如有学者所指出的："社会核心价值观共识的追寻并不排斥人为的主观设计，特别是政治家、思想家、学者们的主观构造……但是，有一个基本的前提必须确立，即任何人为的主观设计或'推销'，都只能是一种外在的方式或手段，它必须得到相关主体的普遍认同，即在理论和实践中均符合各具体主体的目的、利益、需要以及现实条件。"[①]因此，我们在培育和凝练社会主义核心价值观的过程中，要注意差异性和统一性的结合，将广泛性和先进性有效结合，引领建设具有广泛包容性和普遍认同感的社会主义核心价值观。在凝聚核心价值观的共识中引领社会思潮，加强国民对于主流思想的认同，凝聚对于国家大局和重要政策的共识，凝聚对坚持正确科学的价值取向的共识。

同时，我们在凝练和建构过程中可以借鉴其他国家和政党的一些有益做法。如新加坡人民行动党的价值观既包容了儒家、伊斯兰教、印度教等不同文明的传统价值观，也吸纳了"法治为先"等现代西方价值观，在此基础上发动全民讨论而形成了《共同价值观白皮书》，为新加坡经济持续发展和社会长期稳定提供了丰厚的社会道德基础。再如老挝，佛教教义和佛教伦理是老挝民众的传统价值取向和行为准则，老挝人民革命党引导佛教界为党所用，经过世俗化改造的佛教价值观已成为当代老挝社会主流价值观所包容的成分，起到了加强社会认同和民族团结的作用。

第三，稳定性，以应对信息社会的视窗化。以时空压缩、数字化、虚拟化为特征的赛博空间和网络社会的全面诞生，使得人类的生存方式和活动方式发生了重大转变，不确定性、虚拟实在性、多重自我性、精神流变性、视窗组合性等成为了当下信息社会的重要特征。信息社会体现了一种自由与多元、平等与分享的精神价值，突显了"多元"的判断标准以及社会各种力量的迅速聚合，强调了平等、自由、尊严、全面发展价值的优先性，也"要求我们所有人具有对差异的接受能力、对变革的开放心态、追求平等的激情和在其他人的生疏感面

① 潘维、廉思：《中国社会价值观变迁 30 年（1978—2008）》，北京：中国社会科学出版社 2008 年版，第 156—157 页。

前承认熟悉的自我的能力"[1]。因此,我们说,信息社会带来的视窗化和多元化的价值观念,这些变化和差异并不排斥共同的社会心理基础,也不排斥共同的或主导的社会价值导向,以及否认共同的社会规范和价值认同。可以说,古往今来,"为了避免伦理上过度的相对性,很多哲学家都致力于寻找一个基本价值,寻找在理论和道德实践中的具有普遍性的、明晰的价值原则。"[2]因此,为了应对多变的时代、多样的社会、多元的思想以及多种的冲突,社会主义核心价值观的凝练必须体现其相对的稳定性和持续性,必须经得起人民群众的考验和较长时间的检验。

当然,社会主义核心价值观建设为了应对信息社会的流变性、视窗化,而在凝练过程中必须保持其相对的稳定性和一贯性,但这并不意味着将核心价值观凝固化、静止化、形式化和教条化,而是内含着与时俱进的理论品质和发展完善的进步勇气。在西方,一些中左政党也一向非常重视价值观建设的与时俱进和不断发展。比如,社会党国际在1989年的《原则宣言》中提出,民主社会主义仍以它形成时的价值观为主要基础,但是必须对这些价值观念进行批判性阐述,在传统的"自由、公正和团结互助"的基础上增添了"和平"及"环境"的价值元素,从而修补和完善了原来的价值观。此外,其他政党在建设社会价值观的过程中,也注意吸收一些新的价值观元素,比如中右政党的价值观普遍从保守主义和自由主义过渡到新保守主义和新自由主义,并有选择地吸收了社会正义、团结互助、公平福利等左翼价值观。归根到底,价值观是文化的和社会的,同时也是历史的和时代的,更是植根于时代和民族特性的发展过程之中的。

第四,建设性,以应对世界形势的复杂化。当前国际社会是一个复杂多变的世界,我国社会主义核心价值观的凝练和建设,是一个需要不断完善、不断践行的建设过程。在中国特色社会主义核心价值观的建设中作为领导者的中国共产党,要根据中国国情协调各方利益关系,大力推进核心价值观建设和国家治理现代化,从而巩固长期执政的地位。所以,社会主义核心价值观的建设过程是价值理想与价值现实、价值目标与价值手段、价值内容与价值工具的内在统一体,要求具有现实的实践特性。

核心价值观所具有的建设性的实践特性,不仅是价值原则本身的理论要

---

① [英]C. W. 沃特森:《多元文化主义》,叶兴艺译,长春:吉林人民出版社2005年版,第119页。

② James Dreier (Editor), Contemporary Debates in Moral Theory (Contemporary Debates in Philosophy), Wiley-Blackwell Publishing, 2006, p. 285.

求,也是作为"核心"价值观对于整个社会的意义的时代要求。约瑟夫·雷兹(Joseph Raz)在《价值的实践》一书中曾专门通过阐述价值原则的社会依赖性,来说明价值的实践性和建设性的重要意义。他明确指出:(1)社会为价值存在提供了一个可预期的实践路径;(2)社会也指明了道德主体价值认知的一个解释路径;(3)更深层面地彰显了价值原则与价值主体的关系;(4)最重要的是社会提供了我们价值思考判断的基本框架。[①] 社会主义核心价值观的建设是与社会发展密切相关的,它既建基于当代中国社会各种亟须解决的矛盾和冲突的累积,也必须着眼于未来中国发展的制度设计和意识形态导向。而且,核心价值观的建设性不仅是为了应对世界复杂多变的局势,不仅是一个在实践中摸索的现实政策的战略考量,更是一个人类遵循社会发展基本规律、改造世界的主客观相统一的活动。因此,"社会主义核心价值体系的建设过程,是一场艰难、复杂的思想博弈的过程。只有社会主义核心价值体系得以建立,才能形成先进文化所应有的辐射力、影响力和涵容力,从而以其充分的理论资质与其他各种形形色色的价值体系对抗,使我们这个民族在复杂的国际背景中学会'共生'、'共在'、'共享'的社会治理技术和生存与生活艺术,学会与其他民族的文化与核心价值体系要求保持一定的必要的张力,为自己又快又好的可持续发展争取更大的可能性空间。"[②]

## 三、价值排序与中国特色社会主义核心价值观的建构意义

在社会和个人之间的关系上,马克思提出了"人的本质是社会关系的总和"这一命题,这是马克思对于超越个体价值取向的经典表述。在"社会"状态中,"个人的社会化"与社会的"个别化"乃是同一个过程,一方面它意味着个人的自由与独立:"每个人的自由发展是一切人的自由发展的条件";[③]另一方面,它意味着个人与他人的统一:"个体是社会存在物。因此,他的生命表现……也是社会生活的表现与确证。"[④]因此,中国特色社会主义核心价值观建构的意义和本质也可从基于个人和社会之间的双向建构,从价值先验、历史经验和国情体验三个视角来彰显。

---

① Joseph Raz, The Practice of Value, Oxford University Press, 2005, p. 27.

② 袁祖社:《试论社会主义核心价值体系建设问题》,《南开大学学报(哲学社会科学版)》2009年第1期,第52—58页。

③ 《马克思恩格斯选集》第1卷,北京:人民出版社1995年版,第294页。

④ 《马克思恩格斯全集》第3卷,北京:人民出版社2002年版,第302页。

从价值先验角度来看，“一”与“多”的关系是一个永恒的价值难题。我们说，任何一种文明都有一种对内在普遍性的必然追求，“一”与“多”的关系中冲突和矛盾在所难免，究其根本在于普遍主义一元化逻辑和文化世界价值多元化现实之间的冲突。现代多民族国家的一个核心课题就是如何处理一与多的问题，如何保持多元化与统一性的平衡，使不同倾向的价值观和文化观均得到合理尊重和平等发展的同时，又能使多元价值统一于国家主导的核心价值观建设中。就像约翰·格雷所言，“现代性并不始于对差异的承认，而是始于对一致性的要求”[①]。对此，菲利克斯·格罗斯(Feliks Gross)也指出，“即便是在公民社会中，共同接受的规则、共享的核心价值观仍然是必要的，否则多元主义便无法运行；正是那个更大的国家文化的存在促进了统一，为所有少数族裔提供了栖息之地，多元主义才得以生存并取得成功。”[②]由此可见，不管现代性也好，现代公民社会和民族国家也好，都不可能回避一与多之间的价值难题。

同时，“价值个体主义的确又蕴含着深刻的道德危机，这最突出地体现在它直接导致了普遍性、统一性、客观性的道德信念的消失，从而使‘道德共契’和‘道德共识’陷于破碎。”[③]因此，文化和价值的多元化意味着各种文化和思想观念的平等对话、共识分享与普遍承认，是社会文明发展和包容广度的一个显著指征，而不同价值观间的融合、互惠又完善与发展了社会整体价值结构。因此，探讨多元化情景下的当代中国的价值排序和认同问题就是探讨指向不同价值领域和生活世界之间的相互影响、相互渗透和相互竞争的关系，探讨主流文化与核心价值观建设的合法性、合理性与可行性的问题。

从历史经验角度来看，在任何一个国家的发展过程中，都有一种内在地对基本价值一致性的要求。这既是增进一个共同体凝聚力和向心力的需要，也是共同体建立价值秩序、实现和谐交往、保持持续发展的必然要求。社会批判学家迈克尔·曼在《社会权力的来源》四部曲中，专门提及：全球化过程涉及“自由主义、社会主义等意识形态的扩散，资本主义生产模式的传播，军事打击范围的扩大，以及民族国家在全世界的扩展，而与此过程如影相随的是帝国，

---

① [英]约翰·格雷：《自由主义的两张面孔》，南京：江苏人民出版社 2002 年版，第 165 页。

② [美]菲利克斯·格罗斯：《公民与国家——民族、部族和族属身份》，王建娥等译，北京：新华出版社 2003 年版，第 236 页。

③ 贺来：《有尊严的幸福生活何以可能》，北京：中国社会科学出版社 2013 年版，第 409 页。

先是两个帝国争霸，最后仅存一个帝国”。[①] 可以说，任何组织、国家和社会，都会在特定的历史积淀、文化基因和民族特性、社会实践上，形成符合其共同体利益和要求的核心价值观。因为，“我们可以看到，如果缺乏一个共同体或者一个坚固的社会团体，无法建立起一个得到普遍认同的共同道德。由于这个社会存在多元道德和价值判断，更多的是相互冲突、不相容的价值，因此，建立一个共同道德非常困难”，“因为共同道德的确立面临着这样一个两难困境，一方面它必须具备共同的（普遍的）道德标准，而另一方面，这个道德标准又深陷于多种冲突的不相容的观点中。一个方法是根据不同的对象及其发展水平，梳理这些道德冲突的一致和不一致的地方。”[②]

事实上，早在 1880 年开始的“美国化”运动，国家建构开始的同时也是共同体建构、加强价值认同的开始。亨廷顿的《我们是谁：美国国家特性面临的挑战》一书反映了对于多元文化盛行下美国主流价值观变迁和消解的担忧。亨廷顿认为现在是个认同危机的时代，“现代化、经济发展、城市化和全球化使得人们重新思考自己的认同和身份”。[③] 同样，很多西方现代国家也十分重视社会的核心价值观，把它称为“立国价值”（regime value），即视为一个国家建立和运行所需要的基本价值观。德国在战后把作为“立国价值”的核心内容写入基本法中的第一条第一款，以示其神圣性和权威性。西方 30 多个国家都把“立国价值”的主要内容以立法的形式确定下来。1991 年，新加坡政府在经过反复讨论后，经国会批准发表了《共同价值观白皮书》。国家公民对于国家基本价值观保持忠诚，而对于国家的管理者而言，忠诚于国家的基本价值，是遵守了最初与人民的约定这一最原始的契约，这一价值观是不容讨价还价的（non-negotiable）。[④] 因此，我们在注重社会价值观的民族性、地域性的同时，也要注意价值观的历史性和社会性。

从国情体验角度来看，中国对社会主义核心价值观之认同和建设迫在眉睫。马克思曾指出：“人的思维是否具有客观的真理性，这不是一个理论的问

① Michael Mann, The Sources of Social Power, Volume 4: Globalizations, 1945—2011, Cambridge: Cambridge University Press, 2013, p. 3.

② Gene Outka and John P. Reeder, JR., Prospects For A Common Morality, Princeton University Press, United Kingdom, 1993, p. 29.

③ [美]塞缪尔·亨廷顿：《我们是谁：美国国家特性面临的挑战》，程克雄译，北京：新华出版社 2005 年版，第 11—12 页。

④ David K. Hart, The Virtuous Citizen, the Honorable Bureaucrat and Public Administration, Public Administration Review, Vol 44(March 1984), p. 114.

题，而是一个实践的问题。人应该在实践中证明自己思维的真理性，即自己思维的现实性和力量，自己思维的此岸性。关于思维——离开实践的思维——的现实性或非现实性的争论，是一个纯粹经院哲学的问题。"[①]因此，中国特色社会主义核心价值观的建构必须建基于中国的实际情况，建基于每位国民对于基本国情的体验和认知基础之上。

中国是个历史悠久的多民族国家，身处亚洲腹地特殊地理区域而形成，在地理空间上具有复杂性和多样性，语言覆盖汉藏、阿尔泰、南亚、南岛、印欧五个语系，世界三大宗教在中国也都有信奉者。在经济、技术和信息日趋一体化以及政治、文化和价值日益多元化的冲突和张力下，中国以单一主权国家屹立于世界之林，该如何协调各方利益、形成认同共识、实现和谐发展，这是一个重大且艰难的问题。因此，正如万俊人所研判的，"经济全球化趋势加速引发了多元文化冲突加剧，中国经济社会高速发展及其催生的物质（实利）主义对我们文化精神的挑战日趋严峻，以及中国社会加速转型过程中所内生的对文化价值观念系统——尤其是社会核心文化价值观念系统——之自我认同和自我重构需求也日趋紧迫。"[②]所以，在这样的情境下，现代国家对公民教育的重视、对意识形态的强调，对核心价值观的建设，都是试图解决共同体内部差异性、冲突性的一个努力。这种努力，是一个共同体对于普遍认同的价值需要。对中国来说，无论在自然地域、文化传统和思维方式上，都有一个共识的基础性，即一种共同的物质的和心理的基础，有一种文化编码和价值选择上的可理解性和可沟通性。这种具有文化契合性的基础就是我们能够确立中国特色社会主义核心价值观之前提所在。因此，建构社会主义核心价值观是推进中国特色社会主义事业凝魄聚气的基础工程，也是一个涉及多方利益多个层面的系统工程。我们建构和建设社会主义核心价值观，必须在多元中立足主导、在多样中谋求共识，有效整合和引导社会多种思潮和价值取向，进一步增强我们人民的文化自信和价值观自信，从而重构中国特色社会主义的价值独立性、独特性和影响力。

① 《马克思恩格斯选集》第2卷，北京：人民出版社1995年版，第55页。

② 万俊人：《中国文化的当下与前景》，《中国社会科学报》2011年1月4日。

社会主义核心价值的践行动力来自两个方面，一方面是对于核心价值的自觉认同，另一方面是制度约束。通过价值自觉和价值约束的结合，实现价值践行效果的最大化。在践行社会主义核心价值的过程中，既要激发人们价值自觉的作用，同时也要发挥制度在价值矛盾和冲突解决中的规范作用和价值选择行为的养成作用。[①]

——骆郁廷

# 第八章　基于价值排序的中国特色社会主义核心价值观建设探索[②]

对于价值，我们总是容易将之置于“物或人的正面作用”的解读模式之中；对于价值，总是离不开主体的判断和选择。这个过程就是价值观形成的过程，也是价值观发挥作用的过程。当今社会给我们呈现了一个文化多元、价值多样、思潮多变的现世世界，各种文化相互遭遇、相互影响，文化的多元和差异所带来的信念与道德、价值与规范、政治与认同等方面的多样性，不仅存在于民族国家内部之中，也存在国家与国家之间。这对当代主权国家和执政党引领各种思潮、整合社会文化、建构价值认同的执政任务和治理能力提出了重大的挑战。在这样的情景下，中国提出了建设中国特色社会主义核心价值观的治国方略，并提出了培育和践行社会主义核心价值观的建设目标。因为“社会的凝聚和秩序的维系需要一般的规范，行为要达到最低限度的正当性，也离不开普遍的当然之则。一般的规范既对行为具有普遍的范导意义，又为行为的评价提供了基本的准则，它在道德实践中往往更接近可操作的层面，因而有其不可忽视的意义”。[③] 由此，根据社会主义核心价值观的建设目标，以“价值排序”的研究视角，分析中国特色社会主义核心价值观的建设前提、建设原则和

---

① 骆郁廷：《论社会主义的核心价值》，《马克思主义研究》2014 年第 8 期，第 101—111 页。

② 该章部分内容载于周溯源主编的《社会主义核心价值观概述语征文选集》，北京：中国社会科学出版社 2012 年版，《基于“价值排序”视角的核心价值观建设路径》，第 149—161 页。

③ 杨国荣：《伦理与存在——道德哲学研究》，北京：北京大学出版社 2011 年版，第 162 页。

建设路径，从而为我国社会主义核心价值观建设机制的拓展提供实践探索的新进路，具有重大的现实意义和理论意义。

## 一、中国特色社会主义核心价值观的建设前提

价值排序是个重要的理论问题，也是一个紧迫的现实问题。每个价值原则在其自我凝练和抽象过程中屏蔽了现实生活中复杂多样的情况，不同价值原则的复杂性和变动性也往往容易使人们在道德碰撞和冲突时陷入迷茫甚至做出误判和错误选择。在现实生活中，当一个人面临着价值选择的时候，尤其是在两种相互冲突的价值中进行选择的时候，他可以根据自己的需要、偏好和情境，根据自己的目的、利益和要求，在它们之间作出定性的比较和判定，从而作出自己的选择、决定自己的行为。因此，在面临价值失序和道德困境的境遇下，展开对价值排序的研究，探讨文化多元化情景下不同价值原则对道德意识和道德行为的影响，有助于道德主体更好地廓清对于核心价值的认知，提高人们的道德选择能力。从这个意义上说，价值排序的系统研究，已经不仅是一个道德判断和伦理决策的理论阐释与拓展问题，更是一个关乎公民道德素质和社会主义核心价值观构建的重要现实问题。因此，我们以价值排序的学理依据论证中国特色社会主义核心价值观之为"核心"的可行性，阐释社会主义核心价值观建设路径的全面性、选择性和实践性，从而拓宽当前社会主义核心价值观的建构视域和建构机制。

我们说，价值观的具体内容和表现形式受到特定社会历史条件的制约，也蕴含着基于人性的最基本的意识自觉的普遍性和可能性。中国特色社会主义核心价值观是对社会主义本质的价值认知和价值表达，也是凝聚社会力量、整合社会思潮的重要途径。深刻理解和大力践行社会主义核心价值观需要首先明确其基本的建设前提，这个基本前提包括思想前提、理论前提和实践前提等方面。

正确理解马克思主义价值哲学中的价值思想是建设中国特色社会主义核心价值观的基本思想前提。首先，马克思在价值哲学研究中的"价值"，超出了单纯的经济学范畴，而更具有社会文化涵义和哲学涵义。而且，马克思、恩格斯并未否认理论上的"价值一般"或"价值的普遍概念"。这正如宾克莱所认为的："把马克思当作一个哲学家、预言家或一个新现世宗教的创始人，或者甚至当作一个'价值立法者'(借用尼采的说法)，我们就可以对马克思的重要性认

识得更清楚一些。”[①]因此可以说，我们寻求社会主义核心价值观的建设思想前提不能停留在马克思、恩格斯思想中抽象的思辨和文本的考察阈限之内，而应面向我们当下具体的生活实践，看到当前社会生活实践对于价值问题的新的要求和挑战，进行基于现实实践基础上的分析和归纳，看到“马克思恩格斯对于一般价值概念的使用，马克思主义本身就是一种批判性的价值学说，表明他们创造性地继承了人类思想的合理成果，将价值哲学具体地向前推进了”[②]。同时，我们要在马克思主义价值哲学的指导下，注重强化对社会主义核心价值观思想前提的内涵的理解过程，深入分析社会主义本质和价值观力量从理论形态到社会形态、从制度形态到价值形态的发展过程，准确把握和反映社会主义的价值本质问题，从价值哲学的视角对社会主义核心价值观的建设和践行作出科学的回答，作出有创见的和有成效的探索。

马克斯·舍勒说：“不论我探究个人、历史时代、家庭、民族、国家或任一社会历史群体的内在本质，唯有当我把握其具体的价值评估、价值选取的系统，我才算深入地了解它，我称这一系统为这些主体的精神气质（或性格）。这精神气质的根本乃首先在于爱恨的秩序。”[③]舍勒这里的“爱恨的秩序”就是具有偏好倾向的、选择性的价值秩序，不是指单个的价值观念，而是指渗透在全部社会生活中多方面的整体价值体系和价值结构。因此，可以看到价值问题根本上是与人的现实需要密切相连的，这里包括社会的、历史的、文化的种种规定性，人们在实践中根据自己的需要与对象之间的关系建立起各种价值关系，创造各种价值，形成了对价值的根本看法和基本评价，同时也在社会生活实践中不断检验和修正自己的价值观。“实践作为人的生命的基本存在方式，既是一切价值的根源，是价值世界不断扩大不断发展的动力，也是检验价值观念价值评价是否合理的根本标准。”[④]坚持在实践中检验和发展价值排序的依据、树立正确的价值观是当代中国价值哲学研究的基本前提，也是我们建设社会主义核心价值观的基本理论前提。

同时，建设社会主义核心价值观要看到当前中国的国情和价值观建设面临的困境，这是建设核心价值观的实践前提。当前我国正处于多种经济成分并存、多种利益主体并存、多种利益表达诉求并存、多种分配方式并存的社会

---

① L. J. Binkley, Contemporary Ethical Theories, New York, The Citadel Press, 1961, p. 73.

② 孙伟平：《价值哲学方法论》，北京：中国社会科学出版社 2008 年版，第 59 页。

③ [德]马克斯·舍勒：《爱的秩序》，林克等译，上海：三联书店 1995 年版，第 35 页。

④ 马俊峰：《马克思主义价值理论研究》，北京：北京师范大学出版社 2012 年版，第 61—62 页。

主义初级阶段，政府维稳和民众维权处在博弈协调过程中，文化和道德在综合国力竞争中的地位日益凸显，对经济社会发展的作用不断扩大，其影响比以往任何时候都更加广泛而深刻。中国大力加强文化建设，建设社会主义核心价值体系，建设社会主义和谐社会，是对于连续和兼容性文明精神的传承和弘扬，它的意义不仅仅局限于中国而更具有国际价值和普遍性意义。“在某种意义上，现代社会中，除了充斥着阶级和阶层之间的对立与矛盾之外，又增添了人类共同的文化境遇所引发的普遍的文化焦虑和文化危机。这种文化困境的普遍化体现在两个方面：一是传统的经济、政治、权力、技术、宣传、道德、家庭等不再表现为直接的、赤裸裸的外在强制力对特殊阶级和阶层的统治和压迫，而是通过技术理性整合成一种无所不在的、渗透到一切生存领域中的、总体性的、内在的操控和统治机制；二是文化的统治所形成的物化和异化的生存样态在某些方面不同于马克思所描写的被自己的劳动产品所压迫和统治的传统劳动异化，它不仅仅是某些被统治阶级的命运，而是越来越表现为现代人的普遍境遇。”[①]

于此，中国共产党的十八大报告首次提出了“三个倡导”的社会主义核心价值观：“倡导富强、民主、文明、和谐，倡导自由、平等、公正、法治，倡导爱国、敬业、诚信、友善，积极培育和践行社会主义核心价值观。”[②]党的十九大报告也再次强调了这一点。这既是对当前我们核心价值观建设所面临困境的科学分析，也是对今后核心价值观的培育目标的正确锚定。所以，参照中国的现代化进程和国际社会场景，探讨当代中国的价值排序和道德认同问题，是回答当代中国在内的张力和外的压力下如何自处、选择和行动的需要。社会主义核心价值观正是基于这样的一个现实需求和实践前提，在当代中国道德生活自我更新和重构的过程中的一种有意识有目的主动性的构建。“社会主义核心价值观是一种崭新的多元异质互动的价值观念系统，它首先基于当代中国社会道德生活复杂化、多元化和自主化的现实和基本特点，面对国家价值导向主体化和社会价值取向多元化，鲜明地确立了中国特色社会主义和整个国家的共同理想；面对政府和公民权利和义务关系的张力和统一，致力于充分保障公民的权利；面对社会制度伦理和个人德性理论的分化和互补，在充分保障公民

① 衣俊卿：《现代性焦虑与文化批判》，哈尔滨：黑龙江大学出版社 2007 年版，第 148 页。

② 胡锦涛：《坚定不移沿着中国特色社会主义道路前进 为全面建成小康社会而奋斗——在中国共产党第十八次全国代表大会上的报告》，《文汇报》2012 年 11 月 18 日。

权利的基础上，努力不断地提高公民的义务意识和德性。”[①]

## 二、中国特色社会主义核心价值观的建设原则

罗伯特·奥迪认为，规范伦理学主要研究三个问题，“一是品质的问题；二是行为规范的问题；三是价值的问题，其中价值问题决定善的目的，影响到我们的教育内容，也影响到人类生活中所选择和取舍的东西。”[②]可以说，罗伯特·奥迪的上述观点突显了价值研究的哲学地位和当代的社会意义，也凸显了价值排序的思想对于人类生活选择的意义。当前关于价值哲学的诸多研究，不论是讨论基本价值范畴，还是研究价值原则，抑或是研讨价值关系，都与价值原则的排序和选择、社会价值的建构与建设有着密切的关系；无论是价值原则本身的理论研究，价值尺度和范围的范畴研究，还是价值问题的应用研究，均体现了价值排序思想在价值问题的缘起、意义、适用范围、价值体系中的序列等研究中的紧急性、外显性和前瞻性。

在面临价值困境和道德冲突的时候，道德主体需要在诸多价值原则中作出必须的排序、选择和取舍，而这些排序、选择到最后的取舍决策，使得我们无论依据怎样的排序理念都必须作出“价值”中的“优先性的选择”。在这其中，参照中国现代化的历史进程和国际社会的发展坐标，批判与反思中国模式的问题与出路，需要建构和建设一种引领社会思潮、加强国民道德认同的主导性、稳定性的核心价值观。对此，贺来在《“主体性”观念的价值内涵与社会发展的“价值排序”》一文中指出，价值排序的思维方式是落实当代中国主导性价值观念的正确之路，他认为“面对围绕着‘主体性’所产生的种种冲突，我们应该采取‘价值排序’的态度和思维方式，贯彻这种思维方式和态度，‘主体性’原则及其价值理念在当代中国的落实在‘价值排序’中仍拥有着优先地位，简单宣告‘主体性’原则及其价值理念的终结，实际上是在宣告一个根本没有完全存在过的对象的消失”。[③] 因此，可以说，价值排序的研究视角和思维方式为当代中国的价值观念研究，特别是社会主义核心价值观的培育和践行提供了基本建设原则的可能性。

---

① 陈泽环：《儒学创新与人权——关于中国道德史的一点思考》，《哲学动态》2014年第5期，第65—70页。

② Robert Audi, Moral Value and Human Diversity, Oxford University Press, 2007, p. 5.

③ 贺来：《“主体性”观念的价值内涵与社会发展的“价值排序”》，《吉林大学社会科学学报》2011年第3期，第43—50页。

价值排序的视角体现了核心价值观的建设路径必须是全面、全方位和多领域的。当代人类生活的主题是如何在这个有限、脆弱的地球上“共同”幸福地生活。这个主题决定了我们有相似的生活方式、共享的社会历史文化传统、共建的社会文明发展成果和共担的未来社会风险。基于这样的前提，人类的价值排序理论首先是基于选择的多样性，即基础是“多”、“宽”和“全”，核心价值观的凝练首先也是基于社会思潮和社会价值的多元性和丰富性。从思想来源和理论基础来看，中国特色社会主义核心价值观既体现了对科学社会主义价值观的本土化理解，也体现了对中国传统价值观的批判性继承；既内含着西方价值观先进内容的吸收借鉴，也是对中国社会主义市场经济发展三十多年的凝练概括；既突出了马克思主义的指导地位，又显示了对多元价值取向的包容性、适应性、涵盖面和引导力。其中，马克思主义理论是社会主义当代中国价值排序的指导和起点，共同理想和道德认同是价值排序和道德选择的目标，民族精神和时代精神是价值排序的当代境遇和关键点，社会主义荣辱观是价值排序的具体践行原则。可以说，中国特色社会主义核心价值观在多元文化的情境下，从公民的价值愿望和价值追求的角度出发，涵盖公民的政治生活、经济生活、文化生活和社会生活的全方面，贯穿社会公德、职业道德和家庭美德三大领域，成为人们行为选择和价值追求的科学导向。

同时，随着互联网技术的发展，“线上思维”的影响以及互镜式的价值评价方式的兴起，也对社会主义核心价值观的建设和认同问题带来挑战，从而要求核心价值观的践行必须是“线上”、“线下”全面覆盖，抽象解读和形象教育交融发展。因为，“图像时代的到来深刻地影响和改变了人们的认知方式，呼唤社会主义核心价值观的形象化认同教育，深刻理解社会主义核心价值观形象化教育的意蕴，自觉运用视觉图像广泛深入地推进对当今中国的典型形象、艺术形象、虚拟形象和生动实践的社会主义核心价值观认同教育。”①

价值排序的视角体现了核心价值观建设的选择性和多维度。德沃金曾提出，人们需要共同体，不仅仅是为了文化和语言，而且还有自我利益以及认同需要。但这一切都“肯定不能因此便说，也没有任何道理说，我必须是其成员的这个共同体，必须是一个有道德同质性的共同体，或它必须排斥道德多元主

① 孙婷婷、骆郁廷：《图像时代的核心价值观认同教育》，《教学与研究》2016 年第 1 期，第 70—78 页。

义而赞成保护这种亲密关系的不宽容精神”。[①] 对于核心价值观也是一样。围绕着凝练一个普遍认同的核心价值观的问题，学界进行了诸多探索，由于理论视角和认知构架的差异，学者们提炼的核心价值理念也不尽相同，这体现了核心价值观凝练过程中的选择性和多向维度。其中侯惠勤认为，劳动优先、人民至上、共同富裕、公平正义、每个人的自由全面发展是社会主义核心价值体系的内涵；李忠杰提出“发展”、“富裕”、“民主”、“文明”、“公平”、“正义”、“友爱”、“互助”、“安定”、“和谐”等是社会主义核心价值观的体现；还有学者提出要将儒家核心价值观与现代伦理价值相嫁接，如焦国成提出以“人本”、“公忠”、“和谐”为社会主义核心价值理念等。韩东屏把人们追求终极价值的幸福观概括为九种：以来世幸福为终极价值的来世主义幸福观、以保全生命为终极价值的生命主义幸福观、以快乐为终极价值的快乐主义幸福观、以功利为终极价值的功利主义幸福观、以道德为终极价值的道德主义幸福观、以知智为终极追求的理性主义幸福观、以个人自由为终极价值的自由主义幸福观、以人生完满为终级价值的完满主义幸福观、以推进社会进化为个人幸福的社会本位主义幸福观。[②] 这些学者从不同角度、不同层面提出的对社会主义核心价值观的理解和诠释，不仅有助于丰富社会主义核心价值观的研究内容和研究进路，也对社会主义核心价值观的培育和建设提供了不同维度、不同视角的建设路径。

价值排序的视角体现了社会主义核心价值观建设的差异性和层次性。“在面对价值冲突时，人们就需要在诸价值中做出必要的抉择和取舍，而‘抉择’和‘取舍’意味着，我们必须在各种‘好的价值’中作出‘顺序性的选择’，以对中国社会历史方位的辨别判断和对中国人现实生活本质旨趣的洞察为前提，针对现实生活所面临的最为突出和根本性的矛盾和困境，批判地反省在中国社会的发展方位和历史情境中，何种价值理念的落实更具急迫性和根本性，从而确立一种引导社会发展的‘主导性’价值。”[③]因为，在一个社会的价值观体系中，各种价值的地位并不相同。约翰·凯克斯就认为，一个具有绝对压倒性地位的价值，必须符合以下条件：(1)最高价值，在与其他价值冲突的时候具有优先性；(2)普遍性，符合普遍人性的要求；(3)永恒性；(4)稳定性；(5)神圣

① [美]罗纳德·德沃金：《至上的美德：平等的理论与实践》，冯克利译，南京：江苏人民出版社2008年版，第228页。

② 韩东屏：《终极价值及其确立》，载于陈新汉主编：《坚持社会主义核心价值体系研究中的问题意识》，上海：上海大学出版社2014年版，第99—114页。

③ 贺来：《有尊严的幸福生活何以可能》，北京：中国社会科学出版社2013年版，第442页。

性，具体体现在其不可违背性，具有基本的认同性。[①] 因此，核心价值观在整个社会价值等级序列中具有核心地位和根本作用，是社会普遍认同的价值理想、价值信念、价值尺度和价值原则的集中反映，也对其他价值具有重大的影响和决定作用。

此外，对于核心价值观之为"核心"的特征与认定也有不同的依据。田海舰等认为，核心价值观应具有以下几个基本特征：统摄性、普遍认同性、稳定性、建设性、理想性；[②]陈秉公提出国家核心价值观的目标诉求和排序依据是必须具有民族性、真理性、时代性、包容性等特点。[③] 目前，学界所提出的核心价值观的排序依据，强调所凝练的社会主义核心价值观与其他价值观之间应当具有明显的"核心—非核心"的主次差异的结构关系；同时，社会主义诸核心价值观之间也应呈现出明显的差异性和严谨的层次性。

价值排序的研究视角还表征了中国特色社会主义核心价值观的建设必须具有现实性、可行性。马克思说："人类始终只提出自己能够解决的任务，因为只要仔细考察就可以发现，任务本身，只有在解决它的物质条件已经存在或者至少在生成过程中的时候，才会产生。"[④]因此，价值排序最终是一个道德实践行为，这表明核心价值观最终必须落实到践行和建设过程中。然而，传统中国社会的构成以血缘、地缘、业缘等为基本组成的"熟人社会"，根据"由己推人"之社会关系的"差序格局"是其基本的衍生逻辑，具有公共利益和私人利益、公共道德和私人道德的区分。这种文化背景导致了公共文化和价值观的某种缺失，也对社会主义核心价值观的建设形成了无形的障碍。由此可以看到，价值观及其相应的道德文化的变迁，对当代国家治理能力也提出了新的挑战，"治理的现代化改革，将是一个价值导向调整优先于治理技术革新的过程"[⑤]。这就意味着，价值观的建设过程也是一个国家治理体系变革和创新的过程，这个过程要求是根基于中国道路的探索实践的，要求具有可行性、现实性和可检验性。

因此，我们要适应市场经济多元利益结构以推动多元价值观的彰显和发展，建构多元价值观的融合机制以形成核心价值体系的大众化表达形式，建构

---

① John Kekes, The Morality of Pluralism, Princeton University Press, 1996, p. 46.

② 田海舰、邹卫：《社会主义核心价值观论纲》，北京：人民出版社 2010 年版，第 27—28 页。

③ 陈秉公：《再论国家核心价值"高势位"建设的规律性》，《理论探讨》2010 年第 6 期，第 1—5 页。

④ 《马克思恩格斯选集》第 2 卷，北京：人民出版社 1995 年版，第 33 页。

⑤ 韩冬雪：《衡量国家治理绩效的根本标准》，《人民论坛》2014 年第 4 期。

核心价值体系的导向和引领机制的具体建设路径。特别是在当代中国，“我们更应当关注的是社会主义核心价值观在人民大众中生根、发芽、茁壮成长的实践逻辑，而不是其概括与表述的理论逻辑”。[①] 培育和践行社会主义核心价值观是一项“筑德”工程，需要不断探索新模式，从而使得价值观建设从抽象的理论王国进入千家万户，融入百姓日常生活和悠悠乡愁中，于朴素中体现升华。[②] 因此，中国特色社会主义核心价值观重在建设，贵在落实，是一个长期、艰难、复杂而又全面、浩大的系统工程。

## 三、中国特色社会主义核心价值观的建设路径

马克思、恩格斯曾深刻地提出：“凡是有某种关系存在的地方，这种关系都是为我而存在的；动物不对什么东西发生‘关系’，而且根本没有‘关系’；对于动物来说，它对他物的关系不是作为关系存在的。”[③]由之，社会主义核心价值观的建设也是处在各种关系之中，它作用于经济、政治、文化和社会生活的各个方面，而且对共同体和个体都有着深刻的影响。“价值排序”的研究视角包含着对当代社会历史方位的基本判断和对中国现代化进程的批判性省视，并以此为前提为现实生活和社会发展确立价值坐标和价值规范基础。“价值排序”的视角也反映了不同的价值选择总是不可避免地“嵌入”着不同利益群体的各种关切及其所努力捍卫的价值秩序。而这种关切和努力的背后——归根结底就是一个价值体系的整体性建设和落地性践行过程。总之，以“价值排序”的视角来考察中国特色社会主义核心价值观的建设，要求我们立足于社会转型和文化安全的当代境遇，在深度国际化的世界坐标中，参照世界各国建设社会价值观的有益经验，以建构中国特色社会主义核心价值观的内容体系和建设路径。

从“价值排序”的研究视角可以看到，当代世界各国的执政党都重视社会价值观的确立和建设，都非常重视执政党自身的全面建设，从而为引导社会价值观建设设定目标指向和优先侧重。作为民族国家现代化建设的领路者，各国主流政党在推动社会价值观建设方面发挥了积极的引领作用，是现代社会核心价值观建设的主要发起者、引领者和参与者。从国际经验来看，在核心价

---

① 沈壮海：《核心价值观凝练的思维四结》，《光明日报》2011 年 6 月 13 日，第 11 版。

② 参见张彦：《将悠悠乡愁融入到核心价值观的践行中》，光明日报（理论版）观点摘要（2015 年 4 月 3 日）。

③ 《马克思恩格斯选集》第 1 卷，北京：人民出版社 1995 年版，第 81 页。

值观建设过程中，多数政党在党的纲领性文献中对其作出明确的原则性规定，有的政党还成立了专门的基本价值委员会，对政党的价值观进行系统性表达阐发和宣传推广。一般说来，中左政党主要以自由、公正、团结互助等为核心价值观，中右政党主要以个人自由、限制公共权力、维护传统伦理等为核心价值观，如自由党国际在《1997 年牛津宣言》中宣称“自由、责任、宽容、社会公正和机会均等是自由主义的核心价值观”。倾向于生态主义的政党以生态理论为核心价值观，宗教主义政党则普遍重视从相关宗教中汲取价值观支持来扩大对社会价值观建设的影响力。[①] 并且，一些政党开始注重限制特权，大力打击腐败，培育清正廉洁的价值形象。比如德国通过《基本法》对政党财务、违宪以及处理规定做了详细的说明，通过《政党法》明确政党的法律地位等等。此外，很多现代政党注重通过专门的政治教育和意识形态机构对党员进行价值观教育，提高党员引导社会价值观建设的自觉意识和实践能力。

对当今的主权国家来说，执政党的建设对国家的经济社会发展有着直接影响，对一个社会的核心价值观的引领和建设起到直接的关键作用，这一点在中国更为明显。因此，在社会主义核心价值观的建设路径中，加强党的建设是重中之重。所以，“中国共产党的建设不仅仅是党的自身建设问题，与政治力的增强、综合国力的提升有直接关联。因此，应该把党的建设放在国家整体战略发展中认识、谋划、设计和实施。……社会成员政治上的一致认同，就会形成强大的政治力量。政党作为一个政治组织，内聚力来自认同度，但政党内部的认同必须要外化社会的认同，这有利于形成国家意识形态，也是政党实现目标的必备条件。”[②]当前，中国共产党广泛开展的“两学一做”学习教育正是全面加强党的建设、党员加强自我学习、加强政治认同和价值认同的重要举措。“两学一做”学习教育的长效化、制度化也必将对加强党的建设起到良好的积极的作用。

同时，社会主义核心价值观是社会主义意识形态的本质体现，它反映中国特色社会主义制度在价值层面的根本要求，在所有价值目标中处于统摄和支配地位，因此，意识形态建设是社会主义核心价值观建设的应有之义和重要内容，是获得政治认同的重要途径，也是推进全面深化改革和全面建成小康社会

---

① 参见杜胜平：《外国政党引导社会价值观建设的做法和经验》，《当代世界》2008 年第 1 期，第 42—44 页。

② 郭亚丁：《党的建设与国家竞争力——党的建设在国家发展中作用的宏观思考》，《中共浙江省委党校学报》2011 年第 4 期，第 24—28 页。

的重要前提。一般说来，意识形态建设需要经过建构→认知→解释的第一层面，成为一种具有说服力的理论学说；经过凝练→价值→信仰的第二层面，锚定人们对于终极价值的追求；经过决策→行动→反馈的第三层面，将意识形态过程转化为社会行为。经过这三个过程，从而实现意识形态所应体现的政治辩护、社会整合和价值引导的功能。因此，“意识形态的一致性，应当基于社会领域中普遍有效的价值规范，通过统治集团对来自所有社会集团的意识形态因素的有机整合，将能够被清晰解释与说明的原则在群众中进行有意识的说服和训导，最终成为社会普遍的价值共识。意识形态的一致化过程是政治系统在自觉接受社会大众认同的一套普遍有效的价值规范基础上进行政治社会化的过程，是政治系统与社会文化系统共同作用的过程。它以不构成对人的自由、权利的侵害为前提。”①当然，我们在加强认同马克思主义主流意识形态和价值观念在当今中国的引领和整合作用的同时，也应赋予其开放性、包容性、拓展性和建设性的时代内涵，特别是大数据时代对意识形态安全提出了更高的要求。例如，西方国家通过数据库对中国网民进行价值观“洗礼”，渗透西方自我中心主义、自由主义以及诸多非马克思主义思潮，冲击我国社会主义核心价值观的培育和建设。

当然，党的建设和意识形态的建设最终还需落实到公民道德的建设过程中。就如迪尔凯姆所认为的：“只有当个体成功地融入社会群体，并且接受一套共享的价值和习俗的调整时，团结才得以维持。”②因此，不可忽视的是，当前我国的公民道德建设中存在着诸多的问题，无论是公民社会的养成，还是公民素质的提升都还存在着许多的不足，但正是这些问题和不足才更加吁求着加强核心价值观和公民道德的建设。资本逻辑的强势运力，以一种“原始正义性”的方式掩盖了其本身的悖论性，导致了人与社会、人与自然、人与自我关系的扭曲，为公民道德建设带来重大挑战。并且，基于价值排序的视角来看，“‘价值排序’的态度和思维方式在两个方面呈现出重大不同，认为不同矛盾与困境是每一个社会历史阶段都不可彻底回避的现实，正确的态度是面对现实，抓住其中最为突出和根本性的矛盾和困境，做出价值的选择。”③因此，党的十八大报告中提出了建设社会主义核心价值观的培育目标，为帮助公民形成正

① 袁峰：《价值认同与当代政治合法性的基础》，《华东政法大学学报》2008 年第 6 期，第 135—142 页。

② [法]E. 迪尔凯姆：《社会分工论》，渠东译，上海：上海三联书店 2000 年版，第 71—72 页。

③ 贺来：《“主体性”观念的价值内涵与社会发展的“价值排序”》，《吉林大学社会科学学报》2011 年第 3 期，第 43—50 页。

确的价值认知和道德认同提供了重要的指南。从公民个体的价值愿望和价值追求的角度出发，对中国特色社会主义核心价值观的认同与吸纳将构成多元环境下个体存在和发展的精神支撑，成为人们行为选择和价值追求的科学导向。

在当代中国，公民道德建设有着多维的进路，从价值主体来说，要从立足抽象的宏观的对象向立足具体的当下的个体自主的对象转型，关注"实现人的自由和全面发展"；从价值需求来说，要将核心价值体系中的共同理想与公民的个体理想相结合，从突出为国为民的理想境界向为国为民为家为己并重的现实境界转型；从价值取向来说，要从单纯的物质利益导向向公民文化自信、道德信心完善的目标前进，着眼于公民的道德意志和道德信念的夯实；从价值目标来说，要把抽象的、未来的、整体的道德目标与具体的、现实的、日常的道德目标相结合，使得公民道德建设成为神圣价值和世俗价值的有效集合；从价值内容和载体形式的统一性来说，各种理论教育、舆论宣传、文化濡化、实践养成、制度保障、仪式活动等渠道开拓了核心价值观和公民道德建设的新路径，创新了核心价值观的载体和方式方法，变革了价值观传播和认同的话语方式，强化了中国优秀传统文化基因在当代的意义凸显和生命力彰显，从而为实现中华民族的伟大复兴奠定了精神文化基础；从价值观建设的成效来说，可通过促进生产力发展的社会意识作用、以观念的力量证成和维护党的领导和政治权威、重建社会公平正义的认同系统，发挥价值观的社会整合和团结功能、积极应对风险社会增强价值观作用的有效性和针对性、调试自我适应时代发展的价值观念更新变迁机制等方面来反馈和改进。

总之，以价值排序的研究视角分析中国特色社会主义核心价值观的建设路径，既涉及对外部世界的理解，也与对人自身的理解密切相联系。在世界观的意义上，"价值排序"思想强调从人的"实践"出发去理解人与世界之间的关系，从而改变了以往那种人站在"价值"之外"观"价值的理论；在认识论的意义上，"价值排序"思想强调从"主体"角度出发去理解主体对客体的实践关系和认识关系，突出了主体在认识运动中的"选择"、"反思"、"建构"的作用；在辩证法的意义上，"价值排序"思想强调从人的存在方式和发展方式——实践——出发去揭示价值关系的发展变化过程，突出了在价值研究过程中辩证法的反思性的思维方式和批判性的本质；在历史观的意义上，"价值排序"思想强调从人的历史活动出发去理解历史的发展，去理解历史境遇中人的选择和行为。

社会主义核心价值观作为社会主义核心价值体系的内核力和聚焦点，深刻体现了社会主义先进文化的精髓和社会主义意识形态的本质。思想政治教育学科要在建设社会主义核心价值体系、培育社会主义核心价值观中发挥更大的理论引导和实践指向作用。[①]

——顾海良

# 第九章　价值排序与当代道德教育模式的创新[②]

道德教育模式作为一套比较稳固的，由教育理念、程序及方法构成的体系，是实现道德教育目标的有效手段。古今中外，不同文化背景下的道德教育都具有深刻的历史规定性，体现了社会文化历史对道德教育的影响力、规范性和制约性。但无论道德教育的模式如何不同，究其重要的一点就是引导人们"如何成人"，实现人之为人的价值目标和人格理想。回顾中国古代以来，道德教育有多种表现形式，以四书五经为表现形式的理论灌输式，以大诰、圣谕、政令等为表现形式的社会宣教范式，以人性关怀为表现形式的人文关怀引导范式，还有强调自我修悟的自成式等都是主要的道德教育模式。与此同时，西方的道德教育模式也层出不穷，"价值澄清模式"、"价值认知模式"、"社会整合模式"以及"实用道德教育模式"等都具有各自的理论观点和学理侧重，但同时也都具有重视学生道德判断和选择能力、强调国家主义和人类中心主义、注重培养学生的认知心理因素等共同的特点。

道德教育在国家公民教育和国民素质的养成过程中起到了重要的作用。可以说，公共道德教育的价值基点和价值选择、教育价值观的凝练与表达以及学校和社会关于道德教育的具体形式和组织方法等，都受到多方面因素特别

---

① 顾海良：《思想政治教育学科建设的新起点——学习习近平系列重要讲话中阐发的思想政治教育思想》，《教学与研究》2014 年第 9 期，第 5—12 页。

② 该章节部分内容题为《论价值排序与当代道德教育模式之创新》发表在《云梦学刊》2015 年第 7 期。

是政治因素的重要影响。在二十世纪八十年代后期，美国社会相继推出了五百余个教育法案，鼓励学校制定系统的德育评估标准，并确立了二十一条道德教育准则，其中主要包括自立、值得信赖、勇敢、自信、成为真正的自己、尊重别人的权利、正直、勇于承认错误、信守行业道德等内容，突出责任教育的重要性。还如，在东方，新加坡政府致力于建设新加坡共同价值观，有领导、有组织、有计划地推进公民道德建设，重构其宣称的"新加坡精神"。然而，不管是在东方还是在西方，面对全球化的世界趋势以及文化多元化的时代特征，传统的道德教育模式都出现了某种程度的失语化、边缘化、虚无化，主要面临着以下几个现实困境：价值多元化导致道德教育内在统一性的要求面临着挑战；数字化时代导致道德教育在时空压缩的环境下面对"虚拟实在"缺乏足够的解释力；后现代思维产生的道德教育对象异质化、离散化的"解构"现象，对道德教育的"建构"能力形成挑战等等。因此，如何回应这些困境和新的趋势，实现传统道德教育模式在新形势下的创新和发展就显得尤为重要。作为一种新的道德教育模式，"价值排序"思想的研究主要创新之处就在于，从强调道德价值的多元性、道德教育过程的复杂性、道德主体的责任性和道德方法的现实性等层面，恢复和实现道德教育的重要功能，从而实现道德教育的重大使命。

## 一、西方传统道德教育模式的观点与边界

中西方不同的伦理文化孕育了不同的道德教育和教育"善"的表达方式。中西方传统伦理学中除了都强调"真善美统一"之外，西方的道德教育还具有较强烈的认知论色彩，比如，伊壁鸠鲁就强调以知识和理性为凭借去除痛苦和纷扰，从而达到善之"身体的无痛苦和灵魂的无纷扰"；培根的名言"知识就是力量"，强调知识给予人力量，会改良人的心灵等；伦理学大师斯宾诺莎则通过对"感性知识"、"理性知识"和"直观知识"等的区分和研究，凸显知识帮助人达致至善的重要意义。这些关于至善至美和道德教育的研究为西方经典道德教育模式的发展成型奠定了重要的哲学基础。

我们说，道德教育的基本意义在于教育者与教育对象之间建立起顺畅的价值观念交流、商谈和认同的过程，建构起社会道德价值与教育对象个体价值观念融通的价值体系，从而在更深层次上拓展人的自由境界，提升人的道德智慧，增进人类的整体福祉。然而，随着现代社会多元文化的碰撞冲击，传统的道德教育模式，如"价值澄清模式"、"价值认知模式"以及"社会整合模式"等受到了现代社会道德理论与实践的双重挑战。特别是在现代教育进入大众化、民主化、国家化和正规化"四轮驱动"的强劲进程之时，传统的道德教育模式在

信息社会、大数据时代遭到了前所未有的边界限制和解释力失语化的现象。因此，梳理西方传统道德教育模式的基本理路，挖掘其具有时代生命力的亮点，是当代创新道德教育模式的重要基础。

价值澄清模式是西方道德教育的重要模式，路易斯·拉思斯、梅里尔·哈明与悉尼·西蒙是其代表人物，他们的《价值与教学》是其代表性著作。价值澄清模式在当时价值观念多元混乱的背景下应运而生，并在当时的社会产生了巨大影响。价值澄清模式主要着眼于价值观教育，试图帮助人们减少价值观念复杂混乱、价值行为模糊无序的现象，并通过一系列评价过程促进统一(共同)价值观的形成。一般说来，完整的价值澄清过程包括以下七个分过程：(1)自由地选择；(2)从各种可供选择的项目中进行选择；(3)在仔细思考后果之后进行选择；(4)赞同与珍视；(5)确认；(6)依据选择行动；(7)重复。这种道德教育的方法不是试图教给对象一套"对"或"错"的价值内容，而是强调主体自行建构价值、选择价值、实现价值的过程，主要为的是避免道德说教与生硬灌输，强调主体要努力适应环境变化和道德实践情境等。

但是，价值澄清模式所倡导的道德教育模式在概念和理论上"缺乏清晰性"[①]，无论在理论自洽还是在现实应用上存有以下几点欠缺：第一，"价值澄清"的道德教育模式容易陷入相对主义的窠臼。这是因为，"价值澄清"的道德教育模式虽然初衷是帮助教育对象了解价值问题，而且初期有一定的效果，但是在这一澄清的过程中，也会造成新的价值混乱。因为每个道德主体具有不同的生活经历、人生体验、道德认知，这些会导致不同价值观的形成，并随着个体的发展而变化，由此就易倾向于道德相对主义。对此，《价值与教学》一书本身也有这样的表述："不同团体的人们或许拥有不同的价值观，只要不超出国家法律，一切观点应可以讨论、检查以及可能的确认、拒绝或怀疑。换言之，人们应当自由地拥有不同的价值指示，而且他们的态度应当受到尊重。为此，我们被贴上了道德相对主义者的标签。根据某种解释，这种标签是正确的，我们认为，当今世界不存在一种绝对正确的宗教、一种绝对正确的道德、一种绝对正确的政治体制。"[②]第二，"价值澄清"的道德教育模式无法摆脱个人主义的强烈色彩。价值澄清学派严格遵循个人中心主义的信条，研究的出发点大多落脚于如何帮助"失常"的个体完成身份的转化与自我的提升，以更好地适应

---

① [德]沃尔夫冈·布列岑卡：《信仰、道德与教育：规范哲学的考察》，上海：华东师范大学出版社2008年版，第126页。

② [美]路易斯·拉思斯：《价值与教学》，杭州：浙江教育出版社2003年版，第3页。

“现世”生活这一价值目标。但是，由于其过多地关注个体，而忽视了对社会整体和共同秩序的关注和研究，忽视了社会因素对个体道德养成和价值选择的重要影响。第三，过于凸显了过程方法，而忽视了道德教育的实质性内容。可以说，价值澄清学派在道德教育的过程中过于偏重过程，而忽视道德教育内容的合理性和现实性，从而弱化了对道德个体行为的具体指导、引导、规范和校验，最后容易导致道德教育效果的式微和虚无化。当然，“价值澄清”道德教育模式的这三点不足与当时美国自由主义政治哲学盛行，以及由此对个体精神、个人权利的过分强调是密切相关的。

其次是“价值认知模式”，该模式是在道德发展阶段论的理论预设上提出的一种道德教育学说，主要由柯尔伯格提出。[①] 柯尔伯格吸取了杜威的个体与社会相互作用说和皮亚杰的认知结构说的重要思想，主要采用“道德两难法”研究了儿童的道德发展和教育问题，提出了道德认知发展阶段论及其相应的道德教育模式。价值认知模式的主要观点认为：人类道德发展程度是有阶段性的，与道德主体的认知发展水平和理解能力相适应。认知能力发展是道德发展的重要基础，道德发展不能超越认知发展水平，而道德发展的根本动力在于寻求社会接受和自我实现，这有赖于个体对社会公共领域的参与程度。在此基础上，柯尔伯格提出了道德发展的“三个水平、六个阶段模式”理论，认为道德教育的目的是促进儿童道德阶段的不断提升。“它揭示了一种以涉及生命的宇宙及宗教意义上的伦理和宗教思维为基础的道德取向，这个‘软阶段’不是道德阶段，我们也不要打算把它理解为继阶段 6 之后重构的公正推理的‘硬’阶段。”[②]同时，柯尔伯格还提出了认知发展的道德教育方法，亦被称为“道德教育新苏格拉底法”，即，通过“吸收苏格拉底教学法的实质，诱发学生的认识冲突和积极思维，并在科学研究新成果的基础上发展学生的理性精神，促进学生通过其与社会道德环境和教育影响之间的交互作用从事积极的道德思维和道德实践”。[③] 可以说，柯尔伯格的道德认知判断排斥灌输式的教育方式，推崇民主主义和以正义原则为核心的教育理念，强调从他律向自律的转变，并且最终由道德主体建立一整套的价值体系，这和“价值澄清论”有异曲同工之处。但是，这两者的不同之处在于，柯尔伯格在关注个体的同时，也强调

① 参见[美]路易斯·拉思斯：《价值与教学》，杭州：浙江教育出版社 2003 年版，第 3 页。

② [美]L. 柯尔伯格：《道德发展心理学——道德阶段的本质与确证》，郭本禹等译，上海：华东师范大学出版社 2004 年版，第 201 页。

③ [美]L. 柯尔伯格：《道德教育的心理学观点》，载于苏崇德：《比较思想政治教育学》，北京：高等教育出版社 1995 年版，第 49—54 页。

社会秩序建立的优先性，强调法律、宗教、政治等社会整体因素对道德教育过程的影响，强调父母、教师等道德“权威”在道德教育过程中角色的重要性，这在某种程度上是对价值澄清学派道德教育模式的一种修正与补充。

此外，西方传统道德教育模式还体现在“社会整合模式”上，这一模式主要包括迪尔凯姆的社会团结理论和帕森斯的社会整合理论。迪尔凯姆的社会团结理论的价值前提是要认识和承认环境的变化和社会的变迁，看到社会道德问题的情境嬗变基础。这是解决和防范社会道德失范失序的基本价值前提。迪尔凯姆的道德教育模式强调学校教育等正式规范的重要作用，也十分强调传统文化、宗教风俗、集体情感等非正式规范对社会失范的应对，旨在建立整体性的社会团结，并以此作为社会建设的一种价值目标——形成社会价值共识。迪尔凯姆把这种“价值共识”表述为“个人主义”，但“所追求的是非个人的目标”①，“其核心是强调普遍个人而不是特殊个人的尊严的重要性，尊重他们的权利。可以说，迪尔凯姆基于功能主义社会学理论阐述了道德教育的社会价值。他认为一个社会稳定的秩序与和谐的发展依赖于全体社会成员对特定社会核心价值观的共识、认同、坚持与遵守，道德教育的任务就在于向全体社会成员传递具有相对稳定性和普遍性的核心价值观，以使其能够自觉地遵守这些核心价值观，从而使每一个个体实现道德的社会化。但是，迪尔凯姆的道德教育观缺乏对多元价值背景的具体分析，忽视了现当代道德教育情境的复杂性，这是其道德教育观不足的地方。”②因之，社会团结理论对当前价值观建设最大的借鉴意义在于，环境的变化已对生产关系和社会关系的状况产生了重大影响，当代世界已进入信息工业的“大数据”时代，社会的阶级分层状况正经历着深刻的变迁和多元的走向，而社会价值观的变化是这些变化的直接结果。如果不认识到这一点，道德教育将失去其意义，社会价值观就无法实现社会共识和社会认同，核心价值观更是无法得到有效的培育和践行。

社会整合理论的代表人物是美国社会学家 T. 帕森斯。帕森斯的社会整合意指透过社会化过程使规范、价值、意义、信仰等，即文化系统内化成行动者的自在自觉，发挥社会共同意志的凝聚力和向心力，从而使整个社会走向和谐有序。帕森斯认为，社会学的最高目标就是解决社会“秩序”问题。因此，社会

① ［法］E. 迪尔凯姆：《乱伦禁忌及其起源》，汲喆等译，上海：上海人民出版社 2006 年版，第 233 页。

② Geoffrey Walford and W. S. F. Pickering (Editor), Durkheim and Modern Education, Routledge, 1998, p. 28.

整合理论主要从社会个体来研究社会公共价值体系的建立。对此，帕森斯明确提出将“社会整合”范畴纳入自己的研究对象，他把基于内在价值的意愿性行为看作是社会学的两大基本动力原理之一。同时，帕森斯认为权力机构对社会大众是具有控制力的，但这种控制力不能滥用，必须受到有效的监督和控制，社会才能够和谐。因此，关联到社会主义核心价值观建设和道德教育方面就是，社会价值标准的确立要符合公民个体行动的基本意愿，形成公民共同认可的价值指向。同时，社会整合理论也启示我们，社会成员民主权利的享有与发挥、公众参与社会治理行为的平台构建等对社会价值观的建构也具有重要的作用。

可以说，以迪尔凯姆和帕森斯为代表的社会整合模式的道德教育方式基本上以社会宏观结构主义为基本立场，存在着过分关注整体而忽视个体、过分强调秩序而忽视自由、过分迷恋社会结构的约束力而无视社会行动主体的能动性和主动性等问题，在利益多元、关系复杂、快速发展的现在，也面临着诸多社会矛盾和治理困境。

传统的道德教育模式除了“价值澄清模式”、“价值认知模式”和“社会整合模式”，还有“实用道德教育模式”等，杜威是其主要的代表人物。杜威认为：“道德教育就是一切能发展有效地参与社会生活的能力的教育，它的作用就在于其社会价值。道德形成的过程就是经验不断向好的方向转变的过程，与教育的过程是完全一致的，如果认识到这种一致性，教育将会被看作社会进步和社会改造的最经济的和最有效的手段。”[①]杜威的实用道德教育模式，强调以个人权利为中心，维护个人的自由发展，保护个人自由选择的权利，在美国价值观教育中有很大的影响。可以说，西方这些传统道德教育模式的产生与发展，与当时的生产方式和生活方式息息相关，都从各自的理论视角来阐述和研究道德教育问题，体现了当时的社会需求，也体现了一定的历史合理性。但是，就像“价值澄清模式”和“实用道德教育模式”所描述的那样，他们认为“道德适应环境而产生，某种道德与某种环境为善，对于他种环境又不然”[②]，都会不可避免地陷入道德相对主义的窠臼，致使教育的社会价值、道德意蕴被淡漠化、虚无化，从而使得教育对象感受到自己仿佛被抛入了一个充满道德模糊性

---

① 转引自单中惠：《现代教育的探索——杜威与实用主义教育思想》，北京：人民教育出版社 2002 年版，第 372 页。

② 戚万学：《冲突与整合——20 世纪西方道德教育理论》，济南：山东教育出版社 1995 年版，第 155 页。

和不确定性的时代。同时,西方传统教育模式的思维方式是建基于“原子式”的个人主义,构建的是理性主义的知识论教育模式,“隐含着个人与社会两极对立的缺憾”,“隐含着原子论式的社会还原论思想方法倾向,存在着使现代社会碎片化的可能”。[①] 而中国的道德教育更多强调的是知行合一、合法性合理性合情性的统一,建构的是情感主义基础上的体验式身传式精神形态模式。因此,西方传统道德教育模式很多方面都不适应于中国的道德教育情境。

同时,中国传统道德教育无论是建基于“独善其身”的自我修炼式,还是建基于封建等级制下的宣教政令式,也都无法对当前的中国道德教育模式困境提供有效的解决路径。因此,我们寻求在一种价值哲学视域下,以“价值排序”的理论视角和分析方法论对道德教育模式创新做一种可能的尝试,为破解道德相对主义之谜、突破唯道德认知论的泥潭以及如何在社会多元背景下形成价值共识提出一种可能的解决路径。

## 二、价值排序思想的道德教育特性与表现

人不仅是自然性、生物性的存在,更是精神性、价值性的存在。道德教育的使命和最终归属是“如何成人”,即在道德教育过程中不断培养人的自觉意识,通过反思自身存在形态来批判性地审查和追问个人生命的价值意义,进而强化人的主体性存在。中国传统社会以孔孟为代表的儒家文化,强调通过内省和自律这一自我道德修养方法来达到道德上的内心养成,并通过亲身躬行来实现道德原则的践行和落实。西方传统社会强调公正的道德教育常常被视为讲究客观性、逻辑性和理性,因而它更多地与道德思维有直接联系;中国强调个体关怀的道德取向常常被视为较多地凭借个人直觉、较多地带有个体主观色彩和感情、较少关注逻辑和理性问题,因而它与道德情感、道德心理有较多的联系。可以说,中西方道德教育的各种模式展示了不同的价值维度和教育特性。然而,随着市场经济的发展对人们生活的强力渗透,对物质利益的片面追求导致了在道德教育领域也出现了工具主义、现实主义和效用主义的思想,而弱化了人们对教育多元价值和人文精神的关注,道德焦虑和道德虚无感开始充斥当代道德教育的过程。

以往,“救亡图存的历史境遇所滋生的将中国从传统‘化’到‘现代’的迫切心态,以及以西方文明为‘现代化’标本的虚拟预设,交织成道德教育领域的

① 高兆明:《伦理学理论与方法》,北京:人民出版社 2005 年版,第 360—361 页。

‘历史—心态—理念’的三维背景，使中国道德教育已经习惯于不仅直接‘拿来’西方的道德哲学理论，而且更习惯将关于道德的‘教育’化约为一个普世性的技术过程。”[①]因此，在现有的教育困境下，如何重建具有中国特色的道德教育模式，如何重塑道德个体的主体精神，如何重构道德教育的神圣性和有效性，如何对传统道德教育模式进行“解蔽”和“超越”，成为道德教育研究领域的一个新课题。价值排序的思想及其分析视角为此提供了一种可能。

我们说，人的选择和排序是构成人类生活的重要组成部分，但是人的选择并非动物式的本能，而是有意识、有目的的自觉行为。人之有别于动物，首要之处“不在拥有理性，也不在于发明了工具和方法，而在于能选择，人在选择而不是被选择时才最成为自己；人是骑士而非马匹；人是目的的寻求者(而不仅仅是手段)，并以他自己的方式追求目的：可想而知，追求的方式越多，人的生活就变得越丰满；个体间相互影响的领域越广，新的和预料之外的机会就越多；他沿着新鲜而未被探索的方向改变其自身性格的可能性越多，展示在每一个个体面前的道路也就越多，他的行动和思想的自由就越宽广”。[②] 伯林的这段话不仅阐明了人与动物的根本区别，更重要的是道明了选择的自由、多元之于人的重要性。在多元文化、差异并存的现代社会，多元共生式选择取代了过去的单项式判断，选择所蕴含的哲学意蕴、所发生的深刻变化，意味着道德主体对各个价值选项进行“顺序性”、“优先性”排列的重要性。只有对其进行明确的认知、权衡，才能使道德主体认清自我需求、厘清各种道德困惑，从而才能更好地进行道德教育，实现道德目标。

价值排序思想的产生和发展，不仅表征着当前社会形态的基本特征，更凸显了现代人的生存境遇，也是对新时期道德教育模式的一个创新路径。因为，道德教育的目的在于“至善”的价值体系在道德主体中实现最优化、内在化和广泛化。而在“至善”的价值系统里面存在着不同的价值理念和价值原则，这就需要进行梳理、廓清和排序，这是进行道德教育前提之所在。于此，价值排序的涵义是首先对各个价值理念进行价值清理，在清理过程中所得的各个价值理念之间进行优先性的顺序排列，以便在价值原则冲突之时明确何者处于相对优先的位置。可见，价值排序不仅关涉到多元选择中各种价值原则之间的序列问题，也关涉到相异的价值理念如何协调共生并保持必要的张力，更关涉到建构价值秩序进程中的道德行动和道德教育。

---

① 樊浩：《道德教育的“‘精神”形态”与“中国形态”》，《教育研究》2013年第2期。

② [英]以赛亚·伯林：《自由论》，胡传胜译，上海：译林出版社2003年版，第252页。

纵观传统道德教育模式的发展史，以爱国主义为主旨的道德教育在 20 世纪 60 年代之前成为道德教育的主要内容，但是随着国家主义、爱国主义道德教育运动的日益形式化、狭隘化、片面化，使得以个人的自由选择和自主理性为旨趣的道德教育重新得到发展，20 世纪六七十年代的道德教育改革运动开始强调个人自由、道德个性的独立发展，反对形式化的道德说教和道德权威。对此，哈耶克在《经济自由主义》中也论述了自由主义之于个体的道德发展和社会的道德建设的理论指导意义。他认为，自由与道德相互制约、相得益彰，“只有拥有与我们自己的道德价值本质上相似的道德价值的社会，才能作为自由社会而生存下来”。一方面，“道德和道德价值只会在一个自由的环境中生长”；另一方面，“自由社会也只有在自由行动为强有力的道德信念所引导时才能良好运转”。① 在此之后，随着社会发展，道德教育在主题上也呈现出更丰富多元的内容，道德教育的表现形式也愈来愈多样化。

价值排序的这一理论视角，强调道德主体所面临的复杂情境和多元选择，强调社会及个体的综合因素对于选择和排序的影响，并且赋予这种“排序”自由相应的责任归属，反对灌输成为道德教育的方法论原则，强调自觉、反思、对话等成为道德教育的基本方法。这种建立在自主、自觉基础上进行选择和行动并承担相应责任的道德教育观，体现了对传统道德教育模式的超越，也反映了现代社会以及市场经济境遇下对人的道德意识和道德能力的新要求与新挑战。

价值排序的思想强调道德教育的主体意识，克服现存的道德教育模式中业绩主义、技术主义路径的价值取向，凸显了道德教育中对人的尊重、对主体性的尊重。价值排序思想凸显了道德主体的自我意识，强化了对教育的价值、意义的内在追求。我们说，道德教育总是根植于一个国家的社会制度和历史环境，受到国家意志的刚性要求，但是在具体的道德实践过程中，由于主体内在化的成长方式本身的量化以及各级学校在教学教育评价体系中业绩主义、技术主义、结果主义等价值取向的影响，使得当代道德教育特别是学校的道德教育，从本应更注重人的内在成长而逐渐转向关注可视化、可量化、工具化、利益化和短视化的一种“技术性的舞台秀”。这与道德教育的本意相违背。因为，正如雅斯贝斯所认为的：“人，如果要继续是人，就必须沿着自我意识的道

① [美]约翰·杜威等：《自由主义》，欧阳梦云等译，北京：世界知识出版社 2007 年版，第 407 页。

路前进。"[①]人的存在拥有无限的包容性与开放性。用马克思的话说，就是"具有丰富的、全面而深刻的感觉的人"，就是"富有的人和富有的人的需要"，而所谓"富有的人"就是"有总体的人的生命表现的人"。[②] 道德教育以培养"完整的人"作为自己的教育使命，唤醒人清醒的自我意识、认识人之生存的应然状态、意识到人性的善与恶是道德教育的应有之义。然而，随着近代以来商品经济的迅猛发展，包括人自身在内的一切社会活动都被物化、异化为异己的力量，道德教育也面临着前所未有的困境。

价值排序的研究视角力求个体根据以往自身道德生活的判断体验、个人的价值偏好取向以及对未来的积极期待对各种价值进行选择——内化——创造的过程，这个过程增强了道德主体自觉的价值教育意识以及将这种意识转化为行为的能力要求。正如胡萨所言："正是因为拥有这种积极的、有预期的意识期待和追求，使得'自我目光'能集中、自觉地朝向意向对象，由此使得意向对象能够从背景中'被唤醒'，从而'生动'、'清醒'起来。因此，意识的意向指向越强烈，自我意识就越清醒，其行为就越自觉。"[③]所以，面对当前的价值危机和道德教育困境，价值排序思想凸显了具有鲜明个人特色的价值定位，倡导对"物"凌驾于"心"之上这一错位关系的纠偏，从而体现了人之主体性精神的回归与重建，体现了超越工具理性、实现价值理性的道德教育目标。

价值排序的思想强调道德教育过程中的过程意识、选择意识，体现在情境中教化、在互动中提升的教育目标，实现道德教育个体化与社会化进程的统一与均衡。"我们对不同的价值进行区分，把不同的重要性归结给它们，决定什么时候和是否遵循它们。我把高级的善这种称之为超善，即这种善不仅具有比其他善有更加无与伦比的重要性，而且提供了据此必须对它们进行估量、判断和决定的立场。"[④]道德主体根据自我的认知、偏好在面对多元选择时表明自我的价值立场和伦理定位，深刻体现了道德教育之根本旨义，即如何在错综迷离的社会现象中做出正确的道德判断，从而有效地指导我们的行为。英国当代著名政治学家雅赛甚至将个体的自主选择视为自由主义的"基石"，并归纳了个体自主选择的三个基本原则：个人能够选择，并且只有个人存在选择

---

① [德]卡尔·雅斯贝斯：《时代的精神状况》，王德峰译，上海：上海译文出版社 2005 年版，第 106 页。

② 《马克思恩格斯全集》第 3 卷，北京：人民出版社 2002 年版，第 306—308 页。

③ 胡萨：《现象学视域中的"价值教育意识"》，《浙江学刊》2013 年第 4 期。

④ [加拿大]查尔斯·泰勒：《自我的根源：现代认同的形成》，韩震译，上海：译林出版社 2001 年版，第 95 页。

(个人主义原则);个人能够为自己选择,为别人选择,或者既为自己也为别人选择(政治原则);选择的意义在于选取所偏爱的选择方案(无支配原则)。[①]因此我们说,价值排序思想体现道德主体在社会生活中的多元选择,通过选择和排序,确立自我清晰的发展定位,形成独特的精神气质。当前社会物质主义和功利主义的大行其道影响了人的生活和行为,致使道德主体常常陷入选择困境之中。价值排序思想作为对其解蔽的方法之一,其理论前提便是多元价值的相融共生,只有在此基础上才有依次排序和选择的可能性。但同时,作为自我个体的发展,在不同的阶段有不同的追求目标,需要有不同主题性的价值理念来充当自我发展赖以定位的基本参照系,并以此作为自我评判、自我整合、自我发展的精神纽带和价值支撑,进而能够在多元之中确定自我的一个理性发展方向和道德行为的价值坐标。

最后,价值排序的思想强调在选择和排序过程中道德主体的责任承担意识,强化风险社会中责任伦理的构建,体现"以善律教"的教育本质。当前社会的急速转型、利益的各种冲突致使人们日益陷入道德感飘摇、责任感虚无之中。责任意识的缺失也反映了人们行为的滞后和反思能力的欠缺,特别是"有组织的不负责任"更是社会发生严重信任危机的重要原因。因此,价值排序思想强调在道德个体的自由意志以及在此基础上的主体意识和选择能力,必然的推演就是道德教育中负责任、有担当的道德主体的呈现和培育。因此,责任意识的培养是与每个人的价值排序密切相关的。只有在个人自主排序和选择基础上的责任才是"赋予"的、内在的、可以落实的责任归属。同时,价值排序具有预期的意向性,这种"意向性与行为几乎是不可区分的……在实施行动之前的意向也已经是体现的行为。由于每一个意识行动都是意向的,因而它在内容上是相关的"。[②] 可见,价值排序是道德主体的意向性行为,直接与主体意愿和责任归属相关。此外,价值排序的意向性还体现了道德主体的敏感力,能够使道德主体在行为的当下就有意识觉察并及时相应地调整,体现一个具有自觉意识的道德主体积极能动的反思省察能力,而这也是道德主体具有责任意识和责任能力的重要体现。基于价值排序思想的道德教育模式的意义也在这一点上得到强化。正如德国当代哲学家施佩曼所指出的:"教育应当使人

---

① [英]安东尼·德·雅赛:《重申自由主义》,陈茅等译,北京:中国社会科学出版社 1997 年版,第 75 页。

② [德]埃德蒙德·胡塞尔:《哲学作为严格的科学》,倪梁康译,北京:商务印书馆 2002 年版,第 99 页。

能摆脱当前刺激，使他能真正做自己想做的事。他应当自己引导生活，而不是'被动'地生活。"①

总之，纵观传统社会的道德教育模式发展演化的历史，可以看到，有这样一种价值理念始终起着重要的作用，那就是道德教育的模式要根据人之主体性随着社会历史和社会文化的变化而不断变化，道德教育的立足点要始终建立在人的需要、人的选择、人的自由、人的价值之上，方能凸显出道德教育之本意。而且，道德教育不仅仅在于一种道德知识的传授和道德行为的引导，更是给予道德教育对象一种选择生活方式的自由和责任，引导教育对象发展自身的道德判断水平、提升价值排序的能力，从而最终提高自身道德人格境界。

## 三、价值排序思想与当代道德教育模式的探索与创新

道德教育作为规约人之存在的一种方式，必将随着人的生存境遇的变化而变化。如今价值多元势不可挡，价值认同迫在眉睫；功利主义现实存在，道义价值必不可少；虚拟道德岌岌可危，现实道德有待重建；道德认知有待完善，道德践行任重道远。因此，我们要不断创新道德教育模式，廓清传统道德教育模式的边界，为新形势下道德教育的生命力和解释力寻求新的价值基点。价值排序视角的引入为此提供了模式创新的一种进路。价值排序思想提出了以尊重道德主体进行价值选择和排序为立足点、强调现实教育情境中主体间性的作用、克服道德相对主义和虚无主义的道德教育模式的新路径，为道德教育在现代境遇中重新构建"德福一致"的价值观提供了一种可供借鉴的方式。

价值排序思想体现了道德教育过程中价值冲突的平衡和调适过程，体现了道德教育联结沟通人性的本质要求，也体现了道德教育过程对于道德相对主义趋势的厘清，从而指导和帮助教育对象加强对于核心(共同)价值观的认同和践行。正如艾伯利所指出的："所有的价值观并非如自由主义者所宣称的那样都是平等有效的，只有某些道德的诉求才是合理的。"②而这种道德价值观总是与社会核心价值观(或共同价值观、共享价值观)联系在一起的。价值排序思想强调个体道德和社会道德之间的协调沟通。"个体道德建构就是个人道德的实现过程，它是通过社会道德在个人身上的道德内化来完成的。个

---

① [德]罗伯特·施佩曼：《道德的基本概念》，沈国琴等译，上海：上海译文出版社2007年版，第35页。

② Eberly E. D. The Content of Character: Recovering Civic Virtue. New York, Madison Books, 1995, p. 19.

体道德建构的动力是自我实现的道德需要。自我导向和自我调节是个体道德建构的机制,良心和人格是个体道德建构的结果。从建构的视野来看,道德建构是在道德情境、个体先前的经验和学习者共同体验基础上形成的,是社会建构的产物。"①但是,传统的道德教育模式由于缺乏一般的、非个人的道德标准与评价尺度,容易造成道德无序混乱的状态。正如鲁洁等所言:"过分强调个体价值的相对性则从根本上否定了个体价值等级的存在,事实上是取消了学校道德教育,奉行的是放任主义的教育策略。如果学校听凭学生各自选择自己的价值,那么,任何学生都可以为自己的任何行为作出在极端相对主义者看来是合理的价值的辩解。这种教育所可能导致的结果恐怕只能是混乱和无政府状态。"②尤其是当今人们受到全球化信息技术时代和自媒体传播方式的影响,由此产生的道德的模糊性、相对性和不确定性更加显性化。那么,为了避免道德的滑坡,防止道德虚无主义愈演愈烈,必须进行道德教育可持续发展的创新探索和路径践行。这就如唐爱民所说:"人类的道德生活是极其复杂的,存在着不可消弭的差异性。不过,这种纷乱的道德呈现,并非是无公度性的,就其一般的层次表现而言,又呈现为可归类、可解构的层次性。道德的多元性蕴含着一般性。"③

价值排序思想的提出正是基于价值原则和道德理念的多元差异性及其分类这样一种道德认知。在复杂的道德境遇中,价值排序者根据已有的价值实践体验、未来期望与性情偏好将所有的价值选项按照重要性程度进行排序、比较和评判,抑或是舍弃一些道德主体的价值认知中绝对错误的观念,而不是道德相对主义者所认为的任何观念都是可解释的合理性存在,进而避免价值选择的随意性和思维逻辑上的虚无主义。赫斯利普就说:"一个社会的成员只有获取必要的习惯和鉴别力,他们才能愿意按照其行为规范来行事。"④价值排序论正是强调首先要进行道德认知和鉴别选择,才能产生伦理行为并进行反思省察,即使在面对道德困境、伦理风险和文化冲突时,也能重建社会主流价值观的权威性和吸引力。"经历了价值混乱、道德滑坡之后,西方世界例如美国从二十世纪八十年代开始已经走向了道德教育传统的复归(所谓'重建品德教育'阶段),重新讨论在学校德育中倡导主流社会认可的价值观。"⑤价值排

① 杨韶刚:《西方道德心理学的新发展》,上海:上海教育出版社 2007 年版,第 355—356 页。

② 鲁洁、王逢贤:《德育新论》,南京:江苏教育出版社 1994 年版,第 485 页。

③ 唐爱民:《道德教育范畴论》,北京:北京师范大学出版社 2012 年版,第 67 页。

④ [美]R. 赫斯利普:《美国人的道德教育》,王邦虎译,北京:人民教育出版社 2003 年版,第 9 页。

⑤ 檀传宝:《学校道德教育原理》,北京:教育科学出版社 2000 年版,第 12—13 页。

序充满道德想象力的方式，通过道德现场等情境主义和透视主义的解读方式，打破了“价值澄清学派”等传统道德教育模式清除行为指导和权威方法使用的约束，重新给道德主体以道德信心并构建社会核心价值体系。

价值排序思想更加突显作为道德主体的个体承担责任的伦理要求，并不断积淀为个体持续增强的道德信心，实现道德教育本质上是一定社会关系和教育活动关系的伦理表达和价值认知。传统的道德教育模式，例如价值认知模式，它侧重于强调道德发展的一般自然规律，选择的缺乏和单一性无法体现个体的自主自觉，而道德实用主义模式也只关注最后的道德结果是否对行为有利，使得道德本身的真切性值得怀疑。然而，经济全球化、关系网络化、社会多元化的当代社会，价值的多样性凸显了选择和责任的重要意义，选择表明道德行为所具价值意义的多样性，也正是由于道德行为蕴含多种目的并因之具有多种不同价值，甚至陷入多种目的的冲突或价值冲突之中，才使得道德行为具有选择性、责任性和可评价性。

价值排序的思想是对现实社会多重选择的积极回应，并以此为尺度对多元选择进行排序归类，形成自我的价值认定表，道德主体进行价值排序的过程必然要求为自己的选择和行为承担相应的责任。正如万俊人所说：“如果说，人的自由存在带来人的责任这一逻辑具有某种先定必然性的宿命意味，因而使人对世界和自身的存在负有自由存在的本体责任的话；那么，人对自己的自由选择所必须承担的责任，则带有某种后天偶然性的特殊意义，从而产生了人必须对自我选择承担责任的伦理要求。”①同时，道德主体根据价值排序做出的每一次排序与选择，都在为下一次的价值排序提供“道德档案”，持续地反思与省察不断强化这些道德体验和经验，从而增强道德选择时的判断力和决断力，并逐渐积淀、内化为个体自我的道德信心。

价值排序思想通过“道德现场”、“微型德育”等情境式的道德教育方法，突显现场感与问题感，为解决当前德育叙事中存在的预设化、单边化、形式化困境提供了贯通的路径，解构了传统道德教育的单一性、说教性、虚无性和抽象性，提升了道德教育的接受与认可度。价值排序思想和传统的道德教育价值论说的一个很大不同点便是凸显了“道德现场”的维度，它不像道德认知学派那样过分注重理性的逻辑推理能力，也不像价值澄清学派那样忽视具体行为诸如榜样示范的指导，而是强调道德主体在价值选择过程中的道德体验经历、强调道德出题的“在场感”。传统道德教育空洞的说教所导致的单调性、抽象

① 万俊人：《现代西方伦理学史》(下)，北京：北京大学出版社 1992 年版，第 159—160 页。

性消解了人们在道德教育中的主体意识，更无法内化为人们的自觉意识和行为准则。而“道德现场”作为价值排序思想下的道德教育的一个有效平台、重要载体和实践阵地，以其特有的“在场感”、“问题感”与“共鸣感”显示了各种矛盾和冲突，成为当前道德教育有力的现实例证，更加凸显了道德教育的实践特性，从而使道德教育内容在受教育者的日常生活中生根、发芽、结果，并真正提高受教育者对其的认同感和信任度。因此，可以说，无论是皮亚杰、柯尔伯格所强调的“道德公正”，还是吉利根、诺丁斯所突出的“道德关怀”，这两种道德取向在中国社会是以“差序格局”①的样态运作的，即是以一种“差序”的“道德现场”的形式存在于中国人的道德判断和价值选择过程中。

总之，面对如今令人堪忧的社会道德现状以及不容乐观的道德前景，在西方传统的道德教育模式遭遇瓶颈、中国传统的道德教育模式遭遇边界的时候，探讨新时期新形势下的道德教育模式的更新突破和发展显得尤为重要。我们说，道德教育模式的创新不仅需要在教育学学科或者伦理学学科本身内进行超越和发展，更是需要多学科、多视角的互相融合与联动；中国特色道德教育模式的创新不仅在于对传统的道德教育模式进行反思和提升，更在于为现代道德教育的世界性难题作出可能的文化创新贡献。

① 燕良轼、周路平、鲁练平：《差序公正与差序关怀：论中国人道德取向中的集体偏见》，《心理科学》2013 年第 5 期。

随着全球化的强势推进，使“中国经验”与“西方经验”、“中国问题”与“西方问题”交汇和交织于“当代中国”这个特定时空中，形成一种看不见但却现实存在的文化世界。[①]

——樊　浩

# 第十章　国民价值观建设与推广的国际比较研究[②]

如今，本国国民价值观的凝练、建构、建设和推广在多个国家广泛兴起，并受到高度重视，成为国家文化建设和国民认同的重中之重。比如美国强调“美国精神”的重建，新加坡重视“共同价值观”的深入人心，德国把“立国价值”写入宪法。因此，探讨文化多元化背景下的价值观建设问题，展开国民价值观建设和推广的国际比较具有十分重要的研究旨趣和现实意义。本章选取了韩国和美国作为国际比较的主要对象。

在东亚国家经济社会发展进入新历史阶段的情境下，立足于中韩两国建设社会核心价值观的大环境，从探索多元化与一元化辩证关系的角度，展开对韩国国民价值观建设过程的全面考察，就当今韩国国民价值观建设中面临的突出问题进行分析和回应，重点就韩国国民核心价值观构建的有益经验及其对我国建设中国特色社会主义核心价值观的启示展开分析和归纳，从而为我们建设中国特色社会主义核心价值观提供可供借鉴的构建方案和建设进路。

中国和韩国同属东亚文化圈，无论在地理环境上、文化传统上还是在社会发展上都有很多相似之处。韩国前总统卢武铉在 2003 年 7 月清华大学发表演讲时就表示，中韩两国人民互有天然的亲切感，并极大关注对方的生活和文

① 樊浩：《道德发展的“中国问题”与中国理论形态》，《天津社会科学》2011 年第 5 期，第 18—26 页。

② 本章部分内容以《建设我们的价值观：国际经验与浙江经验——韩国国民核心价值体系的建构及对浙江的启示》发表于《观察与思考》2012 年第 12 期，第 22—26 页。

化，最好的例子就是“汉风”和“韩流”的盛行。[①] 目前，韩国和中国都面临着本土传统文化与外来文化的双重影响，都面临着现代化进程中的种种困惑与两难，也都面临着多元文化的不同取舍和社会核心价值观构建和认同的现实问题。因此，从探讨多元文化和道德认同的视角入手，通过研究韩国国民价值观建设的语境背景、问题范式、实践经验和建设路径等，阐释韩国国民价值观“何以建设”和“如何建设”的基本问题，概括韩国在国民价值观凝练过程和建设过程中的存在问题和有益经验，促进不同文化体系之间的自觉交流和沟通对话，从而使得具有人类“类性”的文化范式逐渐成为全球自觉遵守的惯例，成为中国建设中国特色社会主义核心价值观的有益借鉴。

选择美国作为国际比较对象的意义，更是不言而喻。美国在国内外推广其倡导的价值观过程中，有许多值得分析和研究的基本要素和经验：如坚实的硬实力是基本的物质基础、高度的文化自信是重要的心理基础、借用“正义”名片是其道德基础、较完备的理论体系是其学理基础、流行文化的传播是其有效载体、特制项目是其杀手锏、青年群体是其主要目标对象。同时，美国在推广其价值观的过程中存在着的单边主义、双重标准、政策的不稳定性、与事实不符的宣传也会削弱其所宣称价值观的吸引力。这就启示我们中国要推广和传播社会主义核心价值观，就要通过不断回应世界的真实需求获得尊重和公信力，支持第三方传播渠道以增强国际话语权。此外，国内传播主体在重大话语口径上要保持及时和一致，从而塑造一个真实可信的、负责任的中国国家形象。

## 一、韩国国民价值观建设的存在问题、有益经验及对我国的启示

### （一）当前韩国国民价值观建设的主要问题

当前，韩国在国民价值观建设过程中也出现了一系列的问题和困境，这些问题是韩国国民价值观建设必须直面的现实情境，也是当前韩国国民价值观建设和认同的重中之重。

首先，在现代国家的治理体系之中，政治生活无时不刻影响到国民的切身利益。在社会转型时期，价值体系的重组重建、多种文化的交流交融、国际各种政治势力的影响、意识形态的对话交锋等使得韩国社会的政治认同逐渐式

---

① http://news. eastday. com/epublish/gb/paper148/20030709/class014800003/hwz976917.htm.

微，处于被冲击、淡化和消解的过程之中。这一过程主要表现在韩国国民对政治现象的关心、执政行为的敏感、国民对于执政党的轮换、对于民主选举的关注和参与度、对于各类政策的关心程度、青年公民对于政治事件的敏感度和响应度、各种宗教组织对于政治统治的冲击以及各类政策贯彻的热情和政治价值的关注中，这些表现的漠视、淡化和质疑是价值失序的直接表现，会影响到韩国政治认同的实现，从而最终影响到韩国国民价值观的建设成效。

其次，韩国的文化建设遭遇着双重挑战。对于韩国来说，一方面韩国近年来输出了大量的"韩流文化"，通过文化产业、创意产业，特别是电视剧、电影、音乐、明星文化等，协同韩国饮食文化、服装文化、建筑文化等，影响到亚洲及欧洲的很多国家。但另一方面，韩国自身也长期受到西方文化，特别是美国文化（尽管韩国曾花大力气进行了所谓的"去美国化"运动，韩国的英文标注很多为韩文的音译，在书写和发音习惯上和英语不同）和日本文化的影响，维护国家文化安全、增强国家文化软实力任务也非常艰巨。此外，当前韩国文化安全又呈现出一个非常严重的内生不足性，那就是近些年来韩国文化传播的自满主义趋势明显，表现在争抢文化遗产、歪曲丑化他国、废除汉字运动等诸多方面，也呈现出其较强烈的封闭主义、保守主义倾向，韩国过分强调本国文化的优越性和正统性，对他国文化加以排斥和抗拒，对外国文化的开放性和包容性做得远远不够。目前韩国文化所体现的保守、刻板、固执、自恋等特性都比较明显，在各国沟通交流互相包容成为大趋势、外向型经济迅速发展的今天，这些现状不利于韩国更进一步的发展。

再者，韩国的公民道德建设也面临着诸多困境。集体主义与个人主义，社会的公平与正义，效率与公平何者优先，环境与发展的两难，功利主义的弊端，工具理性的大行其道，等级制度与自由开放精神的冲突，对女性的平等与尊重的缺失，韩流传播方式和传播内容的重组，道德教育方式的日趋呆板，数字化时代人际交往的日益冷漠，难以根除的腐败贿赂问题，宗族中严格的贵贱、嫡庶、长幼的等级边界和财产继承权的不均衡性等等，这些道德冲突的存在和加剧都成为韩国当前道德困境的种种表征，这些现状吁求着健康向上的社会价值观的建构与践行。对此，韩国大邱教育大学的崔信一教授很好地阐述了韩国社会当前的道德特征：第一，由西方国家推进的现代化浪潮在相当程度上弱化了韩国社会珍视的传统价值，即韩国在尚未整理对传统的正确认识的基础上就接受了从西欧冲进来的近代化。第二，在近代化过程中，由于世代间、社会阶层间、贫富间、地区间的差异而产生的价值矛盾，韩国经历了价值正确性的矛盾状态，并在价值的混乱中接触了近代化的过程。因此，很难对道德及价值确保我们自身的整体性。第三，和西欧近代化一起冲进来的利己主义的膨胀破坏了传统的共同体意识，进而也破坏了组成共同体的市民伦理，由此，个人主义与共同体间的矛盾更为激化。第四，由于传统道德共同体的丧失，道德相对主义膨胀到了极点，学校与社会全体陷于道德缺失症的境地。[①]

最后，韩国宗教信仰的问题也纷繁复杂、问题颇多。据韩国统计厅2015年的统计数据显示，韩国宗教信仰人数占总人口的43.9%，其中佛教占总人数的15.5%，新教占总人数的19.7%，天主教占总人数的7.9%。其中，从东方传入的宗教主要是佛教和道教，从西方传入的宗教主要是天主教和新教，当然还有各种鱼龙混杂的异教、邪教等。在韩国，到处可见各种大小宗教组织的宗教会所、教堂，也常有传教士到居民家中进行各种传教活动，尤以天主教、新教为多，可以说宗教势力在韩国非常强大。在2012年进行国会选举和总统选举之际，韩国新教方面有人试图通过直接建党或者选择支持特定政党和政客的方式积极参政，引起了广泛的忧虑。[②] 可以这样说，宗教问题，特别是由此引发的突发性群体事件，对社会发展造成的影响，都远远超出了信仰它的人群和范围。同时，宗教作为社会群体的一种信仰和组织形态，已经成为地区发展与安全的焦点和国际关系战略的重要组成部分。因此，对宗教信仰和宗教生活的规范和引导是当前韩国国民价值观建设的重要组成部分。

（二）韩国国民价值观建设的有益经验

对中国来说，韩国国民价值观的建设路径也有很多地方可以给我们借鉴和启示，具体说来包括儒家思想现代价值的挖掘、爱国主义的有机生成、对道德教育的高度重视、融入细节的道德生活养成、孝道家庭伦理的传承等诸多方面。

韩国被称为“世界第一儒教国家”和“儒家文化的活化石”。在与中国的漫长交往过程中，儒家思想深刻地影响了韩国的民族精神、文化养成、伦理关系和日常生活秩序的诸多方面。甚至可以说，儒家思想几乎融化在了韩国人的思维方式、行为方式和生活方式之中。从三国时代到朝鲜王朝，它的影响逐渐扩展到整个朝鲜半岛，最终成为韩国的国教。“韩国被称为儒家的第二故乡，受到儒家文化的深刻影响，这种影响从过去到现在一直存在，并在韩国的学校教育中成为共识。”[③]其中，以儒家精神为主要办学理念的“成均馆大学”的《儒

① 崔信一：《韩国道德教育的现在与未来》，《日照职业技术学院学报》2007年第6期。

② 《基督党酝酿筹备韩宗教涉政引人忧虑》，2011年8月31日朝鲜日报中文网。

③ Xinzhong Yao, An Introduction to Confucianism, Cambridge University Press, 2000, p. 115.

学大学院学则》(相当于校规)中就说道:"本大学院根据教育法,继承我国的传统思想,特别是以儒学为基础的韩国传统思想,并使其现代化,从而创造出一种使全体国民达到共识的新的伦理观和自主的民族文化,培养出有能力的人才。"①

直到21世纪的今天,儒家思想在韩国社会中仍占有绝对的比重:"韩国的儒家伦理对韩国的现代化进程产生了深刻的影响。无论是家长式的威权主义政府,还是家长式的企业经营体制;无论是国家的选举活动,还是社会关系网络的组成,大到国家的政府体制,小到家庭生活、亲情关系和地缘关系等,儒家伦理渗透到社会的各个角落。"②韩国政府在1998年正式提出"文化立国"的方针,在某种意义上说,文化立国就是以儒教立国,以儒教立国是当代韩国的基本国策。儒教在韩国不仅仅是一种传统,而且是正在延伸和拓展的生活方式。在韩国传统的281所乡校和84所书院中,至今仍然还设立有"忠孝教育馆",经常开展有关儒学的各种学术活动,韩国的社会共同道德至今仍然是中国宋代提出的"八德"(孝悌、忠信、礼义、廉耻)。此外,中国南宋时期的《朱子家礼》仍然是当代韩国人家庭伦理的重要规范基础。特别是韩国社会经济发展的背后,内含着新儒教对于社会组织强调的秩序原理,学者金日坤把其概括为四点:(1)中央集权的政治统治;(2)"忠孝"的伦理;(3)和平主义以及教育;(4)儒教思想中有资本主义的经济观。③

在日常生活中,韩国也非常注重对传统文化的保护和传承。其中,有一类民画多装饰于家境较好的人家,特别是成年男性的书房,包括带有儒家精神的屏风画,内容多为具有儒家"仁、义、礼、智、信"思想的《文字图》、《孝悌图》等,还有鼓励勤奋读书、考取功名的《册架图》等。当然,儒家文化在韩国的影响也存在着一些负面效应,因为"提倡刚健进取、秩序、责任的儒家文化无疑为韩国的经济起飞提供了精神推动力和最初的组织形态,但其垂直体系、等级观念、严格的伦理监管却与以自由、平等、个性独立为理念的现代生活并不相容。从这个意义上说,儒教对于韩国是把双刃剑"④。比如,比较严重的有等级制度森严、家长制的管理制度、"唯上唯长唯男"三大弊端的存在、对女性的性别歧视、重亲缘血缘学缘、重视熟人关系等。

---

① 转引自成均馆大学:《儒学大学院学则》,第1章第1条。

② 罗峰:《韩国文化与现代政治转型》,《东北亚研究》1998年第3期。

③ 金日坤:《资本主义与儒教文化》,东京:大修馆1992年版,第106—114页。

④ 王晓华:《崔真实自杀与儒教的双刃剑》,《社会学家茶座》2009年第2期,第12—15页。

韩国强调爱国主义的有机生成与重视培养，也是值得我国借鉴的。在韩国，可以明显感受到韩国人的爱国意识和爱国情怀，他们强调以国民精神教育为根本，来提高民族的生存能力并强化为爱国精神。这种爱国精神的生成与韩国的立国历史密切相关。“韩国的国家意识和民族主义虽然表现得比较强烈，但其产生的最初动力主要在于殖民压迫和欺侮，缺乏较充分发育的公民意识做基础，多带有朴素的和仇恨的色彩，时常还表现出偏执的、狭隘的和激进的倾向。”①

韩国的爱国教育在学校中首先被高度重视，韩国的各级学校教育非常注重培养学生的民族自信心和民族自豪感。一般在韩国学校中，都会专门安排课程讲授韩国被侵略、被压迫的苦难历史，并大力宣传在战争中涌现出的英雄人物和英勇事迹，组织学生参观各种历史博物馆、访问历史名流的故居遗址、祭奠抗日英雄纪念碑等，使学生一方面亲身感受到传统文化的巨大魅力，另一方面接受爱国主义的洗礼和教育。例如，在韩国幼儿园里，幼儿的教室、教师办公室、公共活动区域等，都端端正正地挂有韩国国旗。韩国人的爱国精神还表现在对本土的热爱中。幼儿园老师常教育孩子，韩国在哪些方面、有哪些物品是世界有名、亚洲有名的，教师和孩子都以购买本国的物品为荣。

到了20世纪末期，韩国充分挖掘了民族文化资源和国人爱国主义的深厚情怀，提出“提倡国货”、“使用国货”的爱国口号，并且将口号表达转换为日常习惯，这种成功经验为其民族经济的快速发展奠定了深厚的国内市场基础，继而以“亚洲四小龙”之一的形象逐鹿于世界市场。并且，韩国继而依凭文化资源所获得的经济发展，转而为其文化产业及产品的发展开拓了更为广阔的空间，有效地发挥了文化产业为国民经济整体运行获取外部资源补偿的积极功能。

此外，韩国人的爱国“国民精神”在20世纪90年代后半期席卷亚洲的金融风暴中，更让世人瞩目。当韩元兑美元汇率狂跌时，韩国人喊出了“一人一元救国家”的爱国口号，国民纷纷把自己的金银饰品卖给国家，只收欠条。从1998年1月5日到1月底，韩国各地约170万国民排着长队，向国家出售了120吨“爱国黄金”，令世人震惊和动容；各种民间团体和民众还自发组织起来，增加生产，厉行节约，购买国货，减少出国旅游，齐心协力，共渡难关。② 在

① Soon Won Kang, Democracy and Human Rights Education in Korean, Comparative Education Volume 38, No. 3, 2002, p. 318.

② 卢新德：《韩国经济率先全面复苏的原因》，《当代亚太》1999年第8期。

日常生活中，大多数韩国人都非常热爱本国产品，比如本国牛肉的价格就比进口的牛肉要贵（韩国人认为自己国家的饮食是最健康的），普遍使用本国生产的数码产品、汽车、服装、护肤化妆品等等。

韩国非常重视道德教育，把德育作为立国和兴国之本，作为复国强国之根。韩国教育部的指导文件中指出："为形成国民意识而加强民族教育和政治教育已不再是什么新鲜事，尤其像韩国这样一个国民团结比较脆弱的社会更是迫切需要伦理道德教育。"由于深受中国儒家文化的影响，儒教是韩国社会发展和民族自立自强的力量所在，也是道德教育的重要组成部分。韩国人把这种体现韩国民族精神的儒教精神作为学校德育的主体框架，并通过德育使儒学反作用于韩国的社会和文化建设，培养具有强烈民族意识和道德感的韩国人。

从韩国的德育发展史看，韩国每次教育改革都把道德教育改革放在首要的位置，并且根据国际、国内形势的发展，不断从国家层面上调整学校道德教育的目标。"韩国构建学校、家庭、社会三方面力量互相配合相互支持的德育体制。学校成立家长联谊会，充分发挥家庭作为社会细胞的作用。同时，建立社会教育网，创立文明和示范社区，融合社会机构的力量于德育之中。"①同时，韩国的德育内容带有明显的时代性和开放性。在对待传统道德上，发扬传统伦理道德，营造良好的传统道德文化氛围，将民族文化传统和现代文明相结合，使传统文化有机地融于现代文明之中。韩国的儒教在内容上剔除封建色彩的学说，力图体现时代特色和社会发展。并且，韩国学校也善于把西方文化中的竞争意识、效率意识、价值意识与儒家伦理相结合，教育学生既要重视个人价值，又要推崇社会价值。韩国的中小学校内都设有传统习俗教育室，不仅有许多传统习俗实物供学生参观，还有供学生实习传统礼节的场所。学校到处悬挂着历史人物的画像，将传统的名言作为学校的校训，或者用韩国历史上的名人来命名学校的建筑物。

此外，韩国学校根据不同年龄阶段学生的生理和心理特点，采取不同的、有针对性的道德教育方法。根据年龄、社会阅历及知识储备的程度，学校德育的内容注重由浅入深、从具体到抽象、从实践到理论这种科学的教育方式。在具体的德育方式上，对年龄较小的学生采取讲英雄故事、爱国故事的方法，并利用卡通图片、通俗画册等为学生所易于接受的形式进行教育；而对于年龄稍

---

① 凌靖波：《朝鲜与韩国学校道德教育比较及其启示》，《思想教育研究》2010年第1期，第24—27页。

大些的中学和大学的学生，经常开展一些健康的集体活动，譬如读书活动、以爱国精神为主题的演讲比赛等。同时，韩国也大量吸收中国和朝鲜传统道德教育的方法，并借鉴日本、欧美等国家的现代道德教育方式，将两者与本国实际有机地联系起来。

道德教育的成效最终体现在道德生活中，体现在道德生活的各种细节中。韩国融入细节、贴近生活的道德生活是在长期的教育过程中不断整合东西方思想文化资源，政府对学校国民精神教育给予足够重视的结果。韩国建立健全"学校＋社会＋家庭"三位一体的联合教育格局，并且适时革新学校国民精神教育的内容，从而积极创新国民精神教育的思路和途径。诸如韩国政府在全社会范围内开展了"秩序教育、亲切教育、清洁教育"三大教育活动，大人守秩序、讲礼貌，不插队、不占座、不乱扔垃圾，孝顺父母，在公共场所不喧哗不吵闹，孩子就会跟着学，从礼貌精神、礼仪形式到实践行动，都对孩子产生潜移默化的影响。而且，韩国电视台还经常播放以礼仪教育为主题的各类公益广告，并号召家庭成员共同收看，共同学习和遵守。

此外，韩国道德教育方法灵活多样，主要有直接灌输法、实践教育法、隐性教育法和学校、家庭与社会联合的综合教育法等，并通过开设相关道德伦理课程进行直接教育、通过开展社会服务活动进行实践教育、利用本国丰富的历史文化资源进行隐性教育等。例如韩国初中德育开设《道德》课，内容分四个领域：个人生活，家庭、邻里、学校生活，社会生活和国家、民族生活。每一个年级在每一领域中的内容均有所不同。"个人生活"领域主要是加强对人生和道德意义的认识，强调人与自我的伦理关系；"家庭、邻里、学校生活"领域主要是让学生们懂得在家庭、邻里和学校生活中的礼节和道德问题，并正确处理好这些关系，强调人与他人的伦理关系；"社会生活"领域主要是使学生深入到社会范畴，学会如何处理社会与道德以及其他社会道德问题，强调人与社会的伦理关系；"国家、民族生活"领域主要对学生进行民族主义和客观存在主义教育，强调人与国家、人与世界的伦理关系。这四个部分是一个有着内在联系的统一体，注重从不同层面、不同维度、不同领域把个人生活、家庭生活以及社会、国家和民族的命运与前途统一起来，在横向上紧密联系，在纵向上浑然一体。

韩国对于国民价值观的建设最明显的一点就在于对于孝道家庭伦理的传承和发扬。"孝"(filial piety)英文字面意思是指子女对父母的虔敬和顺从。"孝"在《说文解字》中指"善事父母"。但怎样才算善事父母呢？它首先意味着"善养"，按《吕氏春秋》的说法，"善养"指养体、养耳、养目、养口、养志。具体说来，可以表现在以下几点：顺从父母、生养死葬、慎终追远（慎终追远，民德归厚矣)和推己及人(老吾老,以及人之老;幼吾幼,以及人之幼)。

可以说,在世界各国中,韩国社会可能是最强调“孝道”的。孝道在韩国社会精神文化生活中占主导地位,渗透在学校和家庭教育中。学校和家庭很重视对儿童进行“孝道”的熏陶,教育孩子孝敬老人、赡养父母是一种神圣的道德义务。比如,儿女们安排父母旅游被称为“孝道旅行”;向父母送礼物被称为“孝道礼物”;字大、屏幕大且价格便宜的手机被称为“孝道手机”;此外还有“孝道商品券”等等。可见“孝道”两个字在韩国使用很广,这可能是重视忠孝的韩国社会独有的现象。在观念上,韩国的孝亲观念非常浓厚,对父母长辈的孝不仅仅在物质方面,也从精神层面、心理层面上尊重老人的想法和意愿。对个人的评价如果是不孝的话,就会直接影响其事业和前途。虽然,我们不一定提倡个人的孝德一定要与个人的前途联系在一起,但能作为评价人的一个重要标准,也会在一定程度上成为监督个人孝德的社会舆论和外在压力,从而为全社会形成孝德的普遍氛围创造条件。

此外,韩国的孝德和家文化也体现在韩国企业的企业文化上,主要体现在以下三个方面,即家族控制的治理模式、垂直控制的管理模式和重视亲缘关系的文化模式。其中,血缘关系是治理和控制韩国企业的主要线索,地缘关系和学缘关系是血缘关系的补充和扩展,在韩国,熟人推荐是找工作的一个很流行的做法。当然,虽然韩国企业文化中有很深的中国“家文化”思想的烙印,但其在现代化过程中吸收多元文化,形成了许多值得重视的优秀文化,其中包括追求第一、创新精神、集团主义、人才培养和勤勉意识等。

中韩两国在继承和发展本国传统文化,吸纳外来文化的过程中,“孝”文化的含义形式是多层次、多方面的,在选择和接受的过程中也具有一定的地域差异性和社会选择性。因此在继承与发展的过程中,不可避免地带有各个国家民族自身的历史和现实的印记。因此,孝文化的继承本身就是一个复杂的文化选择和再造过程,孝德文化在中国的建设也面临着许多新的问题。可以说,中国传统的慈孝文化以仁义精神为根本,以“孝悌为先”为基本的教化手段,提倡尊卑感和秩序感,强调德教为主,“以和为贵”。这种以儒家思想为主流的文化特征,包括广为流传的《三字经》、《弟子规》等,都是中国非常优秀的亲子文化的伦理资源。这种资源,植根于千百年来普通民众的日常生活中,到现在还具有生生不息的生命力;这种资源,对于当今亲子关系的维护和改善,仍具有独特的道德关怀的精神价值、文化继承的教育价值和普适推广的实践价值。

### (三)韩国国民价值观的建设对我国的启示

韩国对于国民价值观的重视和建设的很多做法可以给我国以启示,主要体现在以下几个方面：

第一，务实求真，加强公共伦理建设。在政治领域，务实精神是首先应当被重视的，它是善政善治的重要思想保证，也是公职人员应具备的政治品格。务实即讲实情、办实事、求实效，是实事求是处理问题的作风；求真即求真理、做真人、办真事，是以科学精神对待问题的态度。务实求真，加强公共伦理建设，体现了现实政治实践的需要，也是落实科学发展观和实现善政善治的必然要求。但是长期以来，我国的公共管理是将公务员个人道德修养看作其行为的基础，强调伦理道德的约束，而在公共伦理常态化、制度化、规范化建设上比较滞后。"政者，正也"，"己不正，焉能正人"，在中国历史上历代的吏治都非常注重公职人员的德行，注重内在德性的提高，追求的是"人人皆可为尧舜"的道德自觉，而这种道德自觉，"其发生途径就是'三省吾身'、'神明自得'，通过'格物、致知、诚意、正心、修身'，最终达到'齐家、治国、平天下'的目的"[①]。不可否认的是，每个人的道德品质和道德自律具有非常重要的约束作用，但是其作用具有有限性，并且每个公务员个体的道德自我要求是具有差异性的。在当今市场经济的条件下，社会处于高速转型期，各种诱惑和博弈也使得公职人员的道德水平不断面临挑战，仅仅靠个人单纯的道德修养和良心意识无法有效保证公职人员的廉洁、勤政、公正，无法杜绝官商结合、权钱交易等腐败行为。因此，加强公共伦理的制度化、法制化建设，可以有效地推动公职人员的行为准则，加强软约束与硬约束的集合，从而加大公职人员违反公务员基本道德的成本，推动和保障伦理道德要求在公共管理活动中的实现，从而净化全社会的伦理道德环境，有效抑制公务员队伍中腐败现象的滋生。

在这方面，韩国的做法可能具有参考意义。韩国通过制定《公职人员伦理法》，从制度、机构、程序等方面体现了在公共政治领域的伦理秩序和价值要求。于1948年7月17日制定、1987年10月29日第8次修改的《大韩民国宪法》规定，公职人员应该为全体国民服务，并明确提出公职人员应把国民利益作为主体，而不是为特定集团局部利益服务这一总的伦理标准。韩国宪法的这一公共伦理精神，在韩国《国家公务员法》、《地方公务员法》、《公职人员伦理法》、《公职人员伦理实施令》、《公职人员伦理法实施规则》、《公职人员伦理宪章》以及《公共事务条例》等里面都有比较具体明确和细致的体现。以韩国的《国家公务员法》为例，适用于行政机关、立法机关和司法机关全体公职人员的《国家公务员法》，规定了人事管理、人才录用以及各类公务员应该遵守的伦理

① 朱碧波：《行政伦理困境突破的路径选择》，云南大学硕士论文，2008年。

准则。可以说，作为一部充满公共伦理内涵的《国家公务员法》，非常具体详尽地规定了公务员在公共事务领域恰当行为的伦理规范，具有很好的规范和制约作用。

此外，韩国公共伦理的内容在《公职人员伦理法》中做了更为细致的规定。该法于 1981 年 12 月 31 日以总统令的形式颁布，到 1994 年 12 月 31 日共进行了六次修订，其主要内容共包括六章，约合一万五千个汉字。其中，各章标题分别为："总则"、"财产申报与公开"、"礼品的申报"、"限制退职公职人员的就业"、"补则"、"惩戒和罚则"。同时，韩国设立了多领域、多层次、具有实权的公职人员伦理委员会。具体地说，就是在国会、大法院、宪法裁判所、中央选举管理委员会、政府、地方自治团体以及直辖市、道教育厅，分别设立公职人员伦理委员会。①

总之，公务人员作为公共领域的治理者和服务者，其权力是人民让渡和赋予的，应该在价值观建设上树立务实、求真、高效的服务品质和价值理念。中国向来重视公职人员的政治意识和道德品格问题，而制度建设可以推动和保障这些伦理道德要求在公共管理领域的实现。我们也许可以借鉴韩国以制度伦理来促进公共伦理的某些做法，加强公共伦理的制度化、规范化建设，促使公务员形成遵守公共伦理的心理定势和实干兴邦、勤政廉政的行为习惯，做到执政为民、科学执政，构建社会主义和谐政府和服务型政府。

第二，诚实守信，加强信用伦理建设。"信"，它是中国优秀传统文化和传统伦理的基本范畴之一。它的含义与"诚"、"实"等非常相近。从字形上来分析，信字是"从人从言"，在《说文解字》中，"诚"、"信"互训，其意义是相通的。《说文》中曰："诚，信也；从言成声。""信"的解释则为："诚也；从人从言，会意。""诚"在于"内诚于心"，强调内在之诚；"信"强调"外信于人，取信于人"。在一般意义上来讲，"诚信"更多的时候是一种道德价值判断。孔子讲"言忠信"，意思一为"诚实"，二为"践诺"。其中，孔子提到的最低标准就是"言必信，行必果"。

我们说，真实无妄之谓诚，言而有实之谓信，诚为信之本，信为诚之用。信，不仅是一种言语或者承诺的真实，更是本心之真、本性之真。它不是求信于人，不是求人所信，而是尽己。具体来说，守信的内涵有四个方面，即尽言、尽行、尽心和尽性，政治、经济、社会和个人生活都离不开"诚信"。诚信不仅是一种品行，更是一种责任；不仅是一种道义，更是一种准则；不仅是一种声誉，

① 邵任薇：《韩国公共伦理制度建设及其启示》，《探索》2006 年第 5 期，第 45—48 页。

更是一种资源。

但市场经济文化具有两面性，对功利主义的过度张扬极易导致对个人社会责任与义务的忽视，以及行善积德理念的日益淡漠，导致诚信践行的步履维艰。诚信是市场主体言行最重要的道德标准，是个体对公众利益的一种承诺。人无信不成，民无信不立，国无信不兴。因此，当代中国特色社会主义核心价值观倡导诚实守信，就是要把诚信作为现代社会文明之基，要大力弘扬传统的"诚信"美德，更要大力推进现代"信用"体系建设，使生财以道、见利思义、遵纪守法、诚信发展、共创共富等意识深入人心，成为全社会自觉的价值意识和行为规范。

第三，好礼崇学，加强学习和自我修养。崇学风尚是人们在社会经济发展到一定阶段后在精神文化上的必然诉求。改革开放以来，我国社会得到快速发展，综合实力和发展质量显著提升，社会事业全面进步，当前已基本实现全面建成小康社会的目标。正是在这样的背景下，倡导崇学风尚、建设学习型城市，既是为了满足人民群众日益增长的精神文化需求，解决文化发展与经济社会发展还不完全适应的状况，还可以为应对未来挑战、充实发展后劲、提升软实力、提高生活品质、促进人的全面发展提供动力和支持。

韩国关于终身学习城市的倡导和建设给我们培育好礼崇学、尊重知识、尊重人才的价值观氛围以深刻启示。韩国终身学习城市的建设和推动，主要是由政府推动，是政府各部门的共同事务。"韩国终身学习城市的推展，受到社会投资论的影响，将建构终身学习城市视为一种重要的社会投资。"① 韩国将推展终身教育列为政府的重要政策，并明定于宪法之中，使之不因政权的更迭变换而有所影响。韩国建立了一万多个开展终身教育经营活动的终身教育机构，从事终身教育项目的设计、开发、组织、评价等活动，并为终身学习者提供各种教育需求的服务。韩国将终身教育作为通向学习型社会的手段和前提，公民全员参与终身学习的氛围比较好，终身学习的愿望强烈、需求多样，并且通过乡村的社区教育运动，大大拉近了城乡终身教育环境和人均教育水平的差距。在制度保障上，韩国颁布了《终身教育法》，依法保障终身教育的实施，制定了一系列的政策和措施，效果良好。

第四，尚德向善，加强公民道德建设。向善的价值追求是实现社会和谐，构建社会主义和谐社会的道德依托。在《辞海》中，关于"善"的解释首先是"善

---

① 黄富顺：《韩国终身学习城市的实务运作、成效与启示》，《现代远程教育研究》2011年第2期，第45—51页。

良；美好”的意思，并且把“善”定义为“伦理学的基本概念，也是马克思主义伦理学的中心范畴。用于对人的行为进行道德评价。凡是符合一定社会道德原则和规范的行为，就是善；反之就是恶”。可见，“向善”即朝着善良美好的方面发展，朝着符合一定社会道德原则和规范的方向前进。它是不分高低的，是人皆可以为之的一种道德自觉和道德意志，不为恶即最基本的善。所以，“向善”实为所有普通老百姓都能够共同参与、身体力行的公民道德建设过程。

胡锦涛同志曾明确指出，一个社会是否和谐，一个国家能否实现长治久安，很大程度上取决于全体社会成员的思想道德素质。没有共同的理想信念，没有良好的道德规范，是无法实现社会和谐的。这段话明确阐明了公民道德与和谐社会的密切关系，明确了公民道德建设对于构建社会主义和谐社会的基础性地位。特别是随着我国进入全面深化改革发展攻坚期和社会矛盾凸显期，各种社会现象和社会矛盾更加复杂多样，“反映在道德建设领域，部分社会成员拜金主义、享乐主义、极端个人主义有所滋长，见利忘义、诚信缺失等道德失范现象时有发生，封建迷信、黄赌毒等社会丑恶现象沉渣泛起，这些问题严重败坏了社会风气，群众反应强烈”[①]，从而使公民道德建设之紧迫性和艰难性尤为突出。

在当今东亚乃至世界范围内，与中国比邻而居的韩国在公民道德建设上因其鲜明特色和显著效果而颇具影响。对此，韩国学中央研究院前院长、教授、博士生导师李瑞行先生认为：中国和韩国价值观在现当代差别的最大原因在于，韩国强调的是孝文化的传承，中国更突出了忠文化。[②] 因此，在社会核心价值观的层面，出现了不同的特征和取向。韩国由家庭到学校到社会的公民道德体现在自主自律的方面，自下而上的延伸比较多；中国更强调的是社会和政府，个人服从国家，个人服从集体，因此社会价值观的建设往往自上而下的推行、倡导、引导比较多。因此，我国在当前社会主义核心价值观建设上，更加要重视公民道德的基本建设，并从历史经验和国际经验中汲取有益的方面，如道德教育向生活世界、向主体内心做功的回归，从规训式的道德追求向传统文化意义价值的现代挖掘、向实践伦理道德的转变等。党的十八大提出了中国特色社会主义核心价值观为帮助公民形成正确的价值认知和道德认同提供

---

① 李长春：“在全国道德模范座谈会暨第八届中国公民道德论坛上的讲话”，《人民日报》2011年9月23日第3版。

② 此观点系根据作者与李瑞行教授在2011年9月26日中午学术会餐时的记录，韩国学中央研究院伦理系。

了重要的指南。从公民个体的价值愿望和价值追求的角度出发,使得广大人民对我国的核心价值观加大认同与吸纳,从而使之构成多元环境下个体存在和发展的重要精神支撑,成为人们行为选择和价值追求的科学导向。

韩国和中国同在东亚,不仅地缘位置邻近,而且同处于儒家文化圈,有着久远的传统文化渊源,尤其在公民道德教育方面存在着诸多相似性并各具特色。韩国虽然与我国的现存社会制度不同,但同样重视公民道德教育,重视社会价值观的建设,并在教育理念、教育内容、实施手段、发展方式等方面颇具特色、成效显著。在多元文化的情景下,立足于文化安全和社会转型的境遇,在国际化的坐标中,参照世界各国建设社会价值观的有益经验,探讨当代韩国的价值观建设和道德认同问题,借鉴韩国公民道德教育实践共同验证的相似性和有效经验,是重塑当代人文精神的一项重要内容,也是当前建构和建设中国特色社会主义核心价值观的需要,对于增强社会主义核心价值观建设的针对性、时代性、特色性和实效性具有重要的现实意义。

## 二、美国推广其价值观的主要经验、教训及对我国的启示

### (一)美国推广价值观的要素和经验

首屈一指的硬实力是美国价值观得以对外推广的物质基础。一切软实力都基于硬实力。其一,人们对一种文化的评价,都是基于这种文化所产生的影响。中国繁荣的大唐时代对当时可及的世界是非常有吸引力的,而当中国在近代落后于世界文明的普遍进程时,就连中国自己的知识分子也纷纷开始质疑本国文明。苏联在 20 世纪 30 年代也是非常有国际感召力的。当时苏联工业经济飞速发展,吸引了大萧条中的 10 万美国人移居苏联。直至 1984 年,著名经济学家约翰·肯尼思·加尔布雷斯还评价说,苏联体制取得了成功,因为这种体制能充分地利用人力资源。① 但在苏联解体后,人们转而相信哈耶克的理论,认为计划经济是无效的。人们接受美国式的价值观是因为相信美式价值观能够给美国人民带来幸福、使美国强大。近年来,随着中国综合国力的不断上升,越来越多的外籍人士如马丁·雅克、贝淡宁等开始研究中国制度和价值观中的优秀基因。其二,硬实力为美国的价值观推广行动提供了物理平台、技术条件、资金支持和人才资本。当然,硬实力是必要而非充分条件。美

---

① [美]彼得·施魏策尔著,殷雄译:《里根政府是怎样搞垮苏联的》,北京:新华出版社 2001 年版,第 6 页。

国将“价值观”定义为其国家利益，20 世纪 80 年代“民主和平论”流行以后，美国愈加不遗余力地对外推广其价值观。

高度的文化自信为美国坚定乃至蛮横地输出其价值观奠定了重要的心理基础。从殖民时期起，美国人就自视为上帝选民、人间楷模的“山巅之城”。“天定命运”和“美国例外论”是美国代代相传的民族神话，辅以基督教的传教情结，美国人确实认为其价值观的传播和推广有利于构建一个和平的世界。这种信念是美国官员、学者、非政府组织乃至商业机构前仆后继、自觉自愿传播其价值观的心理支撑。

将美国塑造成“正义的化身”的巧妙修辞，为美式价值观获得认同提供了道德感召力。其一，美国将其价值观归结为“自由、平等、人权、民主、法治”，这五个词是现代社会的文化标配，任何对现代化采取拥抱态度的国度都无法否认其进步意义。但它们本来有着丰富的内涵，分别适用于不同的国情和不同的发展阶段，而美国将它们在美国的表现形式替换成实质内容，为其价值观披上了道德光环。其二，以国际道义标准包装美国行动。如以“维护世界和平与繁荣”洗白其在全球部署军力的行为，以“保卫人权”掩饰其干涉他国内政的事实。其三，针对与美国拥有不同关系国家发生的同类事件，采用截然不同的修辞手法。如“恐怖主义”和“民族自决运动”、“军人干政”和“推翻独裁者”在美国官方声明及媒体中各有其适用对象。

较完备的人文社会科学理论体系为美式价值观获得认同提供了一种理性吸引力。通过哲学社会科学的发展，美国对自身的价值观、政治制度及其革新建立了一套近乎完美的逻辑自洽的解释框架，并不断通过越来越精细化的、以定量方法为特征的“科学”研究予以不断完善。在国际政治学领域中，民主和平论、建构主义、新自由主义等为美国对外推广其价值观提供了理论依据，新现实主义、文明冲突论、历史终结论等又为美国采取军事手段改造全球格局提供了重要的理论支持。

奖学金制度、国际交流项目是美国价值观推广的“特洛伊木马”。高额奖学金吸引全球最优秀、最有潜力的学生来美学习。通过奖学金制度，美国高校、研究机构得以将暗含美国价值观的社会科学理论灌输给全球的未来精英阶层，为美国在全球推行其战略建立广泛的人际网络和信任资本。奖学金制度曾在冷战中发挥重大作用。前苏联政治局成员亚历山德拉·雅科夫列夫曾在美国哥伦比亚大学学习，他从美国带回苏联的自由化观点深刻影响了戈尔巴乔夫。奖学金制度不仅是推广美国的政治价值观的得力工具，也是美国推广其全球经济战略的有效渠道。华尔街对全球的金融统治就依赖其散布在全球的“华盛顿共识”拥趸而实现的。除奖学金制度之外，美国还通过各种交流项目、基金会、社科资助项目、培训计划、研讨班、国际会议及媒体渠道培育和保持与关键人物之间的关系。

流行文化是美国获取他国公众好感的有效载体。美国的电影、电视剧、广播、音乐、文学作品等无时无刻不在向全球受众传播其价值观。在这些文艺作品中，山姆大叔的形象勇敢、耿直、聪慧、富于同情心又不乏幽默感，而美国的国家形象更是正义的领导者、和平的守护神。美国影片和电视剧所展现的发达的现代社会、富足的平民生活，对于发展中国家的受众有着强大的吸引力。另外，“因地制宜”、“因人制宜”的传播手段，是美国价值观推广颇见成效的直接原因。全面覆盖的国别研究体系为美国有的放矢地推销其价值观保驾护航。此外，美国的广播电台、互联网站针对不同语言国家开通多语言频道，并设置特殊节目为潜在受众学习英语提供便利。

“中立性”是美国价值观大行其道的通行证。基于强烈的文化自信与国家认同，美国的非政府组织、思想库、高校、媒体和商业机构自觉自愿地充当美式价值观的传播者。其中，以无党派、非营利性的身份在全球从事扶贫、教育、文化、健康、媒体、人权、环境、女权运动的非政府组织尤其是美国价值观推广的“先锋军”。非政府组织不时对美国政府的官方政策有所批评，凸显了“中立”性质；其又专注于某一方面专门事务，显得“诚恳务实”。“中立、务实”的形象令这些组织在价值观推广中有着政府不可比拟的可信度优势。而事实上，美国政府长期为这些机构提供财务和其他方面的支持，借助后者力量推广其价值观。如美国民主国际事务协会（National Democratic Institute for International Affairs，也称美国民主研究所 National Democratic Institute，NDI）就稳定地接受美国国际开发署、美国国务院等机构的常年资助。

对最新科技和传播手段的主动把握运用是美国价值观推广的加速器。信息科技普及以来，美国政府主动出击，确定了借助互联网的无国界性推广其价值观的国家战略。2010 年 1 月 7 日，时任美国国务卿的希拉里在国务院举行了硅谷巨头小型晚宴，宴请对象包括谷歌 CEO、推特董事会主席、微软首席战略官、思科公司首席市场官、Mobile Accord 的 CEO、手机游戏开发公司 SGN 创始人等。希拉里鼓励她的客人利用网络信息科技的力量向全球推广美国式的民主，“鼓励民间运动、反抗暴力与压迫”。随后，美国政府与互联网巨头勾肩搭背，利用其技术、资金优势大肆推广美式价值观，纵容、支持攻击他国意识形态、危害他国政治安全的网络活动。

以青年群体为传播靶标是美国价值观推广产生实际成效的优先选择。如前文所述的奖学金制度、流行文化、网络传播的主要接受者均是青年群体。青年群体是世界的未来，也是最有创新、最有变革意愿的群体，还是世界观、价值观尚未定型，易于改变和塑造的群体。美国准确选择这一群体为其价值观推广的目标受众，体现了志在长远的战略追求。

（二）美国价值观推广的教训

在总结美国推广其价值观的经验的同时，我们也应当认识到美国的价值观输出并非如我们想象的那般成功。欧洲精英阶层至今未改变对美国的“暴发户”认知，普通公众对美国文化的态度则在拥抱和抗拒间游移不定。美式制度也没有得到广泛的认可，即使在剧变后的东欧，也只有不到四分之一的人认为应当采用美国式的经济模式。女权主义、性开放、自由散漫、个人英雄主义等标签导致美式价值观在偏向保守、注重传统、注重秩序的国度遭遇激烈抵制，也是伊斯兰世界与美国势不两立的意识形态根源。归根到底，这意味着美式的极端个人主义冒犯了传统秩序。美国价值观推广失败的另一个例子是保留了种姓制度的印度也不欢迎美国的平等观念。另外，美国本身在价值观推广中也有一些失败的教训。

第一个教训是在国际事务中的单边主义、双重标准及政策的不稳定性会削弱其所宣称的价值观的吸引力。本世纪以来，美国政府的单边主义行动以及其在中东、西亚、北非制造的乱局导致了美国价值观吸引力的下降。有近九成的法国人和德国人认为，美国的单边主义导致的威胁完全可以和朝鲜、伊朗等国发展大规模杀伤性武器的威胁相提并论。[①] 美国在国际事务中的双重标准历来为人诟病，大大降低了其价值观的可信度和说服力。美国对外政策的不稳定性则来自其特殊的政治制衡机制。国会对政府的掣肘令美国难以在国际上做到“言必信，行必果”，这损伤了美国的可信度。对美国来说，其在国际事务中的这三种表现是相互强化的，而其文化特性和政治制度的架构又使它很难逃离这位陷阱。文化方面，美国既要向世界传送其温柔的自由主义、平等主义话语，其竞争主义文化又令其在国际事务中将经济和军事利益放置在价值利益之上，导致其必然的“双重标准”困境。政治制度方面，国会和总统各自独立的民众合法性来源必然导致其互不相让。随着特朗普这位“任性总统”的上台，美国在国际事务中的表现恐怕会让美国的软实力江河日下。

第二个教训是与事实不符的宣传会损害传播者的信誉，并最终会损害国

---

① 参见[美]约瑟夫·奈：《软实力：权力，从硬实力到软实力》，北京：中信出版社 2013 年版，第 87 页。

家的软实力。小布什政府宣称伊拉克拥有大规模杀伤性武器虽然为其对伊战争提供了说辞,但最终伤害了美国的信誉。信息化时代一切对公众的欺骗都伴随着高度的信誉风险。美国有线电视新闻网、美国广播公司、纽约时报、华尔街日报等主流媒体近年来也面临越来越多的"选择性报道"质疑。这无非说明以往主流媒体间心照不宣的合作就可以主导舆论的走向,而互联网传播方式的日新月异会使它越来越难。

(三)美国价值观推广对中国的启示

以上美国价值观推广的经验与教训,应该来说都是易于借鉴的。中国的硬实力和文化自信都在上升;奖学金制度已经付诸实施;"春秋大义"式的修辞是中国文化的优势之一;中国政府也已经非常重视互联网的舆论管理和中外青年的双向交流。中国目前的短板主要存在于完整的社会科学理论体系的建构、流行文化的外推与"中立性"的巧妙表达这三个方面。前两者已经起步,比较棘手的环节存在于"中立性"方面。中国政党、政府与媒体、高校、思想库(智库)、非营利组织乃至商业机构间的关系殊于西方,并且各类组织的领导者常常是共产党员,因此,几乎不可能让人相信其"中立"性。

但可以通过其他方式来进行弥补。

其一,通过回应世界的真实需求获得广泛的国际尊重和公信力。应当意识到,美国价值观之所以曾经具有较强的同化力,与美国在特定时期回应过世界的需求是分不开的。二战后的马歇尔计划保障了欧洲的战后重建,是美国为西方提供的公共产品,美国藉此既在欧洲获得了巨大的影响力,同时也获得了本国战后经济的迅速繁荣。这一史实对我们是有重要借鉴意义的。要使自身的价值观获得广泛的认同,以有远见的政策为世界提供公共产品是最稳妥的途径。从近几年中国政府开展的中国特色社会主义外交看,中国政府在承担国际职责方面已经超越了美式思维,更好地回应了时代的需求。美国充当世界领袖以维护和平为目的,对发展问题的重视是不够的。几十年来全球国家间贫富分化的不断加剧,美国作为世界领袖是难辞其咎的。中国近年来在全球治理中提出或主导的一系列理念、战略和行动计划,则明显指向共同发展和共享成果,这比美国更好地回应了当下时代的需要。发展中国家的学者和媒体,对中国近年来外交表现的评价已经相当积极。从这个角度上讲,随着"一带一路"建设的进展,随着中国在国际事务中承担越来越多的职责,为世界提供越来越多的公共产品,经过一段时间的争议,中国的价值观也会得到越来越多的认同。对此,我们应当抱有信心。

其二,扶持第三方传播中国话语,不断获取制度性话语权。首先,支持发展中国家和西方对华友好学者积极研究中国，向世界传播中国声音、中国意愿和中国智慧。其次，支持一批对华友好小众媒体平台。如俄勒冈州阿尔巴尼的“欧亚评论”，其致力于为评论家和专家学者传播世界范围内被西方主流媒体忽视或未充分关注的话题提供一个传播平台。我们可以在信息共享、信息发布、重要场合采编机会等方面对此类机构予以支持。再次，充分运用海外华人学者力量。作为跨文化知识精英群体，他们有大量的机会在课堂、媒体和国际场合发声，将会塑造世界对中国的新的认知。

其三，国内传播主体在重大话语口径上保持一致。官方、学界、媒体在对外宣传、解释中国对外基本理念、重大思路和重大方略时，应当保持一致性。首先，三方的一致性有利于形成宣传合力，也有利于国外更清晰地、确定无疑地了解掌握我国对外政策。其次，当言论体现善意而政策体现敌意时，人们看到政策；当政策体现善意而言论体现敌意时，人们倾听言论，并将政策解释为阴谋。对此，中国一部分“鹰派”学者、军方将领、媒体应当引以为戒，尤其不应逞一时口舌之快而发表好战主战的言论。

其四，积极塑造一个“可信的中国”。向世界讲中国好故事，同时不否认、不掩盖一些不太好的故事。[①] 如果官方话语本身就是“中立”的、可信的，那么特殊的政党、政府与媒体、高校、非营利组织的关系也可以转化为话语传播优势。

最后还有几点需要注意。

其一，不宜以“阴谋论”看待美国在价值观推广方面的努力。如前所述，美国对外推广价值观的动机来自其文化自信和基督传道精神，并非纯粹阴谋。以“阴谋论”看待美国的价值观推广，既不利于中国“新型大国关系”的构建，也会诱导他国以“阴谋论”看待我国的外交。

其二，语言障碍仍是我国价值观推广的主要阻碍。价值观推广的阻碍主要分为观念和语言两方面的，而语言是观念的载体。从文化特质上讲，中国文化具有比美国文化更强的包容性和生命力，更加注重社会秩序和共同体利益，强调社会规范，要求个人自我约束。后者曾经带来中国与西方交流上的困难，但随着中国国力的上升，西方终将认识到这些文化特性的独特价值，从而改变对中国文化的态度。这已经在不少领域表现出来。而对于传统观念和习俗较强的国家，中国也是一个比美国更易兼容的“他者”。总之，我国价值观推广在观念上的障碍会比较小。但我国面临的语言障碍要比美国大得多。中国政府

---

① 楚树龙：《“中国故事”与中国的国际形象》，《现代国际关系》2015 年第 9 期。

已经通过海外孔子学院等形式推广汉语，但短期内汉语要成为国际通用语言的可能性很小。有必要加强未成年人的英语和小语种教育，同时大力发展小国国别文化研究，为中国走向世界储备充足的跨文化人才。

其三，在美国价值观推广的经验中，文化、科学和学术交流的价值观推广作用在前社会主义国家表现得特别明显，对欧洲国家的效果则要模糊得多。这部分缘于前者在20世纪下半叶文化封闭所带来的外来文化免疫力缺失。因此，中国要真正树立国民的文化自信，开放的、多元的、高质量的文化教育尤为必要。更重要的是，建立起一支具有世界视野和中国特色的哲学社会科学人才队伍迫在眉睫，一方面构建起完备的中国哲学社会科学理论体系，作为推广中国价值观的重要学理基础；另一方面，重视和培养对中国有高度认同感和忠诚度的青年一代学者，将是现在和未来维护意识形态安全、推广中国价值观的主要力量。

# 索　引

# 参考文献

1. [法]阿尔弗雷德·格罗塞:《身份认同的困境》,王鲲译,社会科学文献出版社 2010 年版。

2. [英]C. W. 沃特森:《多元文化主义》,叶兴艺译,吉林人民出版社 2005 年版。

3. 陈来:《中华文明的核心价值——国学流变与传统价值观》,生活·读书·新知三联书店 2015 年版。

4. 陈嘉映:《价值的理由》,中信出版社 2012 年版。

5. 陈新汉、邱仁富主编:《警惕核心价值体系"边缘化危机"》,社会科学文献出版社 2011 年版。

6. 陈新汉主编:《坚持社会主义核心价值体系研究中的问题意识》,上海大学出版社 2014 年版。

7. 陈章龙:《冲突与建构——社会转型时期的价值观研究》,南京师范大学出版社 1997 年版。

8. 董世峰:《价值:哈特曼对道德基础的构建》,光明日报出版社 2006 年版。

9. [美]约翰·杜威:《确定性的寻求》,傅统先译,上海人民出版社 2004 年版。

10.《第欧根尼》中文精选版编辑委员会:《文化认同性的变形》,商务印书馆 2008 年版。

11. 费孝通:《文化与文化自觉》,群言出版社 2010 年版。

12. 高兆明:《制度伦理研究——一种宪政正义的理解》,商务印书馆 2011 年版。

13. 郭长刚主编:《全球化、价值观与多元主义——全球化时代宗教、信仰和文化变迁研究》,上海三联书店 2010 年版。

14. 韩震主编:《社会主义核心价值体系研究》,人民出版社 2007 年版。

15. 何成洲主编:《跨学科视野下的文化身份认同》,北京大学出版社 2011

年版。

16. 贺来:《有尊严的幸福生活何以可能》,中国社会科学出版社 2013 年版。

17. 贺来:《“主体性”的当代哲学视域》,北京师范大学出版社 2013 年版。

18. [美]亨廷顿:《我们是谁:美国国家认同面临的挑战》,程克雄译,新华出版社 2005 年版。

19. 黄传新、吴兆雪等著:《构建和谐社会与意识形态建设》,安徽人民出版社 2007 年版。

20.《价值论与伦理学研究(2009 年卷)》,中国社会科学出版社 2009 年版。

21. 江畅:《论当代中国价值观》,科学出版社 2016 年版。

22. 江畅:《现代西方价值哲学》,湖北人民出版社 2003 年版。

23. 江传月:《评价的认识本质和真理性——刘易斯价值理论研究》,中山大学出版社 2005 年版。

24. [美]乔纳森·弗里德曼:《文化认同与全球性过程》,郭建如译,商务印书馆 2003 年版。

25. [美]劳伦斯·科尔伯格:《道德发展心理学——道德阶段的本质与确证》,郭本禹等译,华东师范大学出版社 2004 年版。

26. 李德顺、孙伟平:《道德价值论》,云南人民出版社 2005 年版。

27. 李德顺主编:《价值学大词典》,中国人民大学出版社 1995 年版。

28. 李建群、周树智主编:《现实价值哲学论》,中国社会科学出版社 2012 年版。

29. 李仁武:《制度伦理研究——探寻公共道德理性的生成路径》,人民出版社 2009 年版。

30. 林滨等著:《全球化视野中的伦理批判与道德教育的重构》,人民出版社 2007 年版。

31. 龙昌大:《价值观的力量》,二十一世纪出版社 2012 年版。

32. 陆有铨:《皮亚杰理论与道德教育》,北京大学出版社 2012 年版。

33. [美]曼纽尔·卡斯特:《认同的力量》,夏铸久等译,社会科学文献出版社 2003 年版。

34. [英]马丁·阿尔布劳:《全球时代》,商务印书馆 2001 年版。

35. 马德普等著:《普遍主义与多元文化》,人民出版社 2010 年版。

36. 马俊峰:《马克思主义价值理论研究》,北京师范大学出版社 2012

年版。

37. [德]马克斯·舍勒:《伦理学中的形式主义与质料的价值伦理学》,商务印书馆 2013 年版。

38. [爱尔兰]玛利亚·巴格拉米安:《多元论:差异性哲学和政治学》,张峰译,重庆出版社 2010 年版。

39. [德]尼古拉·哈特曼:《存在学的新道路》,庞学铨、沈国琴译,同济大学出版社 2007 年版。

40. 倪愫襄:《制度伦理研究》,人民出版社 2008 年版。

41. 聂立清:《我国当代主流意识形态认同研究》,人民出版社 2010 年版。

42. [德]齐格蒙·鲍曼:《后现代性及其缺憾》,学林出版社 2002 年版。

43. [英]乔治·克劳德:《自由主义与价值多元论》,江苏人民出版社 2006 年版。

44. [瑞典]乔纳森·弗里德曼:《文化认同与全球性过程》,郭建如译,商务印书馆 2003 年版。

45. [美]塞缪尔·亨廷顿、劳伦斯·哈里森主编:《文化的重要作用——价值观如何影响人类进步》,新华出版社 2010 年版。

46. [德]马克斯·舍勒:《人在宇宙中的地位》,陈泽环、沈国庆译,上海文化出版社 1989 年版。

47. [美]斯蒂文·费什米尔:《杜威与道德想象力——伦理学中的实用主义》,徐鹏、马如俊译,北京大学出版社 2010 年版。

48. [英]斯图亚特·西姆:《后马克思主义思想史》,吕增奎、陈红译,江苏人民出版社 2011 年版。

49. 孙伟平:《价值哲学方法论》,中国社会科学出版社 2008 年版。

50. 孙伟平主编:《当代中国社会价值观调研报告》,中国社会科学出版社 2013 年版。

51. 孙正聿:《属人的世界》,吉林人民出版社 2007 年版。

52. [加拿大]查尔斯·泰勒:《自我的根源:现代认同的形成》,韩震译,译林出版社 2001 年版。

53. 唐爱民:《道德教育范畴论》,北京师范大学出版社 2012 年版。

54. 唐爱民:《20 世纪西方社会思潮与道德教育》,山东人民出版社 2010 年版。

55. [美]唐纳德·帕尔玛:《伦理学导论》,黄少婷译,上海社会科学院出版社 2011 年版。

56. 涂纪亮编译:《杜威文选》,社会科学文献出版社 2006 年版。

57. [德]沃尔夫冈·布列岑卡:《信仰、道德和教育:规范哲学的考察》,彭正梅、张坤译,华东师范大学出版社 2008 年版。

58. 王成兵:《当代认同危机的人学解读》,中国社会科学出版社 2004 年版。

59. 王荏:《价值观教育的合法性》,北京师范大学出版社 2009 年版。

60. 王玉樑:《当代中国价值哲学》,人民出版社 2004 年版。

61. 王玉樑:《从理论价值哲学到实践价值哲学》,人民出版社 2013 年版。

62. 王晓德、张晓芒主编:《历史与现实——世界文化多元化研究》,天津人民出版社 2007 年版。

63. 汪民安:《现代性》,南京大学出版社 2012 年版。

64. [美]威廉·A. 盖尔斯敦:《自由多元主义——政治理论与实践中的价值多元主义》,佟德志、庞金友译,江苏人民出版社 2005 年版。

65. 吴晓明、邹诗鹏主编:《全球化背景下的现代性问题》,重庆出版社 2009 年版。

66. 吴向东:《重构现代性——当代社会主义核心价值观研究》,北京师范大学出版社 2006 年版。

67. 徐贵权:《价值世界的哲学追问与沉思》,中国社会科学出版社 2012 年版。

68. 晏辉:《现代性语境下的价值与价值观》,北京师范大学出版社 2009 年版。

69. [英]以赛亚·伯林:《自由论》,译林出版社 2003 年版。

70. 衣俊卿:《现代性的维度》,黑龙江大学出版社、中央编译出版社 2011 年版。

71. 衣俊卿、胡长铨:《马克思主义文化理论研究》,北京师范大学出版社 2012 年版。

72. 张海洋:《中国人的多元文化与中国人的认同》,民族出版社 2006 年版。

73. 张旭东:《全球化时代的文化认同——西方普遍主义话语的历史批判》,北京大学出版社 2006 年版。

74. 张世欣:《中国古代思想道德教育史》,浙江大学出版社 2010 年版。

75. 张云鹏:《文化权:自我认同与他者认同的向度》,社会科学文献出版社 2007 年版。

76. 赵振洲:《现代西方道德教育策略研究》,山东人民出版社 2010 年版。

77. Assiter, A. Revisiting Universalism, Palgrave Macmillan Press, 2004.

78. Audi, R. The Good in the Right: A Theory of Intuition and Intrinsic Value, Princeton:Princeton University Press,2004.

79. Audi, R. Moral Knowledge and Ethical Character, Oxford University Press,1997.

80. Audi, R. Moral Value and Human Diversity, Oxford University Press, USA, 2007.

81. Bauman, Z. Postmodernity and its Discontents, Cambridge, Polity Press,1997.

82. Beck, U. The Risk Society: Towards a New Modernity, Sage Publications, London,1992.

83. Brender, N. and Krasnoff, L. (Ed.), New Essays on the History of Autonomy: A Collection Honoring J. B. Schneewind, Cambridge University Press,2004.

84. Crisp, R. Particularizing Particularism. In B. Hooker and M. Little (eds.), Moral Particularism, Oxford: Oxford University Press,2000.

85. Copp, D. (Ed.), The Oxford Handbook of Ethical Theory, Oxford University Press, 2005.

86. Copp, D. Morality in a Natural World: Selected Essays in Metaethics, Cambridge Studies in Philosophy,Cambridge University Press,2007.

87. Dancy, J. Ethics Without Principles, Oxford: Oxford University Press,2004.

88. Dilman, I. Free Will: An Historical and Philosophical Introduction, Routledge Press, 1999.

89. Fesmire, S. John Dewey and Moral Imagination: Pragmatism in Ethics, Indiana University Press, 2003.

90. Gert, B. Common Morality: Deciding What to Do, Oxford University Press, 2004.

91. Graham, G. Eight Theories of Ethics, Routledge Publishing,2004.

92. Giddens, A. Modernity and Self Identity; Self and Society in the Late Modern Age, Polity Press, Cambridge,1999.

93. Heyd, D. Toleration—An Elusive Virtue, Princeton University Press, 1996.

94. Kupperman, J. J. Ethics and Qualities of Life, Oxford University Press, 2007.

95. Kekes, J. The Morality of Pluralism, Princeton University Press,1996.

96. Koh, B. Confucianism in Contemporary Korea, in Tu Wei-ming (ed.), Confucian Tradition in East Asian Modernity: Moral Education and Economic Culture in Japan and the Four Mini-Dragons, Cambridge, MA: Harvard University Press, 1996.

97. Kim, S. Active Contemplation: A Confucian Contribution to Contemporary Spirituality—A Study on "Quiet Sitting" in Korean Confucianism, in Ching Feng, Vol. 38, No. 1, March, 1995.

98. Kymlica, W. Multi-Cultural Citizenship, Oxford University Press, Oxford,1995.

99. Kerstein, S. J. Kant's Search for the Supreme Principle of Morality, Cambridge University Press,2002.

100. Keller, S. The Limits of Loyalty, Cambridge University Press,2007.

101. Kim, S. Democratization in Korea—The Role of Civil Society, University of Pittsburgh Press, 2000.

102. Lekan, T. Making Morality: Pragmatist Reconstruction in Ethical Theory (The Vanderbilt Library of American Philosophy), Vanderbilt University Press, 2003.

103. Little, M. Moral Generalities Revisited, In B. Hooker and M. Little (eds.), Moral Particularism. Oxford: Oxford University Press,2000.

104. Lim, W. Economic Intergration and Reconciliation in Northeast Asia: Possibilities and Limitations. In: Shin/Park/Yang, 235-253. 2007.

105. Moya, C. Moral Responsibility: The Ways of Scepticism (Routledge Studies in Ethics and Moral Theory), Routledge Press,2006.

106. May, H. Aristotle's Ethics:Moral Development and Human Nature, Continuum International Publishing Group,2010.

107. McLennan, G. Pluralism, Oxford University Press, Buckingham,

1995.

108. Natsu, S. and Cavell, S. Gleam of Light: Moral Perfectionism and Education in Dewey and Emerson (American Philosophy), Fordham University Press,2005.

109. Nicola, S. National Aspirations on a Global Stage: Concept of world /Global History in Contemporary China. In Journal of Global History4: 3(nov), 2009.

110. Outka, G. and Reeder, J. P. Jr. , Prospects For A Common Morality, Princeton University Press,United Kingdom, 1993.

111. Persson, I. The Retreat of Reason: A Dilemma in the Philosophy of Life, Oxford University Press, 2005.

112. Ross, W. D. The Right and the Good, Oxford University Press, 1930.

113. Reader, S. Needs and Moral Necessity (Routledge Studies in Ethics and Moral Theory), Routledge Press,2007.

114. Railton, P. Facts, Values, and Norms, Cambridge University Press,2003.

115. Rorty, R. Philosophy and Social Hope, Penguin Books, London,1999.

116. Rawls, J. Theory of Justice, Oxford University Press, Oxford,1973.

117. Rawls, J. Political Liberalism, Columbia University Press, New York,1993.

118. Roth, J. K. (Editor), Ethics, Salem Press,2005.

119. Raz, J. The Practice of Value, Oxford University Press, USA, 2005.

120. Stocker, M. Plural and Conflicting Values, Oxford University Press, USA,1992.

121. Slote, M. Morals from Motives, Oxford University Press, 2001.

122. Singer, P. One World—The Ethics of Globalization, Yale University Press, 2002.

123. Taylor, J. S. (Ed. ), Personal Autonomy: New Essays on Personal Autonomy and its Role in Contemporary Moral Philosophy, Cambridge U-

niversity Press,2005.

124. Torsten, W. Remembering or Overcoming the Past? ‘History Politics’,Asian Identity,and Visions of an East Asian Community. In Asian Regional Integration Review, (Ed.)T. Akaha,Tokyo:Waseda University, 2011.

125. Walford, G. and Pickering, W. S. F. (Editor), Durkheim and Modern Education, Routledge,1998.

126. Zangwill, N. Moore, Morality, Supervenience, Essence, Epistemology. American Philosophical Quarterly, 2005.

# 后　记

在当今全球化、多元化的时代背景下，人类文明优秀成果的相互融入、传统文化精华的承继与转化、中西马不同传统和观点的交流碰撞、面向时代和面向问题的多种思想方法，构成了我们回应当今时代价值与意义挑战的主要思想资源。因此，本书的写作正是在古今中外的大框架下展开的对现代化进程和转型过程中对于中国人民“核心价值观”寻求重叠共识和多元认同的一种可能性尝试。

价值和价值观对人类社会至关重要。之所以如此重要，不仅仅是因为人生活在一个受因果关系影响的自然世界之中，还生活在一个寻求意义的人文世界之中，生活在一个追问终极理想的价值世界之中。在这三个世界中，价值形态及影响机制是其中最主要的骨干支撑系统，连接了个人与整体、传统与现代、当下与未来。在此，我们对于价值排序和核心价值观的研究，不仅在于形成解释价值的思想体系，更要直面现实的价值矛盾和伦理两难，从根本性意义上去关注和解决人类社会中的价值两难问题。就像吉登斯所说，“所有人类互动都涉及意义的交流、权力的使用和规范性制裁。它们是互动的构成性要素”①。价值排序与价值观的研究也正是如此。

我对价值排序的研究起源于 2005 年。博士论文、博士后研究报告都以“价值排序与伦理风险”这个论题为主要对象，主要成果在 2011 年以《价值排序与伦理风险》为题在人民出版社出版。同年，获得国家社科基金青年项目“文化多元化情景下的价值排序与核心价值观的研究”，开始了“价值排序与核心价值观”的研究，这既延续了我多年的研究方向，也是我对这些年中国特色社会主义核心价值观建设的一种关注、解读和回应。同时，也为我后面展开“价值排序与发展伦理”的研究做了很好的铺垫。

本书的最后成稿离不开多家单位和多位前辈专家的指点、支持和帮助。

---

① ［英］安东尼·吉登斯：《历史唯物主义的当代批判：权力、财产与国家》，郭忠华译，上海：上海译文出版社 2010 年版，第 47 页。

首先，感谢国家哲学社会科学规划办和浙江省哲学社会科学规划办的支持和资助。国家社科基金和浙江省哲学社会科学规划项目的立项结项过程大大增强了我研究这个选题的信心，从中得到了多位评审专家的指点、鼓励和肯定。在本书的写作过程中，大致历经六年，其中多章的内容首先以论文形式在期刊发表，其中得到了《哲学研究》、《哲学动态》、《学术月刊》、《光明日报》、《云梦学刊》、《武汉科技大学学报(社会科学版)》、《观察与思考》等多家期刊编辑和审稿专家的指点、支持和鼓励，在此一并表示感谢。

感谢我的单位浙江大学马克思主义学院的领导和同事，我自 2010 年博士后出站后一直在此工作，他们无私的关怀和大力的支持让我深感这个大家庭的温暖，他们常常给我巨大的力量，支持我继续前行。在本书的写作过程中，也正是我开始指导硕士生、博士生的学习过程，本书第三章初稿由洑景亭同学撰写、第四章初稿由刘备同学完成，后面成为他们写作硕士论文的重要基础。另外，博士生顾青青、金梦佳、马亮亮都为本书的校对付出了辛勤的劳动。感谢我的家人多年来对我的无私支持，特别感谢我的两个孩子，“二孩时代”的所有辛苦全部融化在你们可爱纯真的笑容中。

我对价值排序的研究虽十年有余，但近年来更觉才刚刚入门，很多方面有待深入和展开。特别是关于“价值排序与核心价值观”的研究，对于我而言才刚刚起步，恳请各位专家批评指正。

今年恰逢浙江大学建校 120 周年，我求学于此，成家于此，工作于此，一晃已近二十个年头。最后，深深感谢浙江大学的培养。

张　彦

2017 年夏于求是园

**图书在版编目（CIP）数据**

价值排序与核心价值观 / 张彦著．—杭州：浙江大学出版社，2017.12
ISBN 978-7-308-17016-1

Ⅰ．①价… Ⅱ．①张… Ⅲ．①社会主义建设—价值论—研究—中国 Ⅳ．①D616

中国版本图书馆 CIP 数据核字（2017）第 142536 号

**价值排序与核心价值观**

**张 彦 著**

---

**责任编辑** 余健波
**责任校对** 杨利军 张振华
**封面设计** 周 灵
**出版发行** 浙江大学出版社
（杭州市天目山路 148 号 邮政编码 310007）
（网址：http://www.zjupress.com）
**排　　版** 杭州好友排版工作室
**印　　刷** 杭州日报报业集团盛元印务有限公司
**开　　本** 710mm×1000mm 1/16
**印　　张** 11.75
**字　　数** 211 千
**版 印 次** 2017 年 12 月第 1 版 2017 年 12 月第 1 次印刷
**书　　号** ISBN 978-7-308-17016-1
**定　　价** 42.00 元

---



浙江大学出版社发行中心联系方式：（0571）88925591；http://zjdxcbs.tmall.com